感性文化論

〈終わり〉と〈はじまり〉の戦後昭和史

渡辺 裕

春秋社

目次

感性文化論　〈終わり〉と〈はじまり〉の戦後昭和史

序章　いま「戦後」の文化を考えるということ……3
「一九六八年」問題と感性文化／3
本書の構成／13

第Ⅰ部　一九六四年東京オリンピックのメディア考古学

第1章　「実況中継」の精神史……31
「耳で聴くオリンピック」の背景文化
1　「はじまり」の歴史と「終わり」の歴史／31
2　「実況中継」される開会式　一九六四東京五輪のアナウンサーたち／39
3　美文調アナウンスのはじまり　松内則三の早慶戦中継／45
4　ラジオのつくる「現実」　松内則三と河西三省／57

5 「実況中継」の国際化とオリンピック放送／66
6 「実況中継」の戦時体制／72
7 「架空実況放送」の戦後史／83
8 聴覚文化の射程／98

第2章 「テレビ的感性」前夜の記録映画 ……101

公式記録映画《東京オリンピック》は何を「記録」したか

1 「記録か芸術か」論争／101
2 開会式入場行進シーンの「違和感」／106
3 シナリオの公開と「作りもの」性／113
4 記録映画の転換期としての一九六〇年代／117
5 今村太平の《東京オリンピック》論／128
6 市川崑の「記録映画」観／145
7 映画とテレビ／153

第II部　環境をめぐる心性・感性と価値観の変貌

「近代建築」保存と「レトロ志向」／160
藤森照信と「建築探偵団」という表象／163
「市民運動」としての小樽運河保存／166
ドキュメンタリーの変容と「レトロ」志向　NHK《新日本紀行》の変容／172
ドキュメンタリー・レコードと「環境的」感性／177

第3章　新宿西口広場「フォークゲリラ」の音の空間
新しい感性の媒介者としての『朝日ソノラマ』……179

1　新聞記事にみる新宿西口地下広場のフォークゲリラ／183
2　花束と歌　政治の「感性化」をめぐって／187
3　「広場」の思想　音楽の「環境化」をめぐって／196
4　「音の出る雑誌　朝日ソノラマ」とフォークゲリラ／206
5　インディーズ・レーベルと「新宿西口」　URCとエレック／217
6　吉田拓郎の『朝日ソノラマ』デビュー／223
7　フォークゲリラの投げかけた問題とその着地点／235

第4章　日本橋と高速道路……239
都市景観をめぐる言説史にみる感性の変容の軌跡

1　日本橋の首都高は「悪い景観」か／239
2　「未来都市」の夢　建設当時の雑誌記事の言説から／246
3　「首都高批判」の定着と「水の都・東京」の表象／256
4　懐かしい日本の私　藤岡和賀夫の「夢」／262
5　首都高地下移設計画をめぐる賛否両論／270
6　水面からみる高速道路／275
7　路上観察学的感性の系譜　「空間派」と「物件派」／284
8　二分法的議論のゆくえ／291

註／297
あとがき／315
文献・資料／(21)
表／(2)

感性文化論

〈終わり〉と〈はじまり〉の戦後昭和史

序章　いま「戦後」の文化を考えるということ

「一九六八年」問題と感性文化

日本の戦後文化を見直す動きが最近盛んである。「もはや戦後ではない」といった言い方はこれまでにもたびたびなされてきたが、一九五三年生まれの筆者自身も含め、その「戦後」をまさに自分自身が生きてきた「当事者」世代の人間にとっては、それを「歴史」として一定の距離を置いた形で捉えることは、案外難しいことだった。終戦から七〇年以上が過ぎてようやく、その外側に出て客観的に検証する対象になってきたということなのかもしれない。

しかしながら、この「戦後」という言葉、なかなか厄介な言葉である。「戦後」の「戦後」たるゆえんである戦争に対する認識や評価の違いといった問題ももちろんあるのだが、そんなややこしい話にならずとも、「戦後」という語自体、それを使った時点で独特の方向づけに巻き込み、受け入れさせるような響きをもっている。それは、戦争の「前」と「後」とが明確に切断されるという前提を伴った語なのであり、「戦後」と言ったとたんに、「戦前」とは截然と区別されるイメージを醸し出す一方で、当の「戦後」の側ではある種の均質性を前提する、そんな言葉になっているのである。

とりわけ近年では、「戦後レジームからの脱却」をスローガンに掲げる首相が出てきていることに象徴的に示されているように、「戦後民主主義」の問題点や、「戦後」の文化や社会のあり方を批判的に問い直そうとする動きが勢いを増しているのに対し、それに反対する人々が必死で戦後の遺産の風化を防ぎ、まもってゆこうとするという二項対立的な構図がとみに強まっている風情である。そういう中で、戦後からの脱却を標榜する人々の言説が妙に戦前回帰的な色彩を帯びてきたり、逆にそれに反対する人々が戦後についてことさら理想化したイメージを語ったりといったことになりがちなのは、そういう二元論的な構図に災いされてしまっていることのゆえであるとも言えるだろう。実際には社会や文化というものは、そんなに単純であるはずもなく、戦後を否定したら戦前しか残らないとか、戦後は百パーセント正しいなどということはありえない。「戦後」を語るためにはきめ細かい検証や周到な議論が求められるのである。

近年、この「戦後」というテーマを取り上げた研究が急速に増えてきているのは、その意味では当然であると言ってよい。そういう中で、戦後が決して一枚岩的なものではなく、厚みや広がりをもったものとして捉えられるようになってきている。

重要なことは、「戦後」のなかにも大きな転機があったことが認識されるようになってきていることである。一九六八年という年は、その中でも特に好んで取り上げられるもので、小熊英二のなんとも分厚い二巻本『１９６８』（新曜社）を筆頭に、この一九六八年に焦点をあて、その転換期としての意味を問い直す動きが広がっている。この一九六八年という年は、言うまでもなく、各地の大学で学生運動の嵐が吹き荒れるなど、「反体制」の機運が一気に盛り上がった年である。昭和を回顧する番組では必ず出てくる東京大学安田講堂への機動隊導入事件が起きたのが一九六九年の一月のことであり、それを境に沈静化の方向をたどる一方で、環境汚染などが各地で問題化され、様々な市民運動が広がって、「市民派」を標榜する首長が次々誕生するなどの形で、その後の時代に大きな影響力を残したことは間違いない。「戦後」を二分する大きな転機となった年として一九六八年が取り上げられる理由の大きなポイントはそこにあり、小熊の著書をはじめ、「一九六八年」をタイトルに冠するような本はほとんどその部分に焦点をあてている。しかし、この「一九六八年」が転換期として捉えられるというのは、そのような「反体制」という方向性だけの話にとどまるのだろうか。

一九六八年といえば、「明治百年」の年でもあり、それを記念する行事や事業が様々な形で行われている。今の若い人にはなかなか想像しがたいことかもしれないのだが、内閣の主催で一〇月二三日に行われた記念式典（当時まだ「内閣府」という組織はなかった）は、野党各党がボイコットしたり、歴史学系の諸学会が反対声明を出したりと、国論を二分するような騒ぎとなった。この時期、吉田茂元首相の死に際して、戦後行われることのなかった「国葬」が復活したり（一九六七年一〇月三一日）、戦前の「紀元節」が「建国記念の日」として祝日に制定されたりと（一九六六年制定、一九六七年より実施）、戦前への反省から戦後にはタブーとされてきたことが立て続けに起こっており、「戦前回帰」「反動化」の動きとして取りざたされていたこともあり、この明治百年記念式典は、いわばそのような動きを象徴する存在として受けとめられたのである。そのような意味では、一九六八年という年は、左右両派どちらの人々にとっても画期となる年だったのである。

しかしながら、話はこのような政治やイデオロギーだけにとどまるわけではない。「明治百年」という言葉を聞くと、私のような世代の人間はつい「政治的」に反応してしまうのだが、当時、内閣がこの明治百年記念事業の全容をまとめた報告書『明治百年記念行事等記録』(内閣総理大臣官房1969)をみると、政府主催の記念式典のようなものばかりではない、というより、ほとんどはそのようなものではないのである。政府自体の事業にも、森林公園の整備などの大規模な国土緑化事業なども含まれているが、興味深いのは、地方自治体や民間企業にも幅広く協賛を求めていることで、そちらの方はさらに多様である。その中には北海道庁の赤レンガ庁舎の復原事業や長野県の妻籠宿の保存事業なども含まれている。妻籠宿といえば、町並み保存の先駆的な事例として知られていることはいまさらここに書くまでもないが、その意味でこの一九六八年は、近代建築や街並みの保存という新しい動きの出発点となった年であったともいえる。

これらは単なる一事業として以上に、都市や自然に対する人々の価値観やまなざしのあり方、もっと言うなら人々の感性のあり方そのものの変化の兆しを示していると言ってよいだろう。実際、こうした動きが出てくる以前には、多くの人は高層ビルや高速道路に未来都市風の美しさを感じており、薄汚れた古い街並みをこわすことを何とも思わなかったのであり(本書第4章ではそのあたりが議論になる)、今のように古い街並みに人々が価値を感じ、そこに観光客が集まるなどということは考えられなかった。その意味では、この明治百年の年は、都市や自然の景観に対する人々の感性が大きく変化した「環境元年」と呼んでもよいような年でもあった。

一九六八年という一年だけにピンポイントで特定できるかどうかはともかくとして、この一九六〇年代末から七〇年代前半にかけてのこの時期に、文化のあり方や感性のあり方に大きな変化があったということは、もちろんこれまでにもいろいろな形で論じられてきた。フォークソングやアングラ演劇が、「一九六八年」の政治的な動きやこの時代を覆っていた反体制的な空気と密接に結びつく形で成り立っていたことは今さらここに書くまでもないし、こうした動きがポピュラー音楽の文化配置を大きく変え、また劇場の形態や演劇の概念自体をも大きく変えるような形での影響力をもたらしたことも間違いない。ただ、そのような議論はともするると、「下部構造が上部構造を規定する」式の一方向的な議論になってしまいがちである。このような形での両者の関係づけの仕方は、もちろんそれ自体が間違っているわけではないにせよ、文化のダイナミズムを著しく捉え損なう結果を招きかねない。ちょうど、歴史の教科書において、奈良時代、平安時代等々の、政治体制の変化を基準とした時代区分による歴史記述がなされ、「奈良時代の文化」、「平安時代の文化」などの形で、あたかもその付随物であるかのように記述されてしまうことで、文化を動かしている時代を超えたダイナミズムが寸断され、みえなくなってしまうということに似た印象がある。

一方、広告の世界などでは、この時代の新たな動きを、人々の感性のあり方そのものの変化として捉えるような見方がはやくからなされてきた。この一九七〇年前後の時代は、広告の世界に「イメージ広告」と呼ばれるような新しい動きが出てきた時代であった。それまでの広告は、新聞広告にせよテレビ広告にせよ、ひたすら効能を列挙し、商品名を連呼するようなものが大半であったのだが、それに対してこの時期には、商品自体ではなく商品のイメージを前面に出してアピールするようなものが出てきて大きな流れとなった。たとえば、資生堂のコマーシャルでは、「ゆれる、まなざし」（一九七六）、「君のひとみは一〇〇〇〇ボルト」（一九七八）といったコピーとイメージ性の強い女性の写真が前面に出て、商品の姿は背景に退いている。テレビ・コマーシャルではそれぞれ小椋佳、堀内孝雄の歌う同タイトルの曲がバックに流れるが、これらの曲は同時にレコード発売され（いわゆる「タイアップ」と呼ばれる手法である）、いずれもオリコン・チャートで上位を占める大ヒットとなったもので、商品の名前や効能をはるかに超える広がりをもつにいたった。

広告をめぐる言説の中ではしばしば、「イメージ広告」などと呼ばれるこの種の広告は、この時代の消費社会に向かう動きを特徴づけるものとされ、ジャン・ボードリヤールの消費記号論などとも結びつける形で捉えられてきた。端的に言えば、経済的な豊かさが増し、大抵のものは手に入れてしまった消費者は、商品の機能ではなく、そのイメージに金を払うような消費行動をとるようになり、コマーシャルもまたそういう人々をターゲットにして作られるようになった結果として、商品自体が背後に退き、イメージを売るようなコマーシャルが幅をきかすようになったという話である。

小川博司らが一九八四年に出版した『消費社会の広告と音楽』（有斐閣）は、こうした考え方をコマーシャル・ソングに適用したもので、この時代の空気を生々しく反映しているものだが、注目すべきなのは、この本につけられている「イメージ志向の感性文化」というサブタイトルである。

現在のあまりに多様化してしまったコマーシャルの状況になれてしまった目でみると、これらのコマーシャルは何の変哲もないシンプルなものにみえてしまうのだが、コマーシャル・ソングといえば、商品の効能をならべたてる「頭痛にノーシン、頭はすっきり日本晴れ」といったものが普通だと思っていた人々にとって、何のコマーシャルかもわからないようなこの種のコマーシャルは何とも斬新であり、まさに「イメージ志向の感性文化」を地で行ったもののように感じられたのである。

実際、この種のコマーシャルの元祖としてよく取り上げられる、富士ゼロックスが一九七〇年に放映したコマーシャルの《モーレツからビューティフルへ》というコピーは象徴的である。そこからはまさに、機能中心、効率中心の世の中からもっと自由なもの、感性的なものに重きを置いた世の中への転換の空気が感じられるし、この《モーレツからビューティフルへ》が、その後一世を風靡することになる国鉄（現JR）の「ディスカバー・ジャパン」キャンペーンの仕掛け人であった電通の藤岡和賀夫らのチームによって制作されたものであったことも考え合わせるならば、高度経済成長が大きな節目を迎え、消費社会的な状況が到来したことと、それとともに登場する新しい価値観や感性のあり方とがほとんど裏表にくっついているようにみえてしまうのは無理なからぬことである。

しかしそのことは逆に、このような見方が孕んでいる問題点を照らし出すことにもなる。藤岡らの「ディスカバー・ジャパン」キャンペーンが新たな価値観を提供したという、よく語られる「神話」が、多分に歪んだ一面的なイメージであったように（これについても第4章で触れることになる）、この時代の感性文化の転換を消費社会との関連で捉えるような見方も、無視できない一側面であることは否定できないにせよ、すべてがそこに回収されるというような話では決してない。

文化というものは多面的なものであり、ある朝起きた途端にすべてが変わっていたというようなものでは決してない。いくら政治体制が変わろうが、経済システムが変わろうが、それに伴って翌日からすべてが変わるというようなことはありえない。もちろん政治体制が変わることで文化全体が大きく変わる局面があることを否定するつもりはない。明治維新のあと、西洋文化の取り入れをはかった日本政府は、音楽取調掛（その後の東京音楽学校、現在の東京芸術大学音楽学部の前身）なる組織を作って西洋諸国の音楽事情を調査した結果、西洋音楽教育を大規模に導入することを図り、小学校からの音楽教育システムをすべて西洋音楽中心に組み立てるという大胆な方針を採用した。その後の日本の音楽文化の「西洋化」の状況をみるならば、この変化がいかに大きいものであったかは、ここであらためて語るまでもあるまい。しかしながらそれを、一夜にしてすべてが変わるような大変化のイメージで考えてしまうとしたら、それは大きな誤りである。

政治体制が変わったからといって、個々人の心性や価値観が一夜にしてすべて変わるなどということはありえないから、文化を「現場」で担う人を総入れ替えするわけにいかない以上、制度だけは新しくなっても、古い心性や感性は当然残り続けるし、政治体制の中枢部分から離れれば離れるほど（政治と関わりの少ない局面になるほど、あるいは「中央」から離れた「地方」へ行けば行くほど）、あたかも「維新」などなかったかのように、以前と変わらない形で文化実践が繰り広げられるような光景が広がっていたに違いないのである。

大正期、昭和初期になっても、『音楽界』という当時の音楽雑誌には「学校音楽と社会音楽との連絡」（大正九年一月号）、「農村と音楽」（大正一一年六月号）といったタイトルの論考が掲載され、そこからは、学校でいくら西洋音楽を教えても、農村地域の前近代的な文化状況がなかなか変わってゆかないことが問題化されている状況が窺える。「唱歌校門を出ず」という言葉は、学校教育で教えられる音楽のつまらなさを言い表す言葉のように思われているが、もともとは、学校で西洋音楽を教えることを通してそれを津々浦々まで普及させてゆこうとしていた「中央」の人々がこの時期に抱いていた焦りを言い表す言葉だったのである。そのように考えれば、網野善彦がその民衆史研究で見事に示したように（『日本の歴史をよみなおす』筑摩書房 1991）、南北朝時代に形成された習俗やそれを支える心性が、戦国時代や明治維新を飛び越えて昭和戦前期くらいまで延々と引き継がれてきたという話にもなってくる。前に書いた、歴史記述の中で政治体制の区分にあわせて文化を論じることの問題性とは、そういうことなのである。

もちろん、「中央」のこうした大転換は、長い時間的スパンの中ではじわじわと広がってゆくが、その広がり方も皆が西洋音楽の楽器を演奏し、西洋の楽曲を歌うようになるというような、一様化されたあり方ではなかった。宝塚少女歌劇（現宝塚歌劇団）が最初に目指したのは、西洋のレビューを導入することではなく、歌舞伎に西洋楽器や西洋の群舞を取り入れることによって世界に通じる本格的オペラに改造し、それを通して、近代国家日本にふさわしいオペラ文化を確立することだったし、今では日本の伝統の代名詞のようになっている宮城道雄の《春の海》も、尺八ではなくヴァイオリンとの合奏用に編曲されることで、新たな時代にふさわしい「新日本音楽」として高く評価された。

そのあたりは、私が以前に『宝塚歌劇の変容と日本近代』（新書館 1999）、『日本文化 モダン・ラプソディ』（春秋社 2001）という二つの著作で論じたことなのだが、これらの事例は、いずれも、この時代と現在とで人々の感性のあり方がいかに変わってしまったかということを示してもいるだろう。少なくとも、初期の批評記事（須永克己「シュメー女史提琴演奏会」、『音楽世界』1932.7）にみられるような、《春の海》は尺八ではなくヴァイオリンで伴奏されてこそ本領を発揮すると感じ、そこに日本音楽の将来をみようとするような感性は、その後の時代には失われてしまったようにみえる。

筆者はこの二冊の本を書いた時点では、日本音楽を西洋音楽との関わりのうちに捉える際の基本的なものの見方や感性のあり方にこうした根本的な変化が起こった、その境目は第二次大戦前後にあると考えていたのだが、その後いろいろ考えてゆくにつけ、領域によって、また地域や状況によって、こうした戦前期の心性や感性が戦後にも様々な形で残り続けている、というより「戦後」の文化もかなりの部分、そのような土台の上に成り立っていたのではないか、ということを感じるようになってきたのである。前著『サウンドとメディアの文化資源学——境界線上の音楽』（春秋社 2013）では、第五章「国民文化の戦後」として、宝塚歌劇団が戦後に展開した「日本民俗舞踊」シリーズを取り上げたが、これなどはまさに、そういう戦前の心性や感性が少なくとも戦後のある時期まではそのまま引き継がれていたことを示す事例であるように思われる。

このように考えてくると、「一九六八年」前後の感性の変化も、単に「戦後」の中での話としてだけみているのでは不十分であることがご理解いただけよう。この問題を考えるためには、むしろ戦前から、場合によっては明治以前から続いてきた古い文化のあり方を視野におさめ、そこからの連続や断絶のありようを見極めながらその歴史的位置をはかるような見方が必要である。そのようにみてみるならば、この問題が「戦後文化論」である以上に、明治以後の日本がたどってきた近代化の歩みを問い直したり、グローバルなコンテクストの中で今の日本が置かれている状況を考え直したりすることにつながってくるような、様々な論点を含んでいる問題であることが明らかになってくるのではないだろうか。

本書の構成

「一九六八年」前後の文化の変化について、「感性文化」をキーワードに描き出すことが本書の目的だと書いてはみたものの、実際には「言うは易く行うは難し」である。本書の目次をご覧になった方は、本文がわずか四章の構成で、あまりに少ないテーマしか扱われていないことに驚かれたかもしれない。前半二章はいずれも、一九六四年東京オリンピックの際の話題で、ラジオのアナウンサーのアナウンスと記録映画《東京オリンピック》の話、そして後半は、一九六九年に新宿西口広場に出現したフォークゲリラの話と、日本橋の上に架けられた高速道路の景観についての論争の問題である。数も少なければ題材もバラバラのようにみえる。これはいったい何の本なのか？　とてもこんなことで「感性の変化」などという大きなテーマが論じられそうには思えない、そんな感じがするかもしれない。

もちろん、たったこれだけの題材で、すべてを網羅的に論じるなどということができないことは当然である。そもそも、文化の変容、感性の変化などという、多くの領域にまたがるほとんど誇大妄想的な大テーマについて、こんな一冊の本で、しかも著者一人の手で論じ尽くすなどということ自体、不可能であろう。「そもそも一九六〇年代の文化は……」などと、大法螺を吹いて大言壮語するだけでよいというのであればともかく、本気で実のある議論をしようと思ったら、文化の実践の現場におりたち、そこでの具体的なことがらを丹念に掘り起こしながら立証してゆくことが必要であり、そうでない限り説得力ある議論など望めない。まして本書の場合、前節で述べたように、すべてをイデオロギー的な問題や消費社会といった問題に回収してしまおうとするような、ある意味「わかりやすい」議論から距離を置き、文化が現実に動いてゆくメカニズムをもう少しきめ細かく見極めてみようということが趣旨なのであるから、一つのことがらをとりあげるということは、その周囲をとりまく多様な文化的・歴史的コンテクスト、そこで働く様々な力学をしっかりとおさえつつ議論することが求められているわけで、そのことひとつ考えても、一人の人間が論じられることに限界があることは自ずから明らかであろう。

先に示した、本論の取り上げるトピックのラインナップの広がりは、少なくとも私にとっては、よくもまあこれだけ違う種類のことがらを一人でカバーしたものだと自画自賛してしまいたくなるほどのものである。逆に言えば、この時代の感性の変容というような、そもそも一人の人間が一冊の本で論じ切れるようなものではないテーマに対して本書は、今後様々な領域の多くの人間が関わって、少しずつ全体像を明らかにしてゆくための糸口を提供する「切り込み隊長」のような役割を果たすものであると言うべきかもしれない。その意味で、本書の取り上げている題材が、いったいどのようにつながっているのだろうかと思わず考えてしまうくらいにばらけているとすれば、そのこと自体がむしろこの問題の大きさや広がりを示していると言ってもよいのである。

とはいえ、あまりにもばらけたままいろいろな題材を提示するだけで終わりというのも、いささか無責任なことであろう。そしてまた、実際のところ、これらのテーマは、一見アトランダムに選び出したようにみえるかもしれないが、私の中ではそれなりに様々なつながりが感じられてもいるのである。それらがどのようにつながり、全体としてこの時代の感性文化のあり方をどのように描き出そうとしているのかということについてあらかじめ述べておくことは、著者たるものの義務であろう。以下に、本書の構成についてそのアウトラインを簡単に説明しておくことにしよう。

すでに述べたように本書は全部で四つの章から成るが、前半ふたつの章はいずれも一九六四年に行われた東京オリンピック大会に関わる題材を取り上げている。東京オリンピックといえば、戦後の日本が新たなスタートを切る、そんな場であったように考えられてきた。国際的には、第二次大戦で敗戦国となり、一九四八年に開かれた戦後最初のオリンピックであるロンドン大会には参加することも許されなかった日本が、国際社会への復帰を果たしたのみならず、アジアで初のオリンピックの開催国となり、それを大成功に導くことで、世界の主要国の一つとして再出発する第一歩となった大会であると同時に、新幹線、高速道路や地下鉄のネットワーク等々、大会の開催と連動して進んだ国内のインフラ整備を通して、ようやく戦後復興の段階を脱し、新たな成長のフェイズを迎える、そんなきっかけになった大会でもあった。その限りでは日本にとって新たな時代の幕開けとして位置づけられる一面をもっていたことはたしかである。

それに対して、一九六八年から七〇年代にかけての文化の大きな変化に着目する本書では、このオリンピックの行われた一九六四年が、いわばその「前夜」に当たる時期という一面をもっていることを明らかにしてゆきたい。もっと言うならこの時期は、新たな時代のはじめというよりは、古い時代のおわりであり、戦後復興どころか、戦前から続く文化的伝統や心性、価値観がまだかなり残り続けており、それが消えてゆく直前の最後の時代だった。今あらためてこの六四年の東京大会のさまを見直してみると、見れば見るほど、今では考えられないようなことが行われており、その背景に、戦前から引き継がれてきた心性や価値観の存在がみえてくる、そんな側面を明らかにしてみたいのである。

ただしここで取り上げる対象は、このオリンピック大会を報じたラジオ放送におけるアナウンサーのアナウンスのあり方や、公式記録映画《東京オリンピック》にみられる表現のあり方といったものであり、その意味ではオリンピック大会自体のあり方を正面から取り上げて論じているというわけではない。オリンピック自体も、この六四年という時点は、「ミスター・アマチュア」と言われたアヴェリー・ブランデージ会長が君臨していた時代であったから、商業主義と手を携えつつ肥大化してきたその後の時代の側からみると隔世の感があり、そのあたりについてさらに踏み込んだ議論をしてみたい誘惑にも駆られるが、そのあたりの話はまた今後にゆずることとしよう。

ここで取り上げるラジオ中継の音声や記録映画の映像といったテーマは、一見些末なものにみえるかもしれないのだが、こうしたメディア論的な切り口をからめることを通じて、オリンピックについても、また日本の「近代化」についても、様々な視界がひらけてくるのである。これらの「記録」が、この大会の様子やその時期の東京の状況などを記録した貴重なドキュメントであることはもちろん言うまでもないが、同時にまた、この大会に人々がどのようなまなざしを向け、どのようなものとして表象し、記憶してきたかということを記録したドキュメントでもある。こうした表象や記憶のあり方を丹念にみてゆくことで、そこに刻み込まれている、同時代の人々の心性や感性のありようが明らかになってくるとともに、その形成や変容の過程に、ラジオ、テレビ、映画といった同時代のメディアがどのように絡んでいたのかもみえてくるだろう。

ここでは戦前にまでさかのぼって、ラジオのスポーツ実況放送におけるアナウンスのあり方や、記録映画の作り方の歴史的な系譜や変遷を明らかにし、その中にこの東京オリンピック大会時の状況を位置づけてみることで、そこでのラジオ放送や記録映画のあり方が戦前からの流れの延長線上の性格を色濃く残しており、「六八年以後」の感性のあり方とは相容れない部分が少なからずあったことが明らかとなる。そしてそこからはまた、テレビが花盛りとなり、さらにＤＶＤやネット・メディアなど、様々な視覚メディアがわれわれのまわりにあふれてきた状況の中で見失われていった感性のあり方やその可能性などもまた浮かび上がってくることになるだろう。

このように前半の二章が、「六八年以前」に向かうベクトルを軸に構成されているとすれば、後半の二章は「六八年」そのものと、それ以後へと向かう動きに焦点をあてている。第3章で取り上げられる新宿西口広場の「フォークゲリラ」は、まさに「六八年」の落とし子ともいうべき、そのものズバリのテーマであることはあらためて言うまでもないが、「フォークソング＝反体制」といったステレオタイプ的なイメージに落とし込む前に、そのような結びつき自体がいかにしてできあがり、また変化してきたのかということをあらためて考え直してみる必要がある。

「フォークゲリラ」の活動自体をよくよく見直してみるならば、イデオロギー的な内容以前に、この時代が、政治運動を支える心性や感性のあり方自体に大きな変化をもたらした時代であったことが明らかになるだろう。新宿西口に集った人々が体験したのは、「革命の音」の世界に包まれる体験であり、フォークソングはこうした音のメディアの媒介を通じてその延長線上に成り立ったものである。同時代に作られたレコードやソノシートのありようや、それらの制作過程を調べてみることを通じて、様々な革命の音によっておりなされる、それ以前にはなかったような独特の音の世界が共有され、新たな文化を生み出していった状況の一端をみることができるだろう。そこからは、これまで政治的・イデオロギー的な語られ方が先行していた、この「六八年」問題を考える上で、感性のあり方の変化に関わる問題が、それに負けず劣らず、否それ以上に大きな役割を果たすものであったことが明らかになってくるだろう。

最後の第4章は、しばしば話題に上がる、日本橋の上にかけられた首都高のもたらした景観問題を取り上げている。音の話とは全く関わりなく、ラジオやレコードといったメディアの話題も出てこないから、これまでの三章とどのようにつながっているのか、訝る向きもあるかもしれない。しかしながら、アプローチの角度こそ違え、ここでもまた、中心的なテーマになっているのは、一九七〇年前後の感性のあり方の変化であり、その意味では、前三章と完全に同一線上にある。この首都高整備が六四年の東京オリンピック開催に向けて行われたものであったことは言うまでもないが、川の上を高速道路で覆う形になり、後には酷評を浴びることになったこの景観が、完成時にはむしろ美的なものとしてポジティブに受け止められていたという事実は、この時期が七〇年前後に訪れることになる感性の大きな変化の「前夜」にあったことと完全に連動している。そして、江戸からの秩序を壊した元凶として一旦は酷評されたこの高速道路の景観が、近年のサブカル的な動きと連動して現れた新たな感性によって再評価されるにいたる経過は、一つの景観をめぐる感性のあり方がかくもドラスティックに変化するものであることをあらためて認識させるとともに、そこでの変化が、「六八年」の問題圏の延長線上に捉えられるものであることをあらためて認識させてくれるのではないだろうか。

第 I 部

一九六四年東京オリンピックのメディア考古学

「戦後」の日本文化を考え直すにあたって、前半の二章では一九六四年に開催されたオリンピック東京大会にまつわる題材を取り上げたいと思う。このオリンピック大会は、その成功によって、敗戦後の日本が本格的に国際社会に復帰する大きなきっかけとなり、また新幹線網や高速道路網の整備など、国づくりやまちづくりの起点ともなった出来事として、多くの日本人の脳裏に刻み込まれている。そういう意味では、この六四年のオリンピックこそは、戦前や戦中の香りを未だ残していた戦争直後の日本の空気を払拭し、今日につながる新時代への道を日本が歩み始めた出発点として位置づけることができるように思われるかもしれない。

しかしながら、この大会にまつわる様々な光景を現在の目からあらためて見直してみると、ほとんど「異文化」ではないかと思われるほどに、今のわれわれの心性や感性とずれていると思わされるのである。私自身もまだ小学生だったとはいえ、一応このオリンピックを体験した世代であり、その時代の空気を共有しているはずなのだが、今の地点から当時の映像などをあらためて見直してみると、自分が同時代者としてこんな文化の中で生きていたことが信じられないという思いを拭うことができない。一言で言って、まるで戦前の文化の延長線上にあると思わされてしまうくらいに前時代的なところがあるのだ。

そのことを示すために、右に述べた、この大会が、日本の国際社会への復帰への第一歩になったという話についてちょっと考えてみよう。もちろん、ホスト国として世界に伍してわたりあえた「成功体験」がその後の「国際化」の原動力になったことは間違いなく、その意味で結果的に戦後日本の「国際化」の第一歩になったということ自体には否定の余地がないのだが、そういう際に想定されていた「国際化」のイメージがどのようなものであったのかということを考えてみると、今のわれわれがいだく「国際化」イメージとは似ても似つかないものであるようにすら思えてくるのである。

たとえば開会式や閉会式で使われている音楽である。閉会式では最後に《蛍の光》の大合唱が響く中で聖火が消えてゆくという、日本人にとっては感動的な場面があるのだが、まるで国内で行われる式典のノリである。《蛍の光》が「別れの歌」であるのは日本だけの話で、海外からきた人々はそんなものを聞いても誰も「別れ」の雰囲気など感じてはくれないだろう。最近のオリンピック大会のように、開催国の「伝統文化」がてんこ盛りにされたような開閉会式のあり方が普通であったならば、このような「日本流」もグローバル化の中でのローカリティの発露として受け取られる部分もあったかもしれないのだが、この時代の開閉会式にはまだそのような要素は全くなかったと言っても過言ではなく（ほとんど小中学校の運動会の開会式の拡大版のような感じである）、少なくとも意識的にそのような文化的自己主張を行った結果とは思われない。そもそも、それが日本の伝統音楽であるとでもいうのであればまだしも、《蛍の光》は言うまでもなく、れっきとした「西洋音楽」なのであり、今の感覚では「日本文化」とも呼びがたい。大会のクライマックスにこのようなものをもってくるあたり、少なくとも今われわれが考えるような「国際感覚」とは相当にずれているとしか思われないのである。

それがもっと明瞭な形で現れているのが《オリンピック讃歌》の取り扱いである。《オリンピック讃歌》は今日、開閉会式でのオリンピック旗の入退場や掲揚・後納などの際に鳴らされるお馴染みの曲である。もともとは一八九六年に開催された第一回アテネ大会の際に用いるためにギリシャ人が作詞作曲したものであるから、当然のことながらギリシャ語の歌詞がつけられているが、東京大会の録音をきいてみると原語のギリシャ語でも英訳でもなく、日本語で歌われている[1]。

そのこと自体もさることながら、さらに驚くのは、大会後に作られた公式報告書に掲載されているこの曲の楽譜である。この報告書には、開閉会式で用いられた主要な楽曲の楽譜が掲載されている。この大会用に日本で作られた《オリンピック東京大会讃歌》(佐藤春夫作詞、清水脩作曲)のような「純日本製」の曲の歌詞が日本語だけしか掲載されていないのは当然として、問題の《オリンピック讃歌》の楽譜(巻末に「譜例」として一部を掲載した)も、冒頭に原曲の作詞者、作曲者の名前は記載されているものの、楽譜本体に掲載されているのは野上彰による訳詞のみであり、ギリシャ語も英語も影も形もない。しかも驚くべきことは、その代わりに日本語の歌詞の下のところに、日本語歌詞をローマ字表記したものが掲載されているのである(巻末の譜例は英語版の公式報告書のもの。楽譜本体は日本語版も英語版も全く同じものが掲載されている)。まるで外国人にも日本語で歌ってほしいと言わんばかりだ。

これを見て反射的に思い出したのが、戦前に作られた団体などの略称表記のあり方である。ただちに思い浮かぶのは「ＮＨＫ」という略称である。言うまでもなく、日本語の正式名称は「日本放送協会」であり、その「日本」と「放送」と「協会」をローマ字表記し、その頭文字をつなげたものである。イギリスのＢＢＣ（British Broadcasting Corporation）、などの前例に倣ったものだが、せっかくアルファベット表記にするのに日本語でやっているあたりが何とも興味深い。これはＮＨＫに限った話ではなく、「ＫＢＳ（国際文化振興会、国際交流基金の前身）」のような類似の団体から「ＹＫＫ（吉田工業株式会社）」のような会社名にいたるまで、いくらでも出てくる。われわれはこういうのを見るとつい、国際性の欠如とみなしてしまいたくなるのだが（以前ネット検索していたら、ＮＨＫという名称は国際的に恥ずかしいので、ただちに英語の略号に変えるべきだと息巻いているサイトを発見したことがある）、周辺の状況をいろいろみていると、国際性が欠如しているのではなく、何をもって「国際的」と考えるかという理念や基準がそもそも違っていたのではないかという気がしてくるのである。

こうした「日本流」は開会式以外の競技の場面にもいろいろな形でみられる。陸上競技のスタートの号令が「位置について、用意」という日本語だったり、水泳競技の結果を告げる場内アナウンスが「一ちゃーーーく、第五コース、ショランダー君、アメリカ、じかーーーん、五三秒四」といった独特の抑揚（そもそも金メダリストを「君」呼ばわりするあたりの感覚も、今ではなかなかピンとこないが）であったり等々、独自の「日本文化」満開で、これらもまた、ほとんど日本のローカル大会の延長線上のものであるように思える。

この陸上競技の「位置について、用意」という日本語合図に関わる歴史は実におもしろい。オリンピックでの合図が「オン・ユア・マーク、セット」という英語に統一されたのは、一九六四年の東京大会よりもはるか後、二〇〇六年の国際陸連の規則改正の折であり、それまでは英語、仏語と開催地の地元言語から自由に選んでいた（一九九一年の東京での国際陸上でもやはり日本語の合図が使われていた）。

日本での出発合図として「位置について、用意」が定められたのは、実は、一九二七年のことで、それ以前は必ずしも統一されていたわけではなかったようだが、「オン・ユア・マーク、ゲット・セット」という英語がそのまま使われることが多かったようである（最初の頃は意味がよくわからず、「安全マーク、下駄、雪駄」とやっていたなどという笑い話もあったりする）。ところが興味深いことに、日本陸連が推し進めていた競技用語を邦語化してゆくプロジェクトの一環として一九二七年に、この出発合図に使う号令についての日本語の公募が行われ、その結果、山田秀夫なる人の出した「位置について、用意」という提案が採用されたというのである。

今われわれが一般的にもっている感覚だと、「国際化」のためには、ローカルな日本語を捨てて英語を採用するという方向をたどるのが自然のように思われ、大正期にせっかく英語でやっていたのに、その後なぜわざわざ邦語化したのか、などと思ってしまいそうである。ここでも何をもって「国際的」と考えるかということについての根っこの部分で考え方が行き違っているのではないかと思わされる。これはべつにスポーツの世界だけの話ではない。この話から私などが真っ先に思い出すのは、オペラの「原語上演」と「日本語上演」をめぐる動きである。

今ではオペラは、原作の言語で上演するのが一般的である。一昔前までは日本語訳詞による上演が広く行われていたが、いつしか原語でなければ「本格的」な上演ではないかの如くに扱われるようになり、日本語上演を推進してきた人々は、日本のオペラの発展を阻害した戦犯呼ばわりされることにもなった。だが、何が「本格的」かは、多分に文化的コンテクストで決まる。大正期や昭和初期の文献には、原語上演より日本語上演の方が「本格的」である旨の記述がしばしばみられる。この時期、西洋に学びつつ日本固有のオペラ文化を形作る仕事こそ「本格的」と考えられていたのであり、原語上演はそのための一ステップにすぎなかった。一九一一年に帝国劇場で《カヴァレリア・ルスティカーナ》が原語上演された際には、「本格的」な訳詞が準備できないためにやむをえず原語のまま上演するとの弁明までなされている。言ってみれば、自国の言葉をベースにした文化をしっかり形作ってゆくことこそが、世界に出して恥ずかしくない、近代国家にふさわしい「国民文化」のあり方だと考えられていたのである。

これは日本だけの話ではなく、とりわけ西洋の「周縁」に位置した東欧や北欧などの諸国などにもよくみられることである。一九世紀末、ブダペスト国立歌劇場に赴任した若き日のマーラーがワーグナーの《指環》四部作のハンガリー語上演を担当したという話が示すように、これらの国でも、自国の「国民文化」としてのオペラの構築は至上命令であり、そのためにすべて自国語に訳して上演することが求められた。その意味では、「原語主義」は、ドイツの歌劇場にも日本人や韓国人の歌手があふれ、「国民文化」という概念自体が空洞化してしまった近年の状況下で編み出された苦肉の策にすぎないということにもなるのであり、近代国家たらんとした日本が、まずは世界の先進国に匹敵するオペラ文化を自国語によって築き上げなければならないと考えたのも、また当然のことだったのかもしれない。「位置について、用意」という日本語の響きからもやはり、自国語による文化を確立しようとして体を張ってきた人々の同様な矜持が感じとれる。

だからといって、日本人が「日本語中心主義」をとって外国人とのコミュニケーションを拒否しようとしたなどと考えてはならない。東京オリンピックで男子一〇〇メートルなどのスターターを務めた佐々木吉蔵の著書『よーいドン！——スターター三〇年』（報知新聞社 1966）には、日本語の「位置について、用意」という合図で外国人選手に良いスタートを切ってもらうために、各国選手の練習しているグラウンドに何度も通い、交流を深めながらピストルのタイミングを試行錯誤した話が出てくる。ここには、一方で日本語をベースにして自らの文化を積み重ねつつ、それを何とか世界に開いてゆこうとする強い意志が感じられる。そこにある「もうひとつの国際化」の姿は、「国際化」というと「英語帝国主義」的なあり方しか思い浮かばなくなってしまった今のわれわれに対して、一石を投じているようにすら思える。

第二次大戦後の新時代の日本の出発点となった一九六四年のオリンピック東京大会であるが、仔細にみてゆけばゆくほど、そこには戦前から引き継がれた人々の心性や感性の残り香のようなものが感じられてくる。「戦前」と「戦後」という粗雑な二分法のもとでかき消されてしまっていたそのような部分を丹念に跡づけてゆく中から現れ出てくる「もうひとつの世界」は、われわれが日頃認識している世界が、文化のもつ多様な可能性のほんの一部に過ぎなかったことを実感させてくれるとともに、「日本文化」の歴史や現在についての新たな視界をひらいてくれることになるのではないだろうか。ここではとりわけ、ラジオの実況中継放送と公式記録映画という、メディアに関わる問題を切り口とすることで、人々がこのオリンピック大会にどのようなまなざしを向け、それを表象し、記憶しようとしたかということに焦点をあてて、そこに刻み込まれている文化の「古層」を摘出してみることを目指すことにしようと思う。

第1章 「実況中継」の精神史

「耳で聴くオリンピック」の背景文化

1 「はじまり」の歴史と「終わり」の歴史

メディアの歴史の中で一九六四年の東京オリンピックが語られるとき、決まって出てくるのは、カラーテレビによる中継放送がこのオリンピックをもって始まったという言説である。たしかに、当時まだ小学生だったとはいえ、このオリンピックを曲がりなりにも同時代者として体験した私のような者にしてみれば、開会式の入場行進の一番最後に、真っ赤なブレザーを身にまとった日本選手団が入場してくるのを目にした時の鮮烈な印象は今でも忘れることができないほどである。その さらに四年前のローマ・オリンピックの時には、少しでもデータ量を減らすために大幅にコマ落としされ、ほとんど何をやっているかも判別できないような「電送写真」（もちろん白黒である）で見るほかなかったことを考え合わせるならば、この映像技術の進歩は驚くべきことである。放送衛星による世界同時中継が行われた初のオリンピックであるという点でも、この一九六四年の東京オリンピックが、映像技術の歴史において新たな時代の画期となる大会であったことはたしかである。

しかし、ここでよく考えてみよう。いったいどれほどの人が自宅のカラーテレビでこの開会式の映像を見たというのだろうか。少なくとも私の家にはカラーテレビはまだなかった。実を言うと、私の家でオリンピックがカラーで見られるようになったのは、何とその八年後、一九七二年のミュンヘン・オリンピックをまってのことであった。もちろんこれだけなら、単に私の家が貧乏だったというだけの話かもしれないのだが、内閣府の消費動向調査の結果を調べてみると（総務省編2014, 35）、カラーテレビの普及率のデータがはじめてカウントされるようになるのは一九六六年のことで、何と〇・三パーセントにすぎない。この時点での白黒テレビの普及率は九四・四パーセントで、カラーが急激に増えて白黒を逆転するのは一九七三年のことであるから、どうやら私の家だけが貧乏であったというわけではなさそうである。

東京オリンピックの開会式のカラー映像が、同時代を体験した多くの人々にとって、今にいたるまで鮮烈な印象として残っているとしたら、その「記憶」の大半は、もともとは白黒画像だったものが、記録映画やテレビの回顧番組などを見ることで、後になってから「彩色」された結果なのではないだろうか。どうも、この種の新しいテクノロジーやメディアの普及は、「最先端」の部分ばかりに注目しすぎるあまり、新たな機器が登場するとたちまちのうちに津々浦々まで広がり、古いものを駆逐してしまったかのような形で捉えられてしまうことが、ままあるようだ。しかし、古いテクノロジーやそれに伴う感覚や作法は、実は意外なほどに後まで生きながらえている。宮田レコードという浅草のレコード店に行ってみると、今なお日本舞踊の多くのレパートリーをカバーする大量のカセットテープが並んでおり、ずいぶん前に絶滅したかに思われたこのメディアがいまだに主役を張っている世界があることを教えてくれる。文化とはそのようなものなのである。

そういう目で見直してみると、東京オリンピックの頃のテレビをめぐる状況も、ずいぶん違った形で見えてくるのではないだろうか。統計の話に戻ると、一九六四年時点での白黒テレビの普及率は八七・八パーセントだが、その三年前の一九六一年では六二・五パーセント、さらにその前年、六〇年のローマ・オリンピックの年まで遡ると四四・七パーセントと、何と半分にも達していない。一九五九年の、当時の皇太子のご成婚と「ミッチー・ブーム」がテレビの普及を促したというのもよく言われる話だが、一九五九年の普及率は数字的にみればわずか二三・六パーセントに

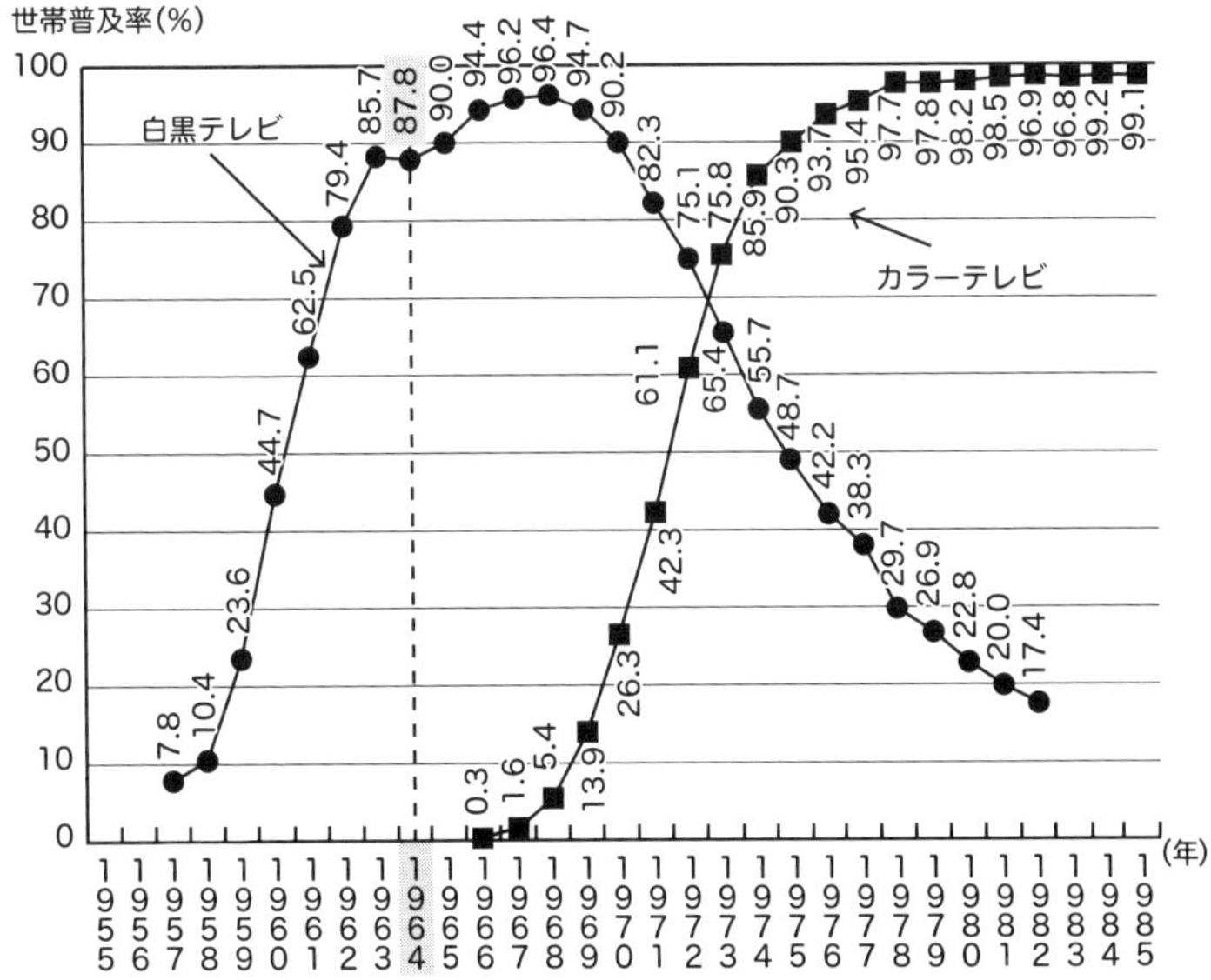

消費動向調査による白黒テレビとカラーテレビの普及率の推移（平成二六年版『情報通信白書』による）

すぎない。そのようにみてみると、一九六四年という年は、カラー化どころか、白黒テレビが一定の広がりをみせ、ようやく一段落した段階であったことが理解できるだろう。ＮＨＫがテレビの本放送を開始したのが一九五三年であるから、そこから数えてもやっと十年というところである。言い換えれば、多くの人にとってテレビの受像機は、まだ家庭に入ってきたばかりの新参者だったのであり、相当数の人は、スポーツ競技を観戦するといえばまだ、テレビを通して目で見るのではなく、ラジオによって耳で聴くという体験様式の方がぴったりくるような状態だったと考えた方が自然なのではないだろうか。

新聞に掲載されているラジオ・テレビ番組のページを見てみると、この時期、徐々にテレビのウエイトが高まってきて、やがて逆転する様子の一端を窺うことができる。朝日、毎日の両新聞とも、一九六一年三月三一日付紙面までは、ラジオ番組を上に、テレビ番組を下に掲載するやり方であったのが、新年度の四月一日付から逆になり、テレビ番組の方が上になるように変更されているのである。このあたりに一つの分水嶺があったとみることもできるだろうが、逆転されたからといって、一瞬にして消えてしまうというものでもない。実際、六四年のオリンピック会期中のラジオ番組欄をみてみると、ＮＨＫ、民放を含め、ほぼすべてのＡＭ局が終日オリンピック競技の実況中継を行っていることに驚かされる。実況中継放送がほとんどすべてテレビに移行してしまった今では、このような状況は全く想像のつかないことだが、ほとんどすべての競技についてテレビとラジオ、両方での中継が行われているのである。今日ではラジオによるスポーツ体験といえば、タクシーの運転手などが、車に備え付けられているラジオでナイター中継をきいている姿くらいしか思い浮かば

毎日新聞　昭和39年(1964年)　10月20日　(火曜日)

NHK 第1 590KC 第2 690KC　TBSラジオ 950KC　文化放送 1130KC　ニッポン放送 1310KC　ラジオ関東 1480KC

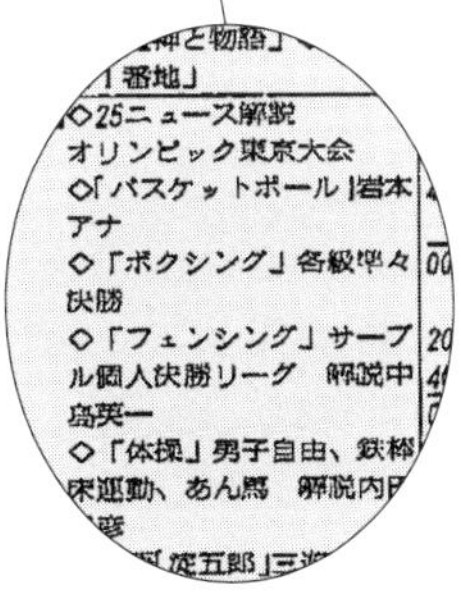

オリンピック期間中のラジオ放送番組表より（毎日新聞、1964年10月20日）。民放各局がこぞって実況中継を行っている。フェンシング、バスケットボール、体操など、今日ではラジオ中継には馴染みにくいと思われてしまうような種目の中継も多い。

ないが、各局こぞって終日中継を行っていたということは、それだけ多くの人がきいていたということであろう。中には、フェンシング競技のラジオ中継などという、いったいどのように行ったのか、首をかしげざるを得ないようなものもあったりするのだが、未知の領域に果敢に取り組んでゆこうとする、その積極的な姿勢は、テレビに取って代わられ、消えてゆくようなメディアのものとはとても思われないのである。

もう一つ注目すべきことは、競技のラジオ中継音声を収録したレコードが大会終了後に各レコード会社競作で作られていることである。一枚物のキング・レコードに対し、日本ビクターは三枚組、日本コロムビアは五枚組と、それぞれに規模も編集方針も異なるが、いずれもＮＨＫのラジオ中継の音声をベースにしている点は共通している。こうした大手レコード会社による正規発売音源に加え、さらにソノシートを用いた音源がいくつも作られている。毎号ソノシートが付録につき、「音の出る雑誌」として親しまれていた月刊誌『朝日ソノラマ』もやはりＮＨＫの放送音源をもとにした三枚のシートのついた特別号を刊行しているが、おもしろいのはカルピス食品、日興證券、松下電器などの企業が、いわば顧客への特典品としてこの種のソノシートを用意している点である。たとえばカルピスは、大会終了後に、商品の購入者先着三〇万名に五輪の輪にちなんだ青、黄、黒、緑、赤の五枚一組の「オリンピック・ハイライト・ソノシート」をプレゼントする旨の広告を出しているが、こうした事実は、人々にとってオリンピックを「耳で聴く」体験がいかに魅惑的なものであったかということを語り出していると言ってよいだろう。

もちろん現在の目から見ると、「耳で聴く」体験は、ビデオ、ＤＶＤなどの映像が手に届かなか

オリンピックの記録レコードは、レコード会社各社競作で出されたが、いずれもNHKのラジオ実況中継放送音声を使用している（1キング、2ビクター、3コロムビア）

2

1

3

4

5

6

この時代はソノシートというメディアの全盛時代でもあり、レコード会社も出版社もこぞって、ソノシートによる「音の記録」を刊行した。4現代芸術社で刊行していた「ソノ・ジャーナル」シリーズの一冊。5テイチクレコード、6ソノシート付き月刊雑誌『朝日ソノラマ』の特別版。

2

1

3

ソノシートは安価に製作できるため、顧客への特典品、販促品などにもよく使われた。オリンピックの「音の記録」は恰好の材料になった。1ナショナル（現パナソニック）のテレビの購入者への景品で、絵葉書とセットになっていた。2・3カルピスのものは、カルピスの王冠（当時のカルピスは濃縮されたものが壜詰になっていた）を送ると抽選でプレゼントされるもので、新聞にも大々的に広告を打っていた。

った時代、音だけで我慢する、いわば「次善の策」のようなものと思われてしまったりもするのだが、あえて言うなら、そのように考えてしまうことは、映像で見ることに慣れきってしまい、「耳で聴く」体験の中で培われてきた文化の豊かさを理解できなくなってしまっているがゆえの偏見にすぎないのではないだろうか。

以下においては、ラジオやレコードによって昭和初期以来、形作られ、機能してきた「耳で聴く」スポーツという独特な体験様式の成り立ちや背景を明らかにするとともに、それを支える人々のリテラシーや感性が、このオリンピックの開かれた一九六四年という時点にいたっても、まだ一定の力を持ち得ていたことを示してゆくことにしたい。この六四年の東京オリンピックを新たな時代の「はじまり」としてではなく、古い時代の「終わり」として位置づけるこのような見方をあえてしてみることは、今のわれわれが見落としてしまっている、「耳で聴く」文化の孕んでいる様々な可能性を浮上させてくることにもなるだろう。

2 「実況中継」される開会式　一九六四年東京五輪のアナウンサーたち

一九六四年のオリンピック東京大会に「音の記録」がたくさん残されていることは、すでに述べたとおりである。それらが、この大会がどのようなものであったかを知るためのドキュメントとして貴重な存在であることは言うまでもないが、少し見方を変えると、これらのドキュメントは、その周囲にあるラジオ、テレビ、レコードといったメディアのあり方や、人々がそのようなメディア体験を積み重ねることで形作られてきた「文化」のありように関するドキュメントともなる。

ここではそのような形で考えてゆくための材料として、実況放送の録音の中に残されているアナウンサーの語りを取り上げてみたいと思う。というのも、これらのアナウンス、テレビでの今のスポーツ実況放送に慣れてしまった耳には、いささか「異文化」的に響くところがあるからである。そうであるならば、この時期、いかなる「文化」に支えられてこのようなものが可能になっていたのか、その成り立ちや背景を明らかにしてゆくことが必要になろう。

その「異文化」的な感じが特に強いのは、開会式のラジオでのアナウンスを担当した鈴木文弥アナウンサー（1925–2013）の語りである。立て板に水といった感じで流れるなめらかな口調もさることながら、そこに美文調のレトリカルな表現がちりばめられており、そのほとんど「語り芸」と呼んでも良いような風情は、今のスポーツ実況中継からはほとんど想像しがたい。鈴木は一九四八年にＮＨＫに入局し、スポーツ中継を中心に活躍したアナウンサーだが、オリンピック中継にもつねに中心メンバーのひとりとして関わってきた[1]。東京オリンピックの際には、開会式のラジオ中継のほか、体操やバレーボールのテレビ中継にも起用されており、その際に「ウルトラＣ」、「金メダルポイント」といった「名言」を発したことでも知られている。

東京オリンピックの行われた一九六四年という年を、「一九六八年」のいわば前夜と位置づけ、古い感性や認識の枠組みの延長線上にあった時期として捉え直そうというのがここでの意図であるから、ある種時代がかった雰囲気を漂わせたこの鈴木のアナウンスは、そのための最もふさわしい材料と言えるかもしれないが、予断は禁物である。ラジオ草創期の「実況中継」のあり方そのものにまでさかのぼって、歴史的背景やコンテクストをおさえた上で、こうした美文調スタイルがどのように成り立ち、この一九六四年という時点までどのような形で伝承されてきたのか、あるいはされてこなかったのか、といったことをじっくり検証してゆくことが必要であり、そのことを通じて、この一九六四年という時点での「実況中継」をめぐる人々の感性や認識の枠組みを明らかにしてゆくことがこの章の最終的な目標となる。

ともあれこの節ではまず、この鈴木のラジオでのアナウンスがどのようなものであったかをみておくことにしよう。巻末に付したのは、鈴木による開会式のラジオ中継アナウンスのうち、聖火の最終走者が入場し、聖火台に点火するまでのシーンと、選手団の入場行進部分から、アメリカとソ連が入場してくるシーン（当時のアルファベット順の入場だと、アメリカ＝ＵＳＡとソ連＝ＵＳＳＲという二つの超大国が続けて入場するようになっていた）の二つにつき、鈴木のアナウンスを書き起こしたものである【巻末、表1・1】。比較のために、同日のＮＨＫのテレビ中継の方のアナウンスから対応する部分を書き起こしたものも掲載してある。こちらの方は北出清五郎アナウンサー（1922–2003）の担当であった。

北出アナは鈴木より一年前の一九四七年の入局だが、やはりＮＨＫの代表的なスポーツ担当アナウンサーの一人であった。その後はとりわけ大相撲中継の重鎮として知られるようになったが、鈴木も北出もこの時期には四〇歳前後の、いわば脂ののりきった年代を迎えているアナウンサーであった。言ってみれば、東京オリンピックの開会式という最も晴れがましい場の実況中継にあたり、この二人の看板アナがエースとして投入され、テレビとラジオという二つの場をそれぞれ任されたということなのである。あえて北出との比較のうちにおくことで、この時代のスポーツ・アナウンスの全体的な状況の中での鈴木のアナウンスの占めている位置がよりはっきりとした形で見えてくることになろう。

一見しただけで、鈴木のアナウンスはレトリカルな言い回しに満ちていることがわかるだろう。たとえば冒頭部分、北出が「オレンジの炎、白煙をなびかせて、聖火が入場してまいりました」と比較的ストレートに述べている部分、鈴木の方は同じ内容ながら、「見えた、見えました。白い煙が」という倒置表現を用いたかと思うと、「赤々と燃え上がるオレンジ色の炎、かすかに尾を引く白い煙」といった具体的な描写を持ち込むことで、聴く者のイメージを喚起する表現になっている。

さらに特徴的なのは、こうしたレトリカルな表現が個別的、断片的に散りばめられているだけでなく、全体として一つのストーリーやドラマを形作るように作り上げられているということである。この聖火入場の部分では、それは聖火を中心にしたストーリーである。「オリンピアの聖なる火」、「平和の火」である聖火が、世界各地の多くの人の手で引き継がれ、この日本の地まで運んでこられた後、「戦後の日本とともにたくましく、明るく成長してきた」若く健全な青年に託され、そこで「新しい生命を得て燃え上がる」のである(2)。

この聖火入場のシーンで、聞いていて圧巻なのは、階段をのぼりはじめてしばらくたった、「思えば八月二一日、遠くオリンピック発祥の地……」あたりからの部分である。文字に起こしたものだけ見てもなかなか伝わりにくいが、このあたりからテンポがはやまり、とりわけ「イスタンブール、ベイルート……」と地名が列挙される部分などは、ほとんど暗唱された早口言葉を全速力で読み上げているような感覚である。[3] 聞く側は、そこで挙げられた個々の地名や人名について認識するというよりは、いわばその勢いに圧倒され、これだけ多くの場所を巡ったとか、こんなにいろいろな人がいるといった印象が深く心に刻み込まれることになる。

一方の北出の方はだいぶ肌合いがちがい、鈴木と比較すると、かなり抑制的な印象を受ける。北出の場合に特に目立つのは、鈴木のアナウンスにはない聖火ランナー坂井義則の生年月日や、聖火台の高さ、勾配などの数字を細かく入れたり、選手団の入場行進場面の方では、各国の選手のコスチュームの色などをきめ細かく描写したり、というあたりのことである。それらの要素は鈴木の方にも決してないわけではないのだが、鈴木の場合には、次々繰り出される様々な要素のうちのひとつになってしまっているのに対し、テレビのアナウンスである北出の場合には、もともとの情報量がラジオよりはずっと少ないためにその部分が際立ってきこえるということに加え、全体の落ち着いたトーンも手伝って、会場の様子をきめ細かく整然と描写しているという印象を残すことになるのである。とりわけ、北出がコスチュームの色にこだわり、その丹念な描写を繰り返している点は、現在ではあまり見かけない、かなり目を引く特徴である。[4]

このテレビのアナウンスとラジオのアナウンスという問題は、鈴木と北出のアナウンスを比較する上でまず考慮しなければならないことでもある。北出の場合にはテレビのアナウンスであるから、受け手が映像を見ていることを前提としているわけで、何も見えていない人に全てを言葉で説明するラジオの場合とは違ってくるというのはある意味当然のことである。極端に言えば、画面で見えることは説明しなくてもよいという考え方も成り立つ。

ＮＨＫではアナウンサーの養成のための『アナウンス読本』と呼ばれるテキストブックがこれまでに何度か作成されているが、一九六二年に出た『テレビラジオ　新アナウンス読本』では、はじめてテレビでのアナウンスに対応した内容が加えられている。「スポーツ実況」の章にも「テレビ・アナウンスの特殊性」という一項が加えられており、そこには「ラジオでは大部分を占めるアナウンスによる即時描写が、テレビではカメラによって代行される」（日本放送協会編 1962, 492）から、その多くが不要になると書かれている。しかし、その場合に重要なのはアナウンスの量を減らすことではなく、見ればわかることを言うかわりに、その背景にある技術的・心理的等の解説を提供して、その映像が生きるような努力をすることが必要なのであり、要するにテレビ・アナウンスはラジオのアナウンスとは質の違うものだということをきちんと認識しなければならない、といったことが書かれている。

鈴木と北出のアナウンスの違いには、言うまでもなくこのようなメディアの違いが絡んでいる。レトリックに満ちた饒舌ともいえる鈴木のアナウンスが、映像がなく全てを自分の言葉で表現しなければならないラジオの時代に特有の発想に由来するものであることは容易に想像がつくであろう（その由来は次節以下の歴史的探究で明らかになるだろう）。その一方で、北出の方はどうだろうか。たしかに北出のアナウンスは鈴木とは対照的である。北出のアナウンスの分量が鈴木よりもはるかに少ないということなどは、北出が映像の存在を考慮して不要な描写を減らすことでテレビ時代に見合ったアナウンスを現実のものにしようとした結果とみることができるかもしれない。

しかし他方で、北出が色の描写などに大きなこだわりをみせていることは、北出のこのアナウンスが、相当部分ラジオの時代のパラダイムに根ざしたものであったことを示しているのではないだろうか。やや極端に言えば、北出のアナウンスの方にも、今の目から見ると鈴木と大同小異で、かなり違和感を感じさせるような面があるのだ。アメリカの入場シーンの冒頭に出てくる「場を圧して」というような言い回しは、実は戦前のスポーツ実況にはよく出てきたものなのだが、十分に古めかしく、またレトリカルな雰囲気を漂わせている。この両者の関係をどのように捉えたらよいのだろうか。

以下の各節では、ラジオの草創期にもどって、そもそもラジオにおける「実況中継」なるものが、どのような経過をたどって展開し、その周囲にどのような文化をつくりあげてきたのか、という歴史を順次見直してゆくことを通して、その背景をさぐってみたい。そこからは、今日の「実況中継」という概念をはるかに超えたところで展開されていた戦前のラジオをめぐる文化の一面が浮かび上がってくるとともに、その延長線上での展開が戦後も続いたこと、そして東京オリンピックの開かれた一九六四年前後は、その最後の残り香が消えてゆく時期であったことが明らかになってくるだろう。鈴木も北出も、こうした「テレビ前夜」の最後の時代を彩る重要な登場人物だったのである。

3　美文調アナウンスのはじまり　松内則三の早慶戦中継

鈴木文弥アナによる東京オリンピックの開会式中継に代表されるような、ほとんど「語り芸」と言っても過言ではない美文調スタイルのアナウンスにはどのような歴史的背景があるのだろうか。そのことを考えてみるためには、日本におけるラジオ放送の歴史から考えてゆく必要がある。初期のラジオ放送の状況や、スポーツ実況放送の歴史の全体像については、竹山昭子の『ラジオの時代』(竹山 2002)、橋本一夫の『日本スポーツ放送史』(橋本 1992) など、すぐれた研究がすでに世に出されているので、ここではできるだけ重複を避け、本論にとって特にポイントとなる部分に焦点をしぼる形で話を進めたい。

日本のラジオ放送は、一九二五(大正一四)年三月二二日に日本放送協会東京放送局(JOAK)によって開始されたが、最初のスポーツ中継は、はやくもその二年後の一九二七(昭和二)年に、今度は大阪放送局(JOBK)の手で行われた。第一三回全国中等学校優勝野球大会(今日の全国高等学校野球選手権大会)の実況中継だが、八月一三日の最初の放送が好評だったようで、東京放送局もすぐに同様の野球中継放送に乗り出すことを決め、同月二〇日のこの大会の決勝戦(高松商業対広陵中学)を放送することになった。「東京放送局でもけふ決勝戦を放送」と題された同日の東京朝日新聞のお知らせ記事には「今回東京中央放送局JOAKでも廿日決勝戦の経過並にその状況を刻々詳細にわたつて放送することになつた。しかもこの放送には特に野球に精通した人をアナウンサーとして嘱託するといふから甲子園の戦況を手に取る如く聴き得ることであらう」とある。

実はこれはかなり微妙な表現で、実際にはこちらは大阪放送局のものとは違って球場からの中継放送ではなかった。この時期にはまだ全国中継放送網ができていなかったので、大阪放送局の放送は大阪近傍でしか受信できず、一方東京放送局で甲子園球場の様子を放送するためには、途中経過

1

大阪朝日新聞

電波が語る『野球戰』
本邦最初の大會無線中繼放送
ＪＯＢＫの總動員て大成功

JOBKが甲子園球場をレモートスタヂオとして行ふ

本邦最初の野球大會無線中繼放送は十三日午前九時五分から開始した、この日の甲子園は外野スタンド全部を埋める大盛況で、熱狂の觀衆が大衆のうなりをあげる、その眞只中に感度鋭敏なマイクロフオンを持ち出しての大仕事である、正九時五分、佐藤アナウンサーは

「ゼー・オー・ビー・ケーこちらは大阪中央放送局甲子園臨時出張所であります、これから大阪朝日新聞社主催第十三回全國中等學校優勝野球大會の實況をお知らせいたします」

との放送の口火をきり

荘厳なる入場式の光景、荒木京大總長の訓示、村山本社取締役の始球式などを放送、ついて魚谷アナウンサーが野球實況放送となす、試合は札幌一中對青森師範、第一回表札幌の攻撃中である、札幌の第一打者岡村が二壘に據り、四番打者久島がボツクスに立つてゐる、魚谷アナウンサーは實戦をヂツと見つめながら

「いまピッチャーがボールを投げます、ソラ投げました、バツターが打ちました、アツ大飛球です中堅が走ります、受けました受けました」

と無中に喋りつゞける、觀衆の拍手が起る、ネツト裏の現場には

大歡呼があがる、

耳の神經を極度に尖らせて受信機と睨みツくら、上本町放送所でも伊東技術長はじめ各技師が受信と發信の調子に心を砕き、全員總がゝりの努力だ

「只今雨がポロついてゐます、選手も觀衆も一生懸命です、しきりに拍手が聞ゆるでせう」

とアナウンス振りも

場内雜觀

……く、戦ひは十二回に入りました」とアナウンサーは感激の聲をしぼる、これらの聲や響きは完全に幾十萬ファンの耳底に放送され、ラヂオのあるところ到るところにけふの甲子園球場が

浮び出た

郵便機京城着
けふ廣島練兵場出發
大阪、大連間飛行

二機京城着

四人組

有力

2
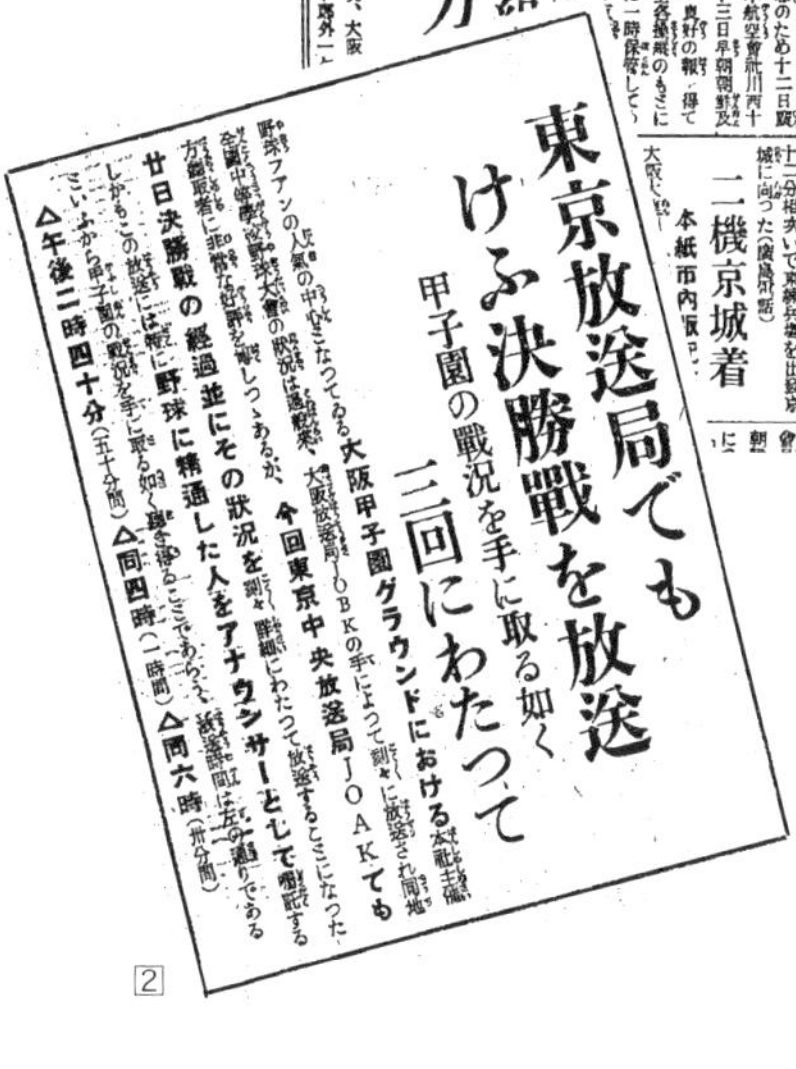
東京放送局でも
けふ決勝戰を放送
甲子園の戰況を手に取る如く
三回にわたつて

野球ファンの人氣の中心となつてゐる**大阪甲子園グラウンドにおける**本社主催全國中等學校野球大會の状況は逐日大阪放送局ＪＯＢＫの手によつて刻々に放送され同地方聽取者に非常な好評を博しつゝあるが、**今回東京中央放送局ＪＯＡＫでも****廿日決勝戰の經過並にその状況を**刻々詳細にわたつて放送することになつた、しかもこの放送には**特に野球に精通した人をアナウンサーとして**囑託することゝいふから甲子園の戰況を手に取る如く聽き得ることであらう、放送時間は左の三通りである

△午後二時四十分（五十分間）**△同四時**（一時間）**△同六時**（卅分間）

1大阪放送局による日本初の野球実況中継の成功を伝える大阪朝日新聞（一九二七年八月一四日）。2その成功をみた東京放送局も「インチキ放送」に乗り出す（一九二七年八月二〇日、東京朝日新聞）

を大阪から電話で送り、東京にいる「野球に精通した」アナウンサーがそれをもとに語るという形にするしかなかったのである。この「野球に精通した」アナウンサーとは、後に詳述する河西三省であったのだが（河西がＮＨＫに入局するのは一九二九年のことで、この当時は時事新報の運動部記者だった）、河西の回想によれば、「甲子園球場の情景とプレーを直通電話で東京朝日新聞社に取り寄せ、それを愛宕山の事務室に取り、更に夫れをスタヂオに送り込んでマイクに入れようと云ふんだから物凄い」。原稿用紙で送られてくる試合経過を見ながら「第一球ボール、第二球ストライク、カウント一エンド一、第三球うちまして二塁ゴロ、二塁取って一塁に送球アウト、一ダン」というような形で語ったようである（河西三省「野球放送の想ひ出を語る（4）」読売新聞 1931.9.10）。

この放送自体は、後年河西自身が「インチキ放送」と呼んでいるようなシロモノではあったのだが、おもしろいのは、野球放送についてそれまで「野球競技は見るべきものであって聴くべきものでない」として難色を示していた逓信局が、このような実例を示すことで、一転して野球中継を推進する側にまわったというエピソードである。「野球を聴く」という日本語すらなかった時代に、このテストケースが「聴く野球も亦格別の味があるという例証」の役割を果たしたと河西は述べているが、戦前のラジオ放送によるスポーツ中継の周辺をみていると、後にも触れる「実感放送」、「架空実況中継」のように、今われわれが考えるような「実況中継」の概念にはおさまらないような広がりの部分があり、そこに、「見る」スポーツではなく「聴く」スポーツのもたらす独自の世界がひらかれているように思われてくるのである。

ＮＨＫ東京放送局ではその後本格的な中継放送に乗り出し、同月二四日の旧制一高対三高の定期戦を経て、同年一〇月には東京六大学野球リーグ戦の中継放送がはじまる。ちょうど翌年にできあがった全国放送網にのって、この東京六大学野球は全国に放送されるようになり、とりわけ早慶戦の実況中継は大ブームとなった。そしてこのスポーツ放送の波は、野球だけでなく、水泳、相撲、陸上競技、拳闘（ボクシング）と、あっという間に広がっていった。それはまさに、耳でスポーツを聴くという、これまでにはなかった体験様式が登場したことを意味していた。早慶戦のブームも、人気のあるカードだから放送されたという以上に、電波に乗って全国放送されることによって、「聴く野球」という新たな体験として、これまでには存在しなかった広がりを獲得したとみた方がよいのではないだろうか。そこに生まれた「実況中継」という文化のありようを以下において考えてみることにしよう。

スポーツ中継の人気を支えたのは、まずはアナウンサーだった。とりわけ早慶戦中継で一気に注

まだプロ野球も誕生していなかった時代、東京六大学野球はラジオの実況中継の余勢を買って全国的な人気を獲得するにいたった。朝日新聞社で発行していた『アサヒ・スポーツ』は、春秋のリーグ戦が終わる度に臨時増刊号を出していた。

目を浴びることになったアナウンサーが松内則三（1890–1972）であった。彼がスポーツ中継の人気を広げる震源地ともいうべき存在となったことは間違いない。一九二五（大正一四）年にＮＨＫ入りした松内は、一九二七年の一高対三高の定期戦の中継以来、東京放送局による野球中継に当初から一貫して関わってきた。松内の人気がピークに達したのは一九三一（昭和六）年で、この年には、松内の行った実況アナウンスが速記され、複数の雑誌に掲載されている。『文藝春秋　オール讀物号』の同年八月号には「野球放送早慶大決戦記」として六月に行われた春のリーグ戦の早慶三回戦のものが、また一二月号には「早慶大野球戦放送記」として秋のリーグ戦の早慶二回戦のものが、それぞれ掲載されている。この同じ秋の早慶二回戦のものについては、『新青年』も一一月の「決戦野球号」で「早慶戦大放送録」として別の書き起こしを掲載している。

レコードにもなっている。ポリドールはすでに一九三〇年九月に《早慶大野球戦》、ビクターも翌一九三一年一〇月に《早慶野球争覇戦》という、ともに二枚組のレコードを出しているが、いずれの広告も「松内則三アナウンサー吹込」を前面に出してうたっている。ただし当時は放送された音声そのものの録音は行われていなかったから、実際には松内アナと早慶の両応援団がスタジオに行き、様々な効果音を駆使してまとめ上げた「作りもの」である。一応一つの試合の中継放送をダイジェスト版にしたようなつくりになっているが、試合内容も架空であり、松内によれば「大体創作七分に過去の記録三分」（「名盤寸評《早慶大野球戦》」読売新聞 1930.10.6）とのことである。ただ、全体としては架空でありながらも、大きな話題になった一九三一年春のリーグ戦三回戦での早稲田・三原のホームスチールなどの「絵になる」場面をうまく取り込んでいるのが印象的である。現

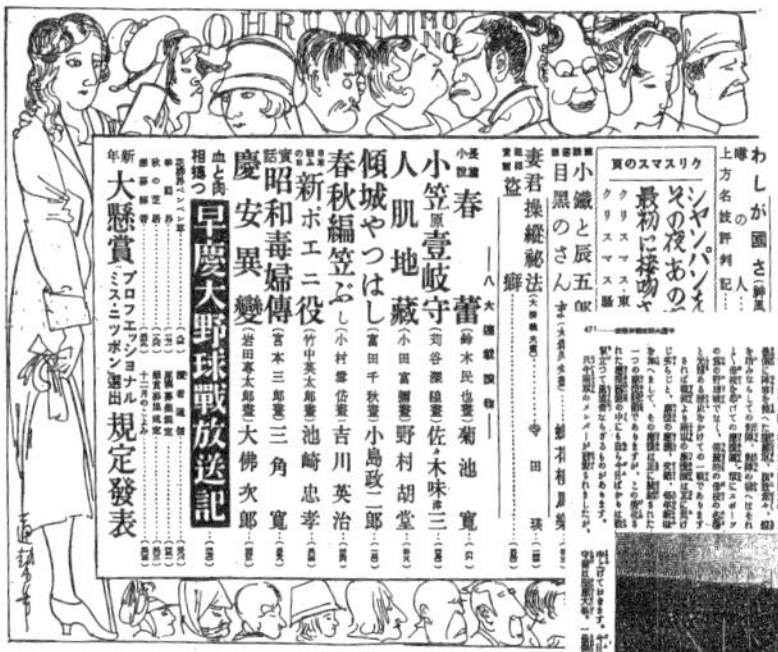

②

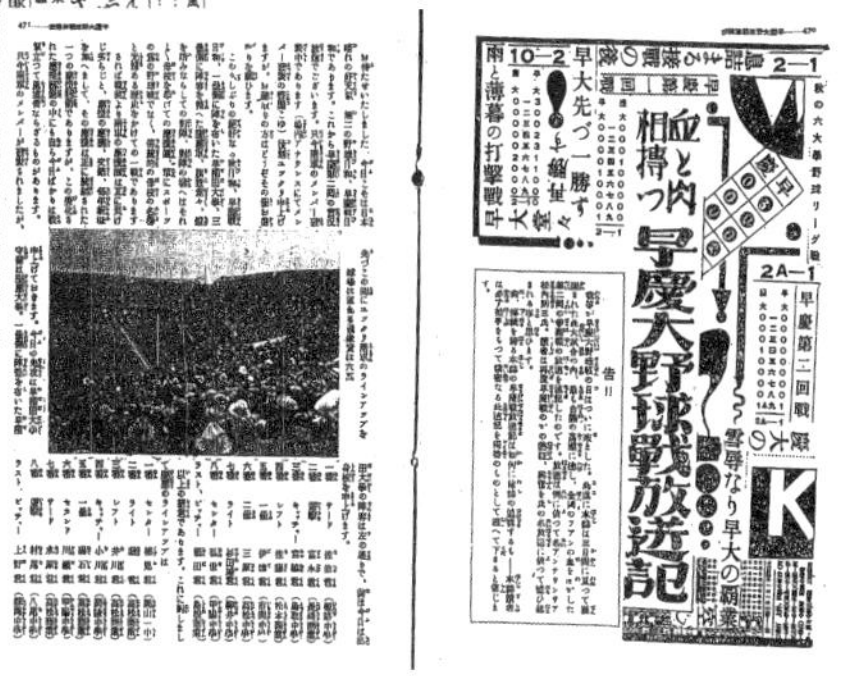

①

①雑誌『文藝春秋　オール読物号』1931年12月号に掲載された松内の早慶戦放送の速記録。②その目次からは、これがどのような人々によって読まれたかが想像される。

③

④

③松内のアナウンスを収録したポリドール・レコードの新聞広告（読売新聞、1930年10月20日）。その文言から松内の人気のほどを知ることができる。あとからスタジオで録音されたものであり、フィクションの要素がかなり強かったが、実際の試合のドラマチックなシーンなども有効に使われた。④その後長いこと語り草になった1931年春の早慶2回戦における三原のホームスチールのシーンも、もちろんレコードに取り入れられた（写真は『アサヒ・スポーツ』から）

実と虚構とが微妙に重なり合う、このあり方こそ、この時代のラジオの「実況中継」の発揮した力について考える上でのひとつの大きなポイントになるのだが、その問題はまた後で考えることにしよう。いずれにせよ松内の語りがこのような形で取りあげられたということは、この時代の東京六大学野球や早慶戦の人気という問題をはるかにこえて、松内の語りそのものに大きな注目が集まっていた状況をはっきり示していると言えるだろう。

これらの記録を通してみえてくる松内の語りで、何といっても特徴的なのは、まさに美文調と呼ぶにふさわしいレトリカルな表現の連続するスタイルである。

「鳥が一羽、二羽……」というフレーズは、いわば松内のトレードマークとして有名になったが、《早慶野球争覇戦》も試合のはじまりのところでしっかりこれを採用している（というより、このようにレコードのサワリの部分に置かれたことで有名になったのかもしれない）。そこでは以下のような文言になっている。

早慶ベンチ前、ともに円陣。水も漏らさじと策戦。早慶応援団の応酬交錯。六万観衆の息詰まるがごとき沈黙。見るもの、語るもの、一段と殺気を含んでおります。神宮球場、どんよりした空。黒雲低く垂れた空。鳥が一羽、二羽、三羽、四羽。戦雲いよいよ急を告げております。早慶の決戦、あとわずかに一分。

鳥が単独で出てくるわけではなく、「戦雲急を告げる」球場全体の空気を描き出す中に位置づけられていることがわかる。

また、「球は転々、外野の塀」という言い回しなども、今にまで伝わる松内の表現として知られるが、このレコードでも以下のような形で使われている。

追いつ追われつの決戦は第八回。肉弾相打つ早稲田の逆襲。……ピッチャー水原、第六球のモーション、最後の一投一撃、天下分け目の投球。それ、打ちました。レフト・センター間、低めのフライ、球はグングン伸びております。猛烈なクリーンヒット、センター、レフト、ともに球を追っております。佐伯、三塁からホーム、躍り上がってホームイン。佐伯、ホームイン。富永、一塁から二塁、球は転々、外野の柵。楠見、球をつかみました。富永、二塁から三塁、脱兎の如くに三塁。球はセンターから三塁、富永すべりこむ、サード、球をつかんでタッチ、タッチはセーフ。三塁セーフ。タッチはセーフ。三塁打。佐伯のホームイン、戦いは再び四対四のタイスコア。しかも早稲田ワンダウン、富永またも三塁、富永またも三塁。

「球は転々」もさることながら、「天下分け目の投球」、「脱兎の如くに」など、繰り返し使われる定型表現が随所に置かれている。

「狂喜乱舞」など、漢語を駆使した表現も松内の得意とするところである。

三原ホームイン。捨て身の一点、捨て身の一点。早稲田一点。観衆、沈黙を破って総立ち。応援団、狂喜、歓喜、乱舞。敵も味方もただ呆然。三原、ホーム側に座ったまま動きません。キャッチャーがまた球をつかんだまま、棒立ちであります。

こうした松内の語りの特徴については、すでに多くの論者が論じている。竹山昭子は、やはりスポーツ・アナとして鳴らした松内の後輩・野瀬四郎の「張り扇の講釈にも通じる」という言葉を引きつつ、漢語の語感の強さ、歯切れのよさ、「読み切り小説的な面白さ」が聴取者を引きつけたとし、「松内の実況は試合の描写ではあるが、松内の主観によって再構築された試合空間であった」と見事にまとめている（竹山 2002, 182）。また、山口誠は松内の話法を「擬講談調」と名付け、松内がラジオという新しいメディアの特徴であるライブ性を実現するために、先行する話芸から古いオラリティを借用することで人々に受け入れられたと述べている（山口 2003）。実際、松内のアナウンスの書き起こしが掲載されている雑誌『オール讀物』の目次をみてみると、ほとんどは時代小説などの大衆文学であり、長谷川伸、直木三十五を筆頭に、連載陣にも菊池寛、野村胡堂、小島政二郎、吉川英治、大佛次郎といった名前が綺羅星の如く並んでいる。そういう中にほとんどぽつんと置かれている「早慶大野球戦放送記」が、やはり「読み切り小説的」なものとして受けとめられたからこそ広く受容された側面をもっていたことは間違いのないところだろう。

竹山が引用している、『文藝春秋』一九三三年五月号に掲載された「ラヂオ匿名批判」の中に出て来る話は、そのような意味でまことに興味深い。

お江戸見物に出て来たお上りさんがラヂオで聴いてあんな面白いリーグ戦なら見物したらどんなに面白いだらうと外苑球場に出掛けてみた。どれがピッチャーやらバッターやらとんと判らず、それにのろのろと合図をしあってから球を投げる。一向に面白くもなければ興奮もしなかった。野球なんて実につまらないものだと云った。翌日宿屋で野球放送を聴いてみると故郷にゐた時と同じく実に面白い。……

（竹山 2002, 185）

ここにこそ「聴く野球」という、ラジオによってもたらされた新しい体験様式があるのであり、それはまさに竹山の言う「松内の主観によって再構築された試合空間」を体験するということと深く結びついていたとみることができるだろう。

そこに再構成された試合空間とは、具体的にはどのようなものだったのだろうか。松内のアナウンスを見直してみるとき、とりわけ目立つのは、両軍の様子を戦争のイメージにたとえて描き出すようなやり方である。

もちろん、スポーツの試合は文字通り勝ち負けを決める戦いにほかならないのであるから、そのようなメタファーで捉えること自体は自然であるには違いないのだが、これが度重なると、単一のたとえであることをこえてわれわれが世界を認識する根源的なあり方に関わってくる。ジョージ・レイコフらは認知言語学への突破口をひらいた名著“Metaphors We Live By”(Lakoff & Johnson 1980) で、「議論に勝った」というような言い方のうちにあるメタファー性を俎上に上げ、このような言い方は、「彼は私の主張を撃破した」、「そんな戦略では彼にやっつけられる」等々の他の個々のメタファーとともにひとつの構造をなしており、それは議論を戦争のようなものとして捉えているわれわれの認識や世界観の孕んでいるメタファー性にほかならないということを説得力豊かに示した。そういう目で見てみると、松内のアナウンスも、まさにこの早慶戦の試合そのものを戦争のようなものとして構造化して捉える見方に人々を引き込むものであったと言えるだろう。

実際、すでに取り上げた中にも「戦雲いよいよ球を告げ」、「天下分け目の投球」など、明らかに戦争のイメージに関わるような言い方が頻出しているし、他にも、「早慶両軍、ほとんど刀折れ矢玉尽きて、ただ残るもの、まこと肉弾ただそれだけであります」、「一塁側に陣を布いた早稲田大学、三塁側に陣容を整へた慶応軍、旗鼓堂々、鐙を踏み鳴らしての対陣」、「戦機いよいよ熟す。知らず、凱歌いずれに上がるや」等々、単に個別的な事柄を戦争にたとえたにとどまらず、両軍が相対峙して戦いに臨むイメージを彷彿とさせるような喚起力のある表現が随所にでてきており、これこそまさに人々が「聴く野球」によって体験した内実ではないかと思われてくるのである。

松内の行った「講談モデル」の導入は、スポーツ実況中継が人気を獲得し、ラジオ放送の一つの柱となってゆく上で大きな役割を果たした。山口が指摘したように、講談や時代小説という、多くの人々にとってお馴染みのモデルを借用することで松内は、それを通して対象を認識するための構図や枠組みを人々に提供し、彼らをその世界へと引き込んでゆくことに成功した。しかしこうした古いモデルへの依存が松内の語りをある種古めかしいものにし、徐々に時代遅れなものにしていった側面があったことはたしかである。山口は、松内の試みが一旦は広く受け入れられたものの、やがて支持を失っていったとしているし、竹山もまた、松内型の話芸スタイルが徐々にデータ中心の写実的情報伝達スタイルへと変容していったとまとめている。それはたしかに事の一面ではあろうが、問題は果たしてそれだけであろうか。前節で取り上げた東京オリンピックの開会式中継にみた鈴木文弥の美文調スタイルにも松内と共通する部分はたしかにあり、そのような「遺伝子」が何らかの形で継承されてきたのだとすれば、それは「時代遅れ」ということだけでは済まない話になってくるのではないだろうか。

そのあたりのことを考えるために次節では、松内だけに注目するのではなく、竹山によって松内とは対照的な「データ中心の写実的情報伝達スタイル」の代表とされた河西三省に登場してもらい、両者が相俟ってこの「実況中継」の世界を支えてきた状況を明らかにしていきたい。

4　ラジオのつくる「現実」　松内則三と河西三省

早慶戦中継をはじめとする初期のスポーツ実況中継は、松内だけによって支えられていたわけではなかったし、松内の擬講談調的な語りのスタイルだけがスポーツ実況中継のあり方だと考えられていたわけでもなかった。そのことを考える上で重要なのが、松内より四年遅れて一九二九年に入局した松内の後輩・河西三省（1898–1970）の存在である。河西はすでに述べたように入局前の時事新報運動記者時代に大阪からの中等学校野球大会の「インチキ放送」に関わった経緯もあり、入局するとすぐに東京六大学野球などの実況中継に起用されたから、事実上松内とほとんど同時代的に活動しており、両々相俟ってＮＨＫの初期のスポーツ実況中継を支えた存在であったと言ってよい。後に述べるように、河西はＮＨＫ初の海外からの実況中継放送となった一九三六年のベルリン・オリンピックに中継スタッフとして参加した際の「前畑ガンバレ」の放送が大きな話題となってしまったため、感情にまかせたアナウンスをする熱血漢のようなイメージをもたれがちであるが、実際にはきわめて写実的・解析的なアナウンスを身上としていた人であり、その意味でも松内とは好対照であった。河西の放送ならば、地方の新聞記者などが記事を書くためにスコアブックをつけることができると喜ばれたなどという話もある。

河西が松内に勝るとも劣らない人気を誇っていたことは、松内のアナウンスの速記録が掲載されている一九三一年秋の雑誌『新青年』（決戦野球号）に河西の「慶明戦大放送録」もまた掲載されていることからもわかる（この号は二つの速記録だけでなんと六〇ページも費やしていることになる）。これをみてみると、たしかに写実的、分析的な説明であることが窺われる。投球の説明でも、アウトコース低めのストライクといった言い方がされているし、「ショートからセカンドにわたって一塁走者はフォースアウト」といった具合に打球処理の手順も丁寧に説明されるから、当時のスコアテーブルには必ず掲載されていた刺殺や捕殺のデータも放送を聞くだけで居ながらにして正確に計算できそうである。スコアブックをつける人に喜ばれたという理由がよくわかる。

しかしその一方で、必ずしも松内と一八〇度違うわけではないという印象もある。「球は転々」といった言い方も随所に出てくるし、応援団の様子を描くあたりでも共通した方向性が感じられる部分が多々ある。たしかに全体の調子には松内のような「擬講談調」の趣はないが、ボキャブラリ

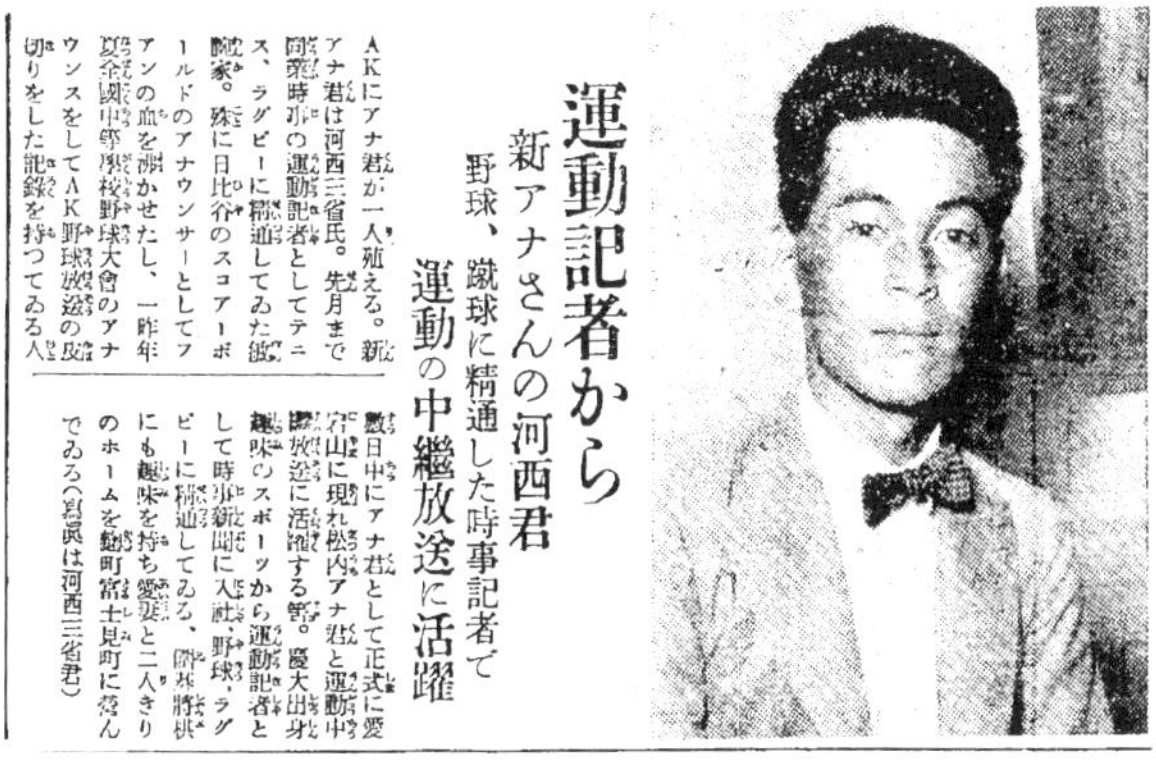

運動記者から
新アナさんの河西君
野球、蹴球に精通した時事記者で
運動の中繼放送に活躍

AKにアナ君が一人殖える。新アナ君は河西三省氏。先月まで時事新報の運動記者としてテニス、ラグビーに精通してゐた蹴球家。殊に日比谷のスコアーボールドのアナウンサーとしてファンの血を湧かせたし、一昨年夏全國中等學校野球大會のアナウンスをしてAK野球放送の皮切りをした記録を持つてゐる人

數日中にアナ君として正式に愛宕山に現れ松内アナ君と運動中繼放送に活躍する筈。慶大出身趣味のスポーツから運動記者として時事新報に入社、野球、ラグビーに精通してゐる、將棋にも趣味を持ち愛妻と二人きりのホームを麹町富士見町に營んでゐる（寫眞は河西三省君）

河西三省アナも、松内とは正反対のタイプながら、当初から人気を誇った。河西の入局を伝える朝日新聞記事（1929年4月2日）。

河西の実況中継の速記録も雑誌『新青年　決戦野球号』（1931年11月）に掲載されている。

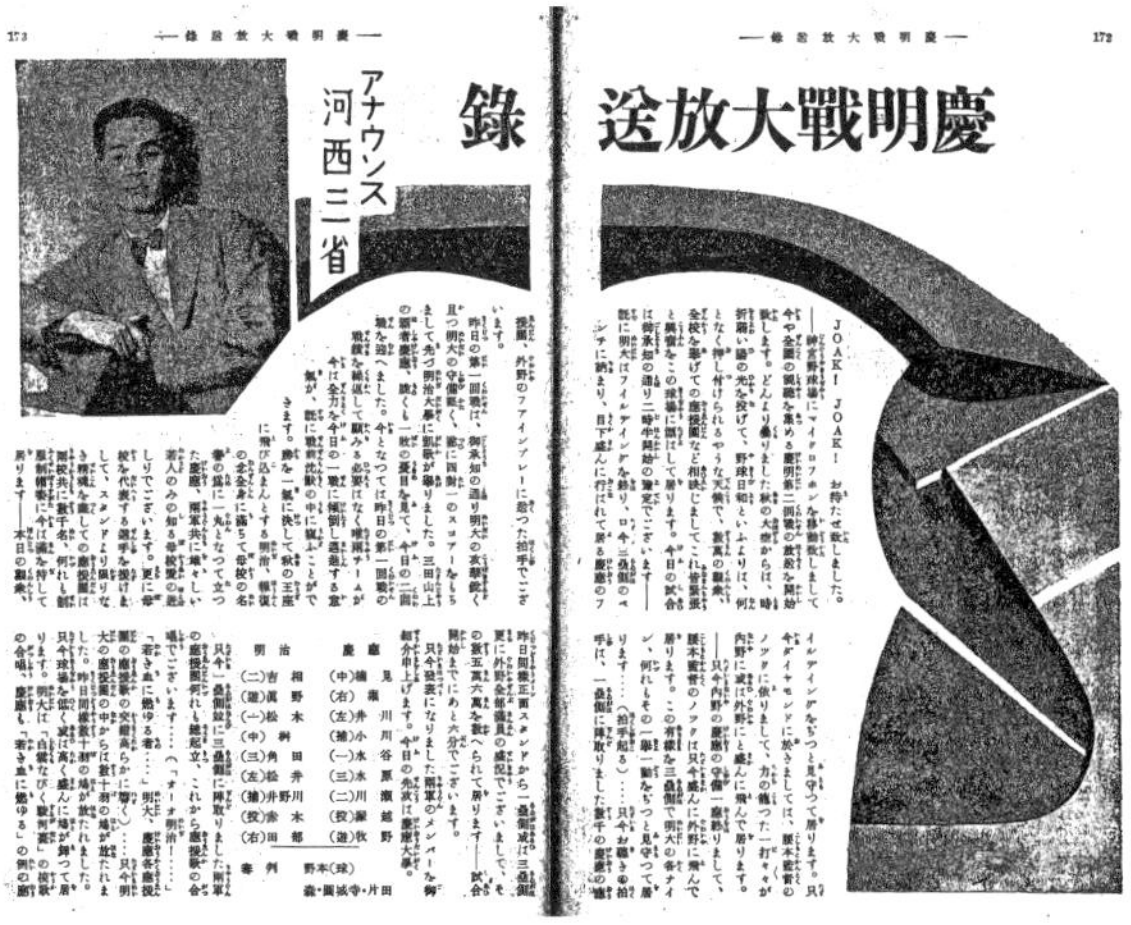

―慶明戰大放送錄― 172

慶明戰大放送錄

アナウンス 河西三省

JOAK！ JOAK！ お待たせ致しました。

――神宮野球場にマイクロフォンを移動致しまして今や全國の視聴を集める慶明第二回戰の放送を開始致します。どんより曇りました秋の大空からは、時折弱い陽の光を投げて、野球日和といふよりは、何となく押し付けられるやうな天候で、數萬の觀衆、全校を擧げての應援團など相映じましてこれ皆緊張と興奮をこの球場に漲はして居ります。今日の試合は御承知の通り二時半開始の豫定でございます――既に明大はフィルアインドを終り、只今三塁側のベンチに納まり、目下盛んに行はれて居る慶應のフイルアインドをぢつと見守つて居ります。只今ダイヤモンドに於きましては、腰本監督のノックに依りまして、力の籠つた一打々々が内野に或は外野にと盛んに飛んで居ります。――只今内野の慶應の守備一應終りまして、腰本監督のノックは只今盛んに外野に飛んで居ります。この有様を三塁側で明大の各ナインが、何れもその一擧一動をぢつと見守つて居ります……（拍手起る）……只今お聽きの拍手は、一塁側に陣取りました數千の慶應の應援團、外野のファインプレーに起つた拍手でございます。

昨日の第一回戰は、御承知の通り明大の攻擊鋭く且つ明大の守備堅く、遂に四對一のスコアーをもちまして先づ明治大學に凱歌が擧りました。三田山上の健者慶應、惜くも一敗の憂目を見て、今日の二回戰を迎へました。今となつては昨日の第一回戰の戰敗を繰返して顧みる必要はなく慶應チームが今は全力を今日の一戰に傾倒し邁進する意氣が、既に戰前沈默の中に窺ふことができます。勝を一氣に決して秋の王座に飛び込まんとする明治、雪辱の念全身に滿ちて母校の名譽の爲に一丸となつて立つた慶應、兩軍共に雄々しい若人のみの知る母校愛の迸りでございます。更に母校を代表する選手を援けまして、スタンドより限りなき精魂を盡しての應援團は兩校共に數千名、何れも制服制帽に今は遲しと待して居ります――本日の觀衆、昨日同樣正面スタンドから一塁側或は三塁側更に外野全部滿員の盛況でございまして、その數五萬六萬を數へられて居ります――試合開始まであと六分でございます。

只今發表になりました兩軍のメンバーを御紹介申上げます。今日の先攻は慶應大學。

慶應	明治
(中)楠見	(二)吉相
(右)堀	(遊)眞野
(左)井川	(一)松木
(捕)小川	(中)桝
(一)水谷	(三)角田
(三)水原	(左)松井
(二)川瀬	(捕)井野川
(投)楠越	(投)森木
(遊)牧野	(右)田部

審判 野本(球) 森・園城寺・片田

只今一塁側並に三塁側に陣取りました兩軍の應援團何れも總起立、これから應援歌の合唱でございます……（「オーオ明治！……」「若き血に燃ゆる者……」明大、慶應各應援團の應援歌の交響高らかに響く）……只今明大の應援團の中からは數十羽の鳩が放たれました。昨日同樣數十羽の鳩が放たれました。只今球場を低く或は高く盛んに鳩が舞つて居ります。明大は「白雲なびく駿河臺」の校歌の合唱、慶應も「若き血に燃ゆる」の例の應

ーのレベルではかなり似通っているし、十分に名調子であるようにも思える。根本的なスタイルの違いというよりは、個性の出し方のレベルでの違いに近いという印象である。

当人たちもこの個性の違いには自覚的だったようである。河西が入局した直後の読売新聞（1929.5.21）には、「放送秘話　二人のアナ君　美しい友情と謙譲」と題された記事があり、新人の河西が就任早々特色のあるアナウンスぶりをみせたのに、間もなくマイクの前に立たなくなってしまったことに触れている。河西が先輩の松内に遠慮し、もっと勉強してから担当したいと言っているのに対し、松内が遠慮せずにやれと言っているという美談仕立ての記事なのだが、これを読むと松内とは対照的な河西のスタイルが当初から高く評価されていたこと、さらには、このスタイルの違いについては松内自身も相当に自覚的であったことなどがわかる。この記事によれば松内は河西に対して次のように言ったという。

「斯うしたスポーツのアナウンスなどと云ふものは個性のあるもので、誰があんな風にやるからそれを真似しなくちやならないとか云ふものでなく、その個性の持ち味でやつて行けば好い、それに僕のは自分でも自覚してゐるが、非常に大衆的なアナウンス振りであつて君のは所謂玄人向きのアナウンス振りなんだからきちんとスコアをつけて行く人達には却つてどれだけ喜ばれるかも知れない。どうかそんな弱音を吹かないで平気で君の持ち味を出して行つて貰いたい」。

（読売新聞 1929.5.21）

東京朝日新聞

聴かせる野球

サイン極めて慎重
水が飲みたい！
アナウンサー傳家の寶言
…やツと免れた咽喉のピンチ

一九三二年五月二二日の東京朝日新聞に掲載された野球中継の現場を取材したルポ記事。実際の試合が河西のアナウンスで中継音声に変換されてゆく様子が活写されている。

放送秘話

二人のアナ君
美しい友情と謙讓

一九二九年五月二二日の読売新聞に掲載された「放送秘話」。松内と河西がそれぞれのスタイルを守りつつ、互いに相手を尊重していることが「美談」仕立てで紹介されている。

また、「聴かせる野球」と題された放送の裏舞台を取材した記事（東京朝日新聞 1931.5.12）では河西の中継アナウンスが取り上げられているが、田中文相の始球式の場面での河西の「球は、ワンバウンドで、捕手の小川君のミットに入り、立教第一打者中島君が、大きく空振りして見事にストライク、ワンです」というアナウンスについて「文相を天つ晴れ名投手に放送した河西アナ君」などと評していたり、「新球場をうづめつくす六万五千の観衆、身動きも出来ぬやうに、ギッシリつまつてをります」という一句を取り上げて「しやべる事の材料が無い時には「六万五千」を幾度も強調する。河西アナ君の伝家の宝刀でもあり、又ラヂオ・ファンに、身球場にある思ひをさせる、アナウンスのコツでもあり、親切心でもある」などという解説をほどこしたりもしている。ここでは、河西のデータ重視や写実性を松内の「擬講談調」に対比させるという見方は稀薄であり、むしろその違いをこえて両者が共通にもっている、状況をありありと想像させる言葉の力が問題にされている。

「聴かせる野球」という斬新なあり方の本領はまさにそこにあると考えられていた。編集者であった和木清三郎（1896–1970）は、「野球放送談義」という記事の中で、言葉遣いのこなれていない別の中継放送のアナウンスを批判する中で「今まで松内や河西の名調子になれた僕達には」などという言い方をしているが（和木清三郎「野球放送談義（3）」東京朝日新聞 1935.9.9）、その意味では、松内と河西のアナウンスはどちらも、ＮＨＫの野球中継放送を支える「名調子」として認識されていたのである。松内の方だけが「名調子」で、それが河西の写実的なスタイルにとってかわられたというようなことではそもそもないのである。

「実況中継」に関してもうひとつ注意しておくべきことは、そこで焦点になるのは必ずしもアナウンスの語りだけではないということである。ここまでの話は松内と河西の「語り」の比較に終始してきたのだが、実況中継の音声は実際にはアナウンスの声だけではなく、現場の様々な音があってはじめて成り立っている。初期のスポーツ実況中継において、現場の音がいかに重視されていたかということは、一九四一年に刊行されたＮＨＫの『アナウンス読本』（日本放送協会業務局告知課 1941）の最初の版での記述をみるとよくわかる。

その第一二章「運動競技放送」では最初に「音」という節が置かれており、実況放送がスタジオ放送と決定的に異なるのはそれがバットの音、審判の声、観衆の歓声などの「現実の音」をもつことであり、それが「或る場合はアナウンスの背音となつてアナウンスを生かし、又時には放送の表面に出て主音になる」。いかに言葉を尽くして巧妙に描こうとしても、それが現実の音と呼応し合って互いに生かし、生かされるような形にならなければだいなしであり、そのため実況放送のアナウンサーは間やタイミングなど、音に対する極度の敏感さを求められると、そこには書かれている。

他方、続く「言葉」という節では、スタジオ放送が何よりもまず「判らせる事」を

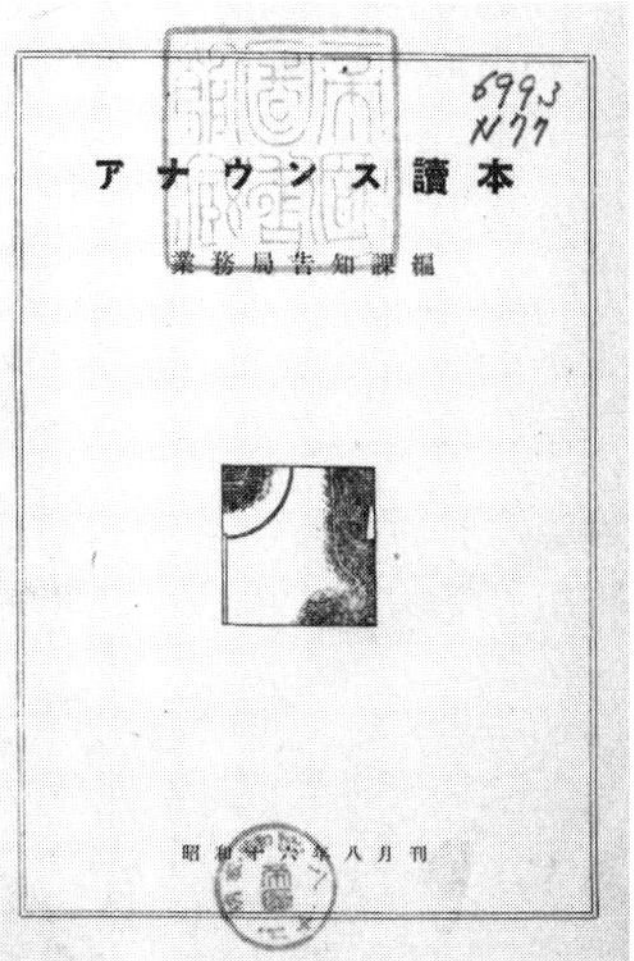

NHKは『アナウンス読本』を、アナウンサーの研修のためのテクストとして何度か出版しているが、1941年に出されたものがその最初である。

第一義とするために日常会話に近い言葉を選ぶ必要があるのに対し、実況放送では、現実に行われつつある事柄の単なる平面的な説明ではなく、それを現場に醸し出される雰囲気とともに立体的に描かなければならず、そのため往々にして「難解詰屈なる言葉」もかえって効果的に使われる、と述べられている。漢語を多用する松内の「擬講談調」の語りのようなものを指しているとみることもできるかもしれないが、それも描写の一環として捉えられているところがミソである。これらの言葉も独走することなく、現場の音との関係で適切な間やタイミングを伴って用いられることによってはじめて効果を発揮することになるというのが、ここにみられる基本的な考え方なのであり、松内と河西のスタイルの違いは、そういう中に位置づけてみれば、意外に大きくないのである。

戦後の一九五〇年に行われた座談会「先輩に訊く近頃のスポーツ放送」（『放送文化』1950.9, 22-27）をみると、こうした考え方が実践の中でも有効に機能していたらしいことが窺われる。この座談会では、松内、河西ら、少し上の世代のスポーツ・アナウンサーが、最近の若いアナウンサーによるスポーツ放送への意見を述べているのだが、そこでも大相撲中継で呼び出しや行司の声が聞こえている時にもアナウンサーがずっとしゃべっており、あれでは雰囲気を捉えることができないなど、現場の音を生かす工夫が欠けているという苦言が寄せられている。しゃべりが一本調子でチェンジ・オブ・ペースがないまま、ゲームの進行も場内のスケッチも同じ調子でずっとベタにしゃべっている、そのために背後からワーッという喚声が聞こえてきてもそれをつかむことができない、等の意見も出ている。その様子は、松内と河西が、自分たちが共有していた実況放送をめぐる感性が最近になって失われてきていることに危機感を抱いているようにもみえるのである。

この『アナウンス読本』で特に興味深いのは、この「運動競技放送」が、スポーツ放送に限らない「実況放送」一般に属するものとして位置づけられるとともに、その「実況放送」一般についての考え方がラジオというメディアのあり方との関わりのうちで論じられているということである。「運動競技放送」のひとつ前の「スタジオ外放送」と題された章の最後では、靖国神社の招魂式の実況の例を挙げつつ、実況放送におけるアナウンサーが、それ自身ラジオ的でない素材をラジオ的にするものとして位置づけられている。この放送で聴き手が受けた感銘や印象は、実際にその場に列席していた遺族や拝観者のものとは相当異なっていたであろうとされ、「だから実況放送は半ばアナウンサーの創作であると言へる」のであり、招魂式の実況放送は、「実は、アナウンサーによって創られた『放送招魂式』の放送なのである」。実況放送は「いかに巧みなアナウンスをもってしても、聴き手に、現場にある『かの如き感』をしか抱かせることができない」が、実はこれはラジオの特性なのであり、そうであるがゆえに「素材と放送との間にアナウンサーの創意が介入する余地が存在する」と、この章は結ばれている。

このようにみてくると、松内の「講談モデル」のアナウンスに関してみてきたような、「松内の主観によって再構成された試合空間」を現出させるような新たな体験様式のあり方の問題は、ラジオというメディアに関わるここでの認識と完全にパラレルな問題であったことがわかる。それは決して、単に松内の「擬講談調」だけの問題であるわけではない。「擬講談調」を用いることは、もともとラジオ的なものではなかった野球の試合をラジオ的にしてゆくためのひとつの方法にすぎず、写実的、データ重視と言われた河西のアナウンスもまた、ラジオ的なリアリティを作り出すための方法の一つにほかならないことになるだろう。そしてこの問題がスポーツ競技の実況中継の問題にとどまらず、実況中継一般のあり方に関わってくる問題であるということがどれほど大きな意味をもっていたかということは、後に明らかになる。

5 「実況中継」の国際化とオリンピック放送

すでに述べたように、NHKがラジオ放送を開始したのは一九二五年のことであったが、オリンピックの中継放送はいつから始まったのだろうか。開局後の最初のオリンピックは一九二八年のアムステルダム・オリンピックだったが、国内の中継放送網すらまだ十分に整っていなかったような状況であり、海外からの中継放送などとてもできなかった。しかし、次の一九三二年のロサンゼルス・オリンピックになると、はやくも実況中継の話がもちあがる。実際に競技場からの同時実況中継が実現するようになるのはさらに四年後、一九三六年のベルリン・オリンピックになってのことであるが、この時期、このような形で着々と実況中継の「国際化」が進んでゆくのである。

ロサンゼルス・オリンピックの行われた一九三二年は、早慶戦ブームが最高潮に達し、松内や河西の語りが雑誌に掲載されたりレコード化されたりした直後の年である。いわばその余勢を駆るような形で、NHKでは松内、河西に、一九三二年に大阪放送局に入局したばかりの帝大野球部出身・島浦精二を加えた三人を派遣し、中継にあたらせる計画を立てた。同年六月二一日付の東京日日新聞には「オリムピック派遣　アナウンサー三君　わが選手の活躍振りを海の彼方から目の当

2

實況さながら
松内式『記憶放送』
ファンすつかり熱狂

街頭に滿つ
大會氣分

◇…全世界民の凝視のもとに三十日午後二時（日本時間三十一日午前七時）ロサンゼルスで開かれた第十回オリムピツク大會開會式のニュース放送は三十一日正午から午後一時まで遠く太平洋の彼方からの聲とは思はれぬ程の明朗さで我々の耳を感激の響きで打つた

◇…この放送は既報の如く現場放送が出來ないので松内、島浦、河西の三アナウンサーが大會を見さに目撃した上野技師と共に自動車でロサンゼルスの放送局に驅けつけてそこから『大會見たまゝ』をあたかも現場放送の如く松内君一流の美辭麗句を以て行つたもので街頭のラヂオに蝟集したファンのなかにはこの記憶放送を現場放送と思ひ込んで拍手を送り歡聲を揚げるものもあるなど素晴らしい大感動を收めた

◇…放送は河西アナウンサーのアナウンスで岸會長の挨拶に續いて待ちに待つた開會式の状況を松内アナウンサーが始めた―

「一九三二年七月卅日常夏の森の都、南カリフオルニアのロサンゼルスにおいて感激と緊張と昂奮を打ち盛つて開かれた第十回オリムピツク大會……」

松内アナウンサーの聲は再び場内にわき起つてくる歓聲に打ち消さへるかのやうでまるでオリムピツクスタヂアムからの放送のやうだ

「秩父宮殿下御下賜の日章旗を捧げた織田選手を先頭に我日本チームは堂々と現はれました、同時にわき起る拍手のあらし……時に午後二時三十五分……」

1

オリムピツク派遣

アナウンサー三君
わが選手の活躍振りを海の彼方から目の當り

『大いに頑張る』
島浦君打合せに上京

1ロサンゼルス五輪の実況担当として派遣されるアナウンサーに松内、河西、島浦の三名が決定したことを報じる東京日日新聞の記事（1932年6月21日）。放送にあたるアナウンサーが決まったことがこれほど大きなニュースになることは現在ではとても考えられない。

2実況中継はかなわなかったものの、「実況さながら」の「実感放送」が人々に与えたインパクトはやはり相当に大きかったようである（朝日新聞、1932年8月1日）

り」という見出しのついた大きな記事が掲載されており、計画は鳴り物入りで進められたが、この中継は結局実現しなかった。アメリカでの実況放送を計画したNBCとオリンピック委員会との間での放送権料をめぐる話し合いがつかず、アメリカ国内での放送が許可されなかったことのとばっちりを受けた形だったようだが、いずれにせよ、土壇場になって計画が流れたため、すでに三人のアナウンサー陣は船でロサンゼルスに着いてしまっていた。NHKでは、いわば窮余の策として、「実況放送」をあきらめ、代わりに「実感放送」なるものを流すことにした。

このあたりの経過については、河西が帰国後に、「オリンピックの実感放送を語る」という連載記事を書いているし（全一四回、読売新聞 1932.9.26–10.11）、オリンピック放送の歴史をめぐる回想記事などにもしばしば出てくるので、かなり知られている。要するに、競技場からの直接の中継ができなくなった代わりに、アナウンサーが競技の様子などを記憶したり記録したりしてスタジオに戻り、そこから、まさに「見てきたように」というか、あたかも実際に今そこで事が行われているかのように放送しようというのである。当然のことながら、現実に進行しているわけではないので、時間は伸縮し、松内アナの行った陸上男子百メートルの「中継」などは、一分近くかかったなどという話も残されている（日本放送協会編 1968, 179）。

今となっては、ラジオの揺籃期だからこそありえた、ほとんどお笑いぐさのようなものにもみえるのだが、こうしたあり方は実はかなりラジオというメディアの特性に合っており、独特の効果を生み出した面がある。開会式翌日の八月一日付東京朝日新聞の記事に付けられた「街頭に満つ大会気分　実況さながら松内式「記憶放送」　ファンすっかり熱狂」という見出しは、この「実感放送」

が当時の人々にもたらしたインパクトの大きさをよく示しているが、このやり方やそれにまつわる「実感」という言い回しが、後の時代の「実況中継」にはしばしば出てくることになるのである。

本来の意味での実況中継がはじめて実現するのは、すでに述べたように、その四年後のベルリン・オリンピックにおいてである。今でこそ、ラジオ中継などというと、視覚映像を欠いた音だけの不完全品であるかのように思われてしまうかもしれないのだが、この時代、はるかかなたのベルリンで行われているオリンピックがリアルタイムで体験できるということだけで、新たな技術によってもたらされたとてつもないできごとであったということは想像に難くない。中継放送の計画が決まったことを知らせる記事には「耳で観るオリンピック」という見出しが躍っているし（東京朝日新聞 1936.6.13）、中継の担当になることが決まった河西三省、山本照の両アナウンサーは「声の選手」などと呼ばれている（読売新聞 1936.4.10）。代表選手以上にアナウンサーが脚光を浴びているような状況は今日では考えがたいが、これは単に彼らが人気者であったという以上に、このような新技術によってひらかれた新たな「音の世界」がいかに人々を魅惑していたかということの証であるといってよいだろう。

水泳女子二百メートル平泳ぎで前畑秀子選手が優勝した八月一二日（例の「前畑頑張れ」のアナウンスが行われた時である）の東京日日新聞「刹那・舗道は沸る　銀座にベルリンを聴く」という見出しと、そこに掲載されたラジオ店に集まる人々の写真は、その高揚した雰囲気をよく伝えている。因みに、「前畑頑張れ」を含む河西、山本両アナのアナウンスの録音のいくつかは大会後にポリドールからレコードとして発売されたが、それとは別に名古屋のアサヒレコードからはアサヒ・ニュ

1

オリムピックへの二題

"聲の選手"決る

河西 山本 兩アナに頼母木マネージャー

選手と同行伯林へ

第十一回オリムピック競技は八月一日からベルリンで開催されるが日本放送協會では豫算六萬圓をもつてベルリンの競技場から日本への中繼放送陣を布くことゝなりこの大任を河西三省氏、山本照氏の二アナウンサーとマネージャーとして報道部主事頼母木眞六氏を派遣することに九日決定した

一行は六月廿日選手と同行でベルリンに向け出發する、放送は八月一日より十五日まで毎日日本時間午前六時から七時までと午後十時から十一時までの二回で前回のロサンゼルス大會の實感放送とは異り特に水上と陸上に力を注ぎ豫算の許す限り競技場特設のマイクから競技實況をそのまゝ放送し、これに實感放送とニュースを加へてツエーゼン短波送信所からわが小室受信所を經て全國へ中繼する豫定である

なほ頼母木氏は頼母木遞相の令息である【寫眞上から河西、山本、頼母木三君】

漕艇「旭號」照國丸積込み

【横濱電話】オリムピックのボートレース制覇を目指してわが漕艇のホープ「旭號」は東京荒川區尾久

2

耳で觀るオリムピック

豪華の實況放送プロ決る

河西君

山本君

ベルリンオリムピック大會の實況をそのまゝ電波に託して銃後の耳に送るために日本放送協會の頼母木マネヂヤと河西、山本の兩氏は來る二十日午前十時二十分選手役員一行と共にベルリンに向つて出發するが十二日オリムピック實況放送の詳細プログラムを發表した、前回ロサンゼルスの大會では競技終了後の實感放送で間に合せたのであつたが今回は競技の進行を目のあたり刻々の實況を放送出來ることゝなり、また放送設備も數段の進歩を見せてゐるので日本が深夜等で時間の都合上實感放送によるやうな場合も實況を錄音したレコードによつて實況放送に劣らぬ效果を擧げ得る計畫で去る八日の日獨交歡放送等のテストの結果も至極良好なのでその生彩ある放送が期待されてゐる、放送プログラムは次の通りである（時間は日本時間）

△八月二日 午後二時—三時（實況）走高跳決勝、女子槍投決勝、百米第二豫選△三日 午前六時半—七時（實感）一萬米決勝、砲丸投決勝△四日 午前六時半—七時（レコード實感）百米準決勝、百米決勝△五日 午前六時半—七時（實感）走幅跳決勝、女子百米決勝、四百米障碍決勝△六日 午前六時半—七時（レコード實感）棒高跳決勝、二百米決勝、百十米高障碍豫選△七日 午前六時半—七時（レコード實感）三段跳決勝、百十米高障碍決勝、千五百米決勝、槍投決勝△八日 午後二時—二時半（實況）百米自由形準決勝△九日 午後二時—三時（實況）四百米決定決勝、女子走高跳決勝、マラソン出發、百米自由形決勝△十日 午前六時半—七時（レコード實感）マラソン到着、八百米繼泳豫選△十一日 午後二時—三時（實況）八百米繼泳決勝、女子二百米平泳決勝△十二日 午後二時—三時（實況）四百米自由形決勝、女子百米背泳△十四日 午後二時—三時（實況）千五百米自由形準決勝、二百米平泳準決勝、百米背泳決勝△十五日 午後二時—三時（實況）二百米平泳決勝、女子四百米自由形決勝△十六日 午前六時半—七時（實感）千五百米自由形決勝

1ベルリンオリンピックでもアナウンサーは主役であり、「声の選手」など形容されている（読売新聞、1936年4月10日）。2「耳で観るオリンピック」（朝日新聞、1936年6月13日）、3「ベルリンを銀座に聴く」（東京日日新聞、1936年8月12日）等、新聞記事の見出しからは「耳の文化」全盛の時代の空気が伝わってくる。

3

東京日日新聞　（第三種郵便物認可）　第二萬一千五百六十六號　I　（十一）

刹那・鋪道は沸る

ベルリンを銀座に聴く

銀座の興奮　水上日本の活躍を聴くラヂオ屋店頭の群衆

河西

名犬・豪華

イギリ

日本映畫「榮冠は

實藝技

ース班なるところで制作した同様のレコードが発売されている。聴いてみると、こちらも実況中継のようで、河西と同じ台詞も部分的にあったりするのだが、アナウンサーの名前も明記されていない。ひどく録音状態の悪い「本物」と比べると、はるかに録音も鮮明で、背後の音も細かく聞き取れるのだが、そのことが逆に、これが後からスタジオで作られた作り物であることを物語ってしまっているから、皮肉なものである。考えようではこれも「実感放送」の一種であるといえるかもしれない。松内の早慶戦のレコードもそうなのだが、スタジオでの作りものの方がはるかに凝縮されていて迫力があるという面があることもたしかで、後に述べるように、この問題は、この時代の「耳の体験」にとっての本質的な問題になってくるのである。

　こうした高揚した空気は、四年後の一九四〇年に東京でのオリンピック開催が決まっていたことにも関わっている。ＮＨＫではベルリン大会終了後間もなく、次なる東京大会で世界的な放送ネットワークを構築す

"耳のオリンピック"
五十五ヶ國へ招待狀
AK四年後の早手廻し

次の一九四〇年に開催される東京大会こそは、日本が「耳のオリンピック」をリードする存在であることを世界にみせつける場になるはずだったのだが……(読売新聞、1936年12月6日)。

名古屋のアサヒレコードから発売された「実況レコード」の広告(朝日新聞、1936年8月25日)。実際にはアフレコの「実感放送」だった。

べく、世界各国に向けて中継網への参加を呼びかける招待状を送っているが、その次第を伝える読売新聞の記事の見出しにも「耳のオリンピック」という言葉が大々的に使われている。言うまでもなくこの四〇年の東京オリンピックは第二次大戦で開催中止になるのだが、日本が急速に国際的な孤立を深めつつあったこの時期に、他方でこの「耳のネットワーク」の主導権を握ることが国際的進出のための切り札のような形で位置づけられていたのである。人々はラジオ店の店頭で聞こえてくるベルリンからの音に、そんな輝かしい日本の未来イメージを重ね合わせていたのかもしれない。

6 「実況中継」の戦時体制

スポーツ中継という限られた世界の話だったはずが、いささか大きな話になってしまった感があるが、そのことにはそれなりの理由がある。早慶戦をはじめとするスポーツ中継が抜群の人気を誇る花形番組であったことはたしかだが、この時期の新聞のラジオ番組表をみてみると、スポーツ中継ばかりでなく、「実況中継」を銘打った実に多種多様な番組が作られているのである。

アトランダムに取り上げてみただけでも、丹那トンネル開通（1934.12.1）、神風号凱旋（1937.5.21）といった特別な出来事を中継するものもあるが、他にも祇園祭（1931.7.16）、長良川の鵜飼（1932.7.17）、隅田川川開き（1933.7.21）、兜町初立ち会い（1934.1.5）といった年中行事、さらには地下鉄工事（1934.6.19）、飛行機製作過程（1934.7.18）、炭坑（1935.3.7）など、今で言う社会科見学的なものもあった。一九三三年七月二四日には「富士山を仰ぐ一日」なる企画が実施されている。はじめて可能になった富士山頂からのご来光の様子の中継にはじまり、富士山に因んだ講演、座談会などをまじえ、「富士山特集」の一日となった（ちなみに柳田国男も「霊山と神話」と題された講演を富士山頂から行っている）。ほとんど「何でも中継」の時代と言っても言い過ぎではないような状況になっている様子がわかる。

この種の中継の先鞭をつけたのは、実は皇室関係行事の中継であった。ラジオ放送の開始の翌年、一九二六年一二月に大正天皇の崩御があり、それを受けた一連の大葬儀のうち、一九二七年二月七日から八日にかけて行われた斂葬の儀にともなう葬列の中継が行われたのがその最初である。また、翌一九二八年の昭和天皇の御大礼の儀式にあたっても、即位の礼の行われる京都御所に向けた東京から京都への移動シーンなどを中心に中継放送が行われている（これらの経過については、竹山 2002 に詳細な記述がある）。ただし、これらはあくまでも特殊な事例であった。これらはいずれも、あらかじめ宮内省の了解を得て作成した原稿を読み上げるという形で行われており、その場で自由にコメントをつけるようなことはできなかったから、今われわれが考える「実況中継」のイメージからはほど遠いものであった。

皇室行事に限らず、当初のラジオ放送には大きな制約があり、スタジオ外からの放送はあらかじめ許可を得ない限りは行うことができなかった。そのような制約がある限り、スポーツの中継放送などやりようがなかった。それが可能になったのは、一九二七年に放送用私設無線電話規則なるものの法改正が行われ、これにより、それまであらかじめ特別な許可を得ない限り移動が禁止されていたマイクをスタジオ外に移動させることができるようになったためである。一九二七年四月一日の東京朝日新聞には、「所えらばずラジオを放送」という記事があり、そのような制約から自由になったことで、劇場、議会等々さまざまな中継が可能になることを伝えているが、最初のスポーツ中継となった甲子園の中等学校野球大会の中継なども、そのような流れの中ではじまったのである。その大人気を受けて様々な実況中継の可能性が模索され、「実況中継」ブームが一気に花開いたというわけである。

特筆すべきことは、早慶戦中継で一躍脚光をあびることとなった松内や河西が、ラグビーや拳闘などの他のスポーツのみならず、スポーツ以外の実況中継にも幅広く関わっているということである。先に列挙したものだけみても、丹那トンネル開通、隅田川川開き、兜町初立ち会い、「富士山を仰ぐ一日」の御来光中継などは松内が担当しているし、神風号凱旋、地下鉄工事などは河西の担当である。丹那トンネル開通中継の日の読売新聞

東京朝日　（二）　昭和二年四月一日

東京驛警手 貨物拔取り
仙台や品川驛員と共謀の惡事

所えらばず ラヂオを放送
マイクロフオンを擔ぎ歩いて
芝居でも音樂でも

自動車王負傷す
フォード自動車を操縦中
衝突顛覆の災難

勞働代表の出帆前の一騷ぎ

軍人割引乗車券

「放送用私設無線電話規則」が改正され、スタジオ外からの中継放送が可能になったことを伝える新聞記事（朝日新聞、一九二七年四月一日）。「劇場中継」が当初の中継放送の目玉であったらしいことが伝わってくる。

1

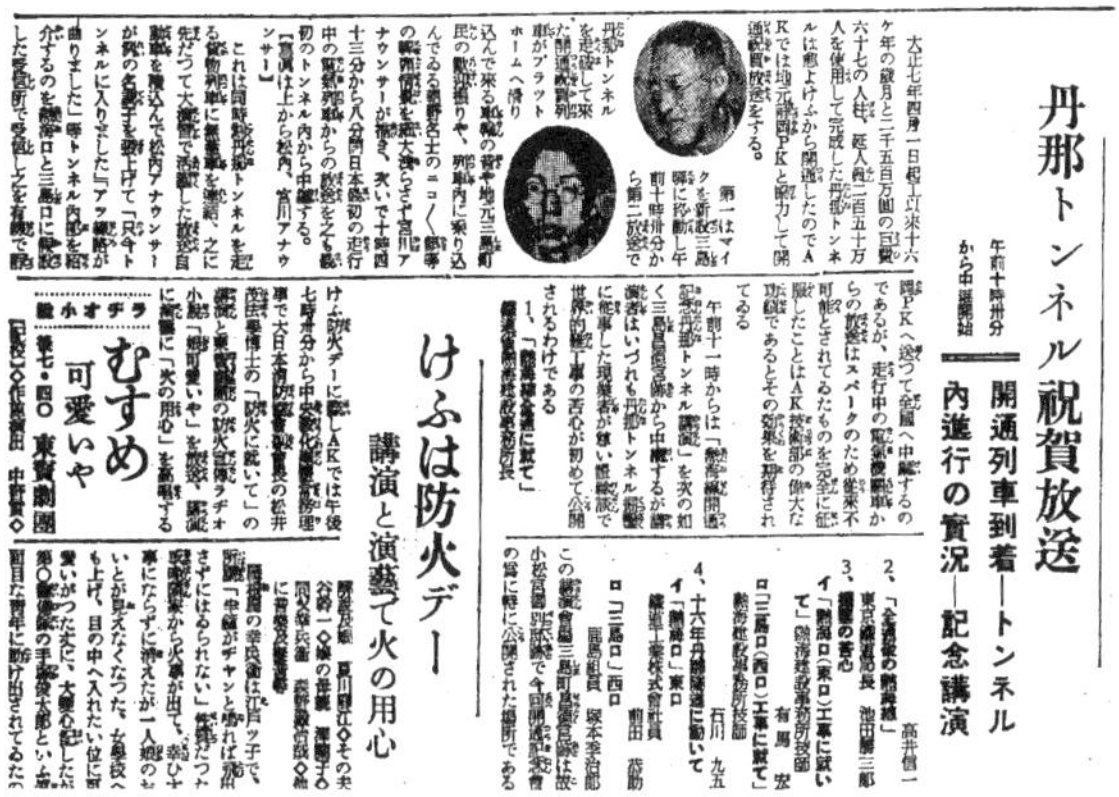
丹那トンネル祝賀放送

午前十時卅分から中繼開始

開通列車到着―トンネル内進行の實況―記念講演

けふは防火デー

講演と演藝で火の用心

ラヂオ小説

むすめ

可愛いや

2

東京朝日新聞　（火曜日）

第一萬七千二百九十九號

もぐらの會社見學

メトロが走るまで

後四時廿分、新橋地下より

地下鐵工事實況

『薔薇の騎士』

松竹少女歌劇團の

ラヂオ・レヴュー

地下鐵の工事場

当時の新聞のラジオ欄からは、松内、河西両アナウンサーがスポーツ中継以外の実況中継シーンでも活躍している様子が伝わってくる。1丹那トンネル開通祝賀放送（松内アナ、1934年12月1日）、2地下鉄工事実況（河西アナ、1934年6月19日）

の番組案内には「松内アナウンサーが例の名調子を張上げて、「只今トンネルにはいりました」「アツ線路が曲がりました」等トンネル内部を紹介する」などと書かれているから、早慶戦中継での人気ぶりを踏まえてそれを利用しようとした側面もありそうだが、先に引いた『アナウンス読本』をみても、「運動競技中継」は「スタジオ外中継」の一種として位置づけられていたから、スポーツ・アナをスポーツだけに特化した職種であるかのように考えるのも少し一面的なのかもしれない。そして、このような松内や河西の「実況中継」への幅広い関与は、徐々に戦時体制下にはいってゆく状況下で、いささか微妙なトーンを帯びてくることになるのである。

戦時体制が深まってゆくにつれて目立つようになるのは、防空演習など、軍事的な色彩を帯びた実況中継が急増してくることである。中でも、一九三三年八月の関東防空演習は鳴り物入りで行われた一大企画となった。防空演習は、敵機の来襲に対応するために、青年団や学校なども含めた国を挙げての態勢を整える目的で行われたものだが、ラジオの機能を最大限に生かすための試験運用を行うという意味合いもあり、NHK東京放送局が全面的に協力し、それに向けてほぼ終日態勢で番組を組んでいる。

とりわけ目玉になったのは飛行機と自動車からの中継であった。八月七日付の読売新聞に東京放送局の技術部調査課長が書いている「自動車と飛行機からの放送はかうしてする」という記事によれば、放送局の大きな任務のひとつとして「攻撃又は防衛実況を目のあたり中継放送する」ということがあり、「刻々と帝都上空に攻撃し来る敵機の状況や又は之を撃滅せんとする高射砲や照空燈の活動、市民救護に努むる防護団の活動等を放送」することが求められているが、そのカバーできる範囲を少しでも広げ、「あらゆる方面から実況を時を移さず放送するという目的で今回は自動車と飛行機の上にマイクロフォンを取り付けて走り乍ら飛び乍ら実況放送を行うことを計画した」。そして飛行機からの中継は松内アナ、地上の自動車からの中継は河西アナが担当しており、記事にも「空からは松内　地上からは河西　爆弾投下と高射砲砲弾実況　耳に聴く近代戦」という大きな見出しが躍っている。松内は終了後に、煙幕遮蔽について「地上ではその範囲の判らぬ煙幕も上から見て何処と何処が隠れてゐるか明瞭にわかります」などと述べているところからみて（読売新聞1933.8.14）、放送でも地上で見ていただけではわからないような部分を居ながらにしてリアルにイメージできるように描き出したのであろう。

この時のラジオ欄には、「近代戦の知識　軍部の解説」などと題された記事もあって、防空監視、空中聴音機、照空隊といったことについての基本的な説明がなされており、「近代戦」の

劃期的な飛行機中繼
空からは松内
地上からは河西
爆彈投下と高射砲實彈射擊實況
耳に聽く近代戰
飛行機からの放送はかうしてする
不死身だから墜落もOK
葬送行進曲
新曲「滿洲事變」
七日で水

鳴り物入りで行われた関東防空演習を予告する読売新聞ラジオ欄の記事（1933年8月7日）。「耳に聴く」ものとして「近代戦」を位置づけるような感性は、その後戦時中に、戦闘機の音を聴き分けるためのレコードが作られるようになる動きの底流をなしているともいえるだろう。松内、河西の両アナはここでも主役であった。

このようなあり方についてのイメージを、実音やリアルな描写を通して広げてゆくことに大きな眼目があったことが想像されるが、聴く側が想像力を駆使してそこに思い浮かべるイメージは、まさに『アナウンス読本』で言われていた「ラジオ的」な現実にほかならず、現場で体験されるものとは異なっていたであろう。そして敗戦に向けての経過の中で、「ラジオ的」現実は限りなく肥大化し、その落差の孕む問題はますます大きくなってくるのである。

「実感放送」という言葉が頻繁に出現するようになってくるという事実はそのことをよく示しているように思われる。「実感放送」が、一九三二年のロサンゼルス・オリンピックの際に窮余の策として編み出されたやり方であったことはすでに前節で述べたとおりだが、その後の流れの中で、単なる窮余の策にはおさまらない力を発揮しはじめるのである。まずは、ロサンゼルス・オリンピックの直後、一九三二年一一月にジュネーブで行われた国際連盟の理事会の際のことである。一一月一三日付の読売新聞には「『実感味』たっぷりに　愈よ壽府から放送　松内アナ君が名調子を振ふ」という記事がある。この会議は、満州国の建国についてのリットン調査団の報告書の提出を受けて行われたもので、最終的には翌年三月の総会での日本の国際連盟脱退への道を準備することになるのだが、この理事会の期間、毎日三〇分間ジュネーブから東京への放送を行い、この会議に関わっている外務省の関係者らが交互に出演し、そこでの情勢について報告するという番組が設けられた。その司会を託されたのが松内であった。実は松内はロサンゼルス・オリンピックの後、日本に戻らずに船でヨーロッパに渡り、放送事情の視察を行っていた。見出しにある『実感味』たっぷりに」という表現は、ロサンゼルス・オリンピックでの松内の「実感放送」の記憶を呼び起こす仕掛けにもなっているが、考えてみると会議の模様を直接中継するのではなく、スタジオに戻った参加者がその内容を報告するという形式はオリンピックのときの「実感放送」そのものであると言ってもよい。もっと言うならば、一〇〇メートル競走の「実感放送」が一分近くかかるものになったのと全く同様に、こうしたやり方はまさに、もともとはラジオ的でない素材をラジオ的にすることによって、そこに人々がラジオ独特のリアリティを感じ取る装置になったとも言えるのである。

　戦争が激化してゆくにつれ、こうした「実感放送」は頻繁に登場するようになる。一九三七年一〇月七日の東京朝日新聞には「塹壕から実況放送」なる記事が出ている。「日本放送協会では上海戦線における勇壮な皇軍将士の活躍振りを海を越えて国内へ実況放送することとなった」とあり、「然も戦場の生々しい実感をキャッチする為我最前線の土壕にマイクを据ゑ物凄い彼我の銃声、我壮烈なる突撃の喊声をも入れたいと云ふ放送協会最初の決死的企てである」とされている。この記事の最後に「現場から直接出来れば文句はないが結局レコードによる以外にはないかと思はれます」などとあるところが、この「ラジオ的現実」の正体をよく示していると言ってよいが、戦況が深刻化する中、戦争報道が戦場の実況中継へとどんどん傾斜してゆくの

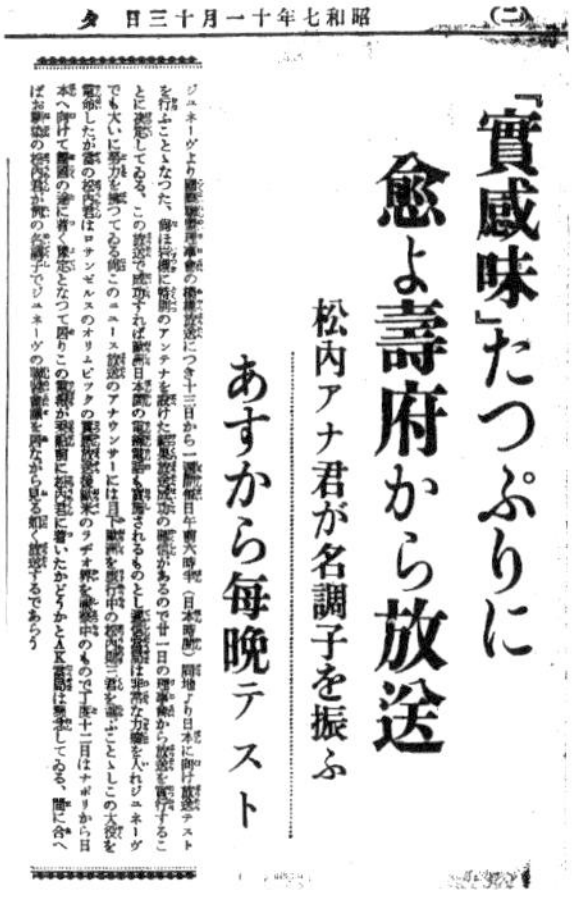
昭和七年十一月十三日　夕

「實感味」たつぷりに
愈よ壽府から放送
松内アナ君が名調子を振ふ
あすから毎晩テスト

ジュネーブでの国際連盟理事会の様子を伝える番組を期間中毎日放送する企画が立てられ、松内アナがその大役を任された。「『実感味』たっぷりに」という言い方の中に人々は、その年のロサンゼルス五輪での松内の「実感放送」の記憶を呼び覚ましたはずである（一九三二年一一月一三日、読売新聞）。

と比例するかのように、実際の戦況ではない作りものの「ラジオ的現実」が限りなく肥大化してゆく。一九三八年五月のいわゆる「徐州大会戦」に際しては五月一八日付東京朝日新聞に「大会戦の実況放送　マイクに河西アナ」なる記事がみえ、河西三省アナがその任務を担ってすでに前線に派遣されたことを報じているが、同じ東京朝日新聞の二〇日付紙面では「あつ父さんの声〝ただ今殲滅中〟木村大佐　戦場の実感放送」という記事で、河西アナの戦況放送に続いて「徐州攻略戦を空から視察して夕刻六時上海に帰還した」木村松治郎大佐の「生々しい実感放送」が流され、「この間アナウンサーの紹介も入れて約五分の簡単直截な戦線報告の中にもいま展開されている徐州殲滅戦の生々しい躍動が感ぜられた」とある。

その後も、九月三〇日には上海からの「爆撃機に同乗して目のあたり見た壮絶な空爆を語る松隈アナウンサーの実感放送」（読売新聞）、一〇月二五日には漢口戦線からの第一回実感放送が行われている。もっともこちらは電波状態が相当悪かったらしく、「先づ耳朶を打つたのはタタタツダダーンという弾の轟き、浅沼アナウンサーが『漢口陥落が迫りました』といふ風に言つたと思ふと、中村アナウンサーの燗高い熱声に代わったが『海の荒鷲、陸の荒鷲が猛爆を敢行……』と叫ぶ声も途切れ途切れ」（東京朝日新聞 1938.10.26）などと書かれているが、この記事で描かれている、銀座のラジオ店の前に立った人々の様子は、ベルリン・オリンピックの際にやはり銀座のラジオ店の前で「ベルリンを聴」いていた人々の姿とほとんど重なり合っているだろう。

最後にひとつ、この時期に出現した「新種目」について書いておこう。一九三七年九月二二日の各紙ラジオ版は「ニュース・スケッチ」という「放送新種目」が登場することを報じている。東京

[2]

あつ父さんの聲
〝たゞ今殲滅中〟
木村大佐　戦場の實感放送

[1]

大會戰の實況放送
マイクに河西アナ

[4]

待望！空爆觀戰談
後七・四〇　上海より松隈アナ君實感放送

[3]

實感放送 〔七・四〇〕
壯絶な空爆行
南京より松隈アナが送る

漢口攻略戦の第一線に活躍する我が陸の荒鷲は連日壮絶を極めた爆撃を行つてゐるが爆撃機に搭乗、敵陣地に爆弾の雨を降らせる息詰まる瞬間を體験した上海放送局の松隈アナウンサーがその生々しい記憶をあたかも目に見る如く、實感放送の形式で去る十六日最初の電波を送つた南京放送局のマイクを通じ、送つて來る事となつた

日中の戦局が深まるにつれ、ラジオ放送は最前線からの実況中継放送へと限りなく近づいてゆくが、それとともに「実感中継」の手法が多用されるようになってくる。1938年の徐州大会戦では、満を持して派遣された河西アナの司会のもと、空から最前線を視察して帰った陸軍木村大佐による「実感放送」が敵軍「殲滅」の様子を伝えた（[1]・[2]朝日新聞、1938年5月18、20日）。その後も、南京（[3]朝日新聞、1938年9月23日）、上海（[4]読売新聞、1938年9月30日）と、重要な戦局とみると、新聞のラジオ欄には「実感放送」の予告記事が掲載され、人々を虚実の皮膜の間へと引き込んでゆくことになった。

朝日新聞によると「ニュースに取材した仮想実況放送で不自然な筋立を避けもっぱら言葉と音響で即物的に描き出さうと意図したもの」とある。読売新聞はさらに詳しく、上海市政府陥落までの大追撃戦の様子を「第一より第四の四地点から見た戦況描写のアナウンス」を中心として擬音とアナウンスで描き出すものだが、「今夜は殆んど声優らしいものを出さず、アナウンサー競演の放送ルポルタージュともいふべき野心的形式」であり、「戦場の実況放送がまだ実現されないだけにこの形式は相当期待される」などと書かれている。

これは大阪放送局制作の番組であり、実際にはすでに一度、同形式のものをローカル放送して好評をえたことから第二弾は全国放送することになったということのようである。大阪放送局からロサンゼルス・オリンピックの際に派遣され、「実感放送」に関わった島浦精二ら四名のアナウンサーが出演しているが、俳優による演技を排してアナウンサーによる描写を中心に据えてゆくことを追求してゆくというこの方向性が、端的に言えば虚構をあたかも現実であるかのようにみ

新放送種目
まるで戦線から中継
ニュース スケッチ 大追撃の日
BKアナウンサーが競演
軍歌の舞組永井建子翁
自作を解説指揮
思ひ出の軍歌集
國民精神総動員

1937年9月には、大阪放送局が「ニュース・スケッチ」なる「新種目」を開発する。9月7日に放送された《空往かば》が好評だったのを受けた第二作として、「上海市政府陥落までの大追撃戦」を描いた《大追撃の日》が全国放送された（読売新聞、1937年9月22日）。

せることにほかならなかったということを、この「仮想」という語は端的に物語っているだろう。

そして、そのように考えるとき、ラジオ的でない素材を現実とは異なるものに構造化してゆく松内のような方向性だけでなく、それがいかにも目の前の事象を忠実に再現しているかのように思わせる写実的・分析的な河西のような方向性もまた不可欠なものだったのであり、その両者がまさに車の両輪のように噛み合うことによって、このラジオ的リアリティは支えられていたのだということがわかってくるのではないだろうか。問題は、松内の擬講談調の古いスタイルが飽きられ、河西のようなモダニズム的なスタイルに取って代わられていったというような話には到底収まりきれないのである。

7 「架空実況放送」の戦後史

以上述べてきたように、「実況放送」はその草創期からの展開の過程で、今われわれがこの語から想像する範囲をはるかに超えた多様なあり方を示してきた。とりわけ、戦時体制が深まってゆく中での、ほとんど全面的な戦時協力と言えるような展開は、「実況中継」という語のもつ客観的・中立的な色彩とは裏腹な、相当に悪質な政治利用の匂いを感じさせると言ってもよい。そのようなあり方が正当なものだったなどと主張する人など、おそらく誰もいないだろう。しかしだからといって、ことは、あれは誤っていたと言って捨て去れば片づくというような簡単な問題ではないのではなかろうか。再三言及した『アナウンス読本』の記述にあるように、ここでの問題は、ラジオというメディアと現実との関係の孕む本質的な問題、もっと言えば、聴覚という感覚が現実に関わる際の関わり方についての根源的な問題に連なっているのである。そしてこれまで「実感放送」に着目して述べてきたことが示すように、そのあたりの問題を考えるためには、狭義の「実況放送」にとどまらず、その周囲にあるかなり広範な関連する事象を視野に入れながらみてゆくことが必要なのである。

そのようにみてみると、「実況中継」をめぐる第二次大戦後の風景も、ずいぶんと違った形でみえてくることになるのではないだろうか。もちろん、敗戦を機に、戦前に対する反省をふまえる形で、文化のあり方が一八〇度転換した局面が数多くあったことはたしかであり、このようなほとんど「ウソ放送」のような「実況中継」もまた、放逐されることになったのは当然のことであるが、それだけで簡単に片づかないところがあるのが文化のおもしろいところである。「架空実況中継」的なやり方やそれを支えるメンタリティは、そんなに簡単に絶滅させられることなく、その後になってもどっこい生きていた。そして、ラジオや聴覚文化の多様な可能性を考えるならば、そのことと戦前の展開のもっていた問題点とはあくまでも別のことであり、決して一緒くたにして否定すべきことでもないのである。

実際、戦前に関しても、狭義の「実況中継」に考察を限ることなく、少し射程を広げて眺めてみると、この「実況中継」の文化にはずいぶんと広い裾野があったことがわかってくる。これは主にラジオではなくレコードの領域の話なのだが、とりわけラジオで大人気となった早慶戦中継などの場合にはその周囲に、いわばそこに寄生するパロディ・レコード的なものがずいぶんたくさん作られていた。早慶戦は絶大な人気を誇っていたから、早慶戦をネタにした落語、漫才などがいろいろ作られており、実際、柳家金語楼の《早慶野球戦》（一九三三）、横山エンタツ・花菱アチャコの《早慶戦》（一九三四）などはレコードにもなっている。しかしそれにも増して興味深いのは、試合そのものではなく、ラジオの実況中継をパロディのネタにしたレコードがいくつも出ているということである。

中村声波の《スケッチ　早慶狂》（一九三〇）は早慶戦をラジオで聴いている長屋の夫婦のおもしろおかしいやりとりをラジオの音（もちろん実際の音ではない）ともども収めているもので、なかなか芸が細かい。それに対して西村楽天の《スケッチ　女給チーム》（一九三一）は女給チーム対政治家チームの架空野球試合を描いたものだが、試合前の応援風景ではなぜか《都の西北》が応援歌で出てくる。女給チームの入場曲が《東京行進曲》だったりするのもおもしろいが、このあたりの描写が細かすぎるせいか、レコードの表裏両面のスペースは試合がはじまる前に尽きてしまい、試合の情景は全く描かれていない。中村声波も西村楽天もサイレント映画の映画説明者（弁士）出身であったが、時期的にもちょうど映画のトーキー化が進み、映画館での仕事場を次々と失った彼らが、話芸を生かして漫談などの新たな世界を切り開き、レコードなどでも活躍をはじめた時期にあたっている（これについては拙著『サウンドとメディアの文化資源学』第六章の映画説明についての論考で以前にも少し触れている［渡辺 2013］）。その意味で、同じ語りとは言ってもアナウンサーの語りとはだいぶ趣が異なり、パロディ的な方向性が強まっているのもそれゆえのことと言えるだろう。

他方、石橋恒男の《お伽スケッチ　お伽野球放送》（一九三六）は「お伽」と銘打っているだけあり、こちらは子ども向けで、「桃太郎軍対金太郎軍」の対決である。早慶戦を直接模しているわけではないが、全体のスタイルが明らかに早慶戦をモデルにして作られているだけでなく、途中で中継が中断されて株式市況の番組が挿入されるなど、実際のラジオ放送の状況を踏まえた、なかなか芸の細かい細工がほどこされている（野球中継が始まった当初、株式市況などの定時番組をきちんと放送してもらわないと困るというクレームがきて論争になったという経緯が実際にあったのである）。

また、井口静波の《ナンセンス　カフェー実況放送・待合実況放送》（一九三三）などというのもある。こちらはカフェーや待合に客が到着するシーンなどを、登場人物の声色なども加えておもしろおかしく「中継」するもので、もはやスポーツ中継とは全く関係ないとも言えるのであるが、こういうパロディが成り立つというのも、野球の実況中継の「本来」のスタイルに関わるリテラシーが共有されていることが前提されているからであり、それをあえて別の世界の「中継」に適用することによっておかしみが生み出されてくるという意味で、これはもう確実に一つの「文化」が成り立っているとみるべきだろう。もちろん、カフェーや待合の実況放送というのは非常に極端な例であるが、こうして並べてみると、「本来」の実況中継とパロディ的な荒唐無稽な実況中継という両極端がはっきり区分さ

井口静波の「戦況報告」のステージは新聞でも大々的に広告された（読売新聞、一九三七年一二月一五日）。

れた別のカテゴリーをなしているというわけではなく、きわめて現実に近いものから全くの架空のものにいたるまで、様々な種類の「実況中継」がそれぞれに微妙な遠近や濃淡を醸し出しつつ布置されている、そんな状況がみえてくるのではないだろうか。

考えてみると、すでに述べてきた「実感放送」もそうだが、松内が吹き込んだ「大体創作七分に過去の記録三分」の完全にスタジオ制作された《早慶大野球戦》などのレコードにしても、「本物」の河西の放送とは全く別に名古屋のアサヒ・レコードのスタジオで制作されたベルリン・オリンピックの「ニュース」レコードにしても、いずれも、決して純粋な「実況中継」であるわけはなく、微妙に虚構性が忍び込んできている、そんなものなのである。その背後には、実況中継の周辺を取り巻く多様な事象によって織りなされる大きな世界が広がっているのである。

ちなみに、《カフェー実況放送・待合実況放送》の井口静波もまた、中村声波や西村楽天と同じく映画説明の出身だが、興味深いことに、一九三七年一一月一五日付読売新聞の広告には「空の従軍記者井口静波戦況報告」なる「ステーヂショウ」の広告が掲載されている。興行は浅草・大勝館と新宿・武蔵野館で行われたようだが、映画説明から漫談やレコードでの語りの世界に転向した人の中にはこうした「戦時協力」的な活動に関わる形になった人はかなり多かった。アナウンサーと映画説明者、ラジオとレコードと、もちろんそれぞれに活動の場も状況も異なることは事実であるが、「声の文化」の可能性が追求されていたこの時代の状況の全体像の中に置き直してみれば、あながち別の動きであるとは言い切れないであろう。

このように、「実況中継」の文化を、「実感放送」など、それを取り巻くかなり広範な事象を含み込むような形で考えてみるならば、そこにひらけてくる「ラジオ的」なリアリティのあり方は、決して敗戦を境にしてきれいさっぱりと消え去ってしまったわけではなく、様々に形を変えつつも、聴覚のもたらす文化の新たな展開をもとめてしぶとく生き続けていたことがわかる。むしろ、それだけみるといささか突飛にみえるような事象が、こうした文化伝統の上に置き直してみることで、その意味や位置づけをはっきりさせてくるというようなことが多々あるように思われるのである。

たとえば、ソノシートつきの雑誌『朝日ソノラマ』の一九六〇年三月号には「架空野球中継」企画が掲載されている。『朝日ソノラマ』の創刊は一九五九年一二月のことであるが、六〇年三月号といえば創刊直後であり、「音の出る雑誌」という新機軸を前面に出す一方で、従来のレコード会社とは違った新聞社系列の強みを生かした斬新な展開を狙って様々な実験を行っていた時期である（これに関しても詳細は前著『サウンドとメディアの文化資源学』の第七章で論じている［渡辺 2013］）。

そのひとつに「ソノ・ベースボール」と名づけられたコーナーがある。「実況放送『全日本軍対新人軍』」と書かれており、この年にプロ野球に入団した選手からなる新人軍が長嶋茂雄、山内一弘、中西太、杉浦忠、金田正一、稲尾和久といったオールスター綺羅星の如く並ぶ「全日本軍」に挑戦した試合という設定になっている。紙面にはご丁寧にスコアブックまでついているのだが、実際には全くの架空の試合である。編集後記にはこの雑誌にちりばめられている様々な斬新なコンセプトについての説明が書かれており、この企画についても「もちろん、この試合は現実に行われたものではありません。しかし、それがどこまで本当らしく〝演出〟されているかを御批判下さい」などと書かれている。これだけをみていると、斬新な実験的企画にみえるのだが、ここまで述べて

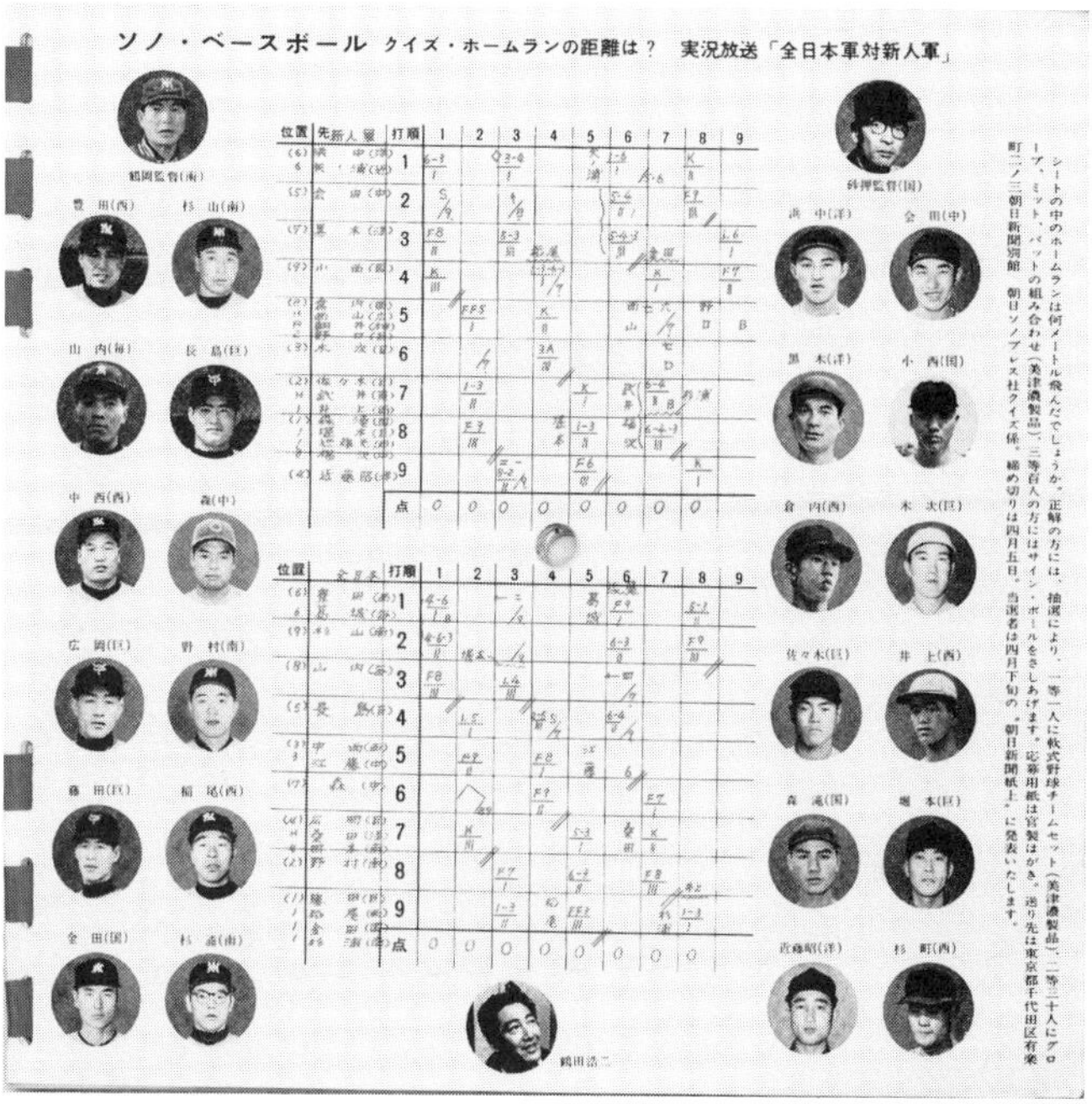

『朝日ソノラマ』第4号（1960年3月）に掲載された「ソノ・ベースボール」

きたような「伝統」をふまえて考えてみると、そのような系譜の中に十分に位置づけられるものであることは即座に了解されよう。

ただ、実際に聞いてみると、戦前の架空中継レコードよりは技術的にはるかに進歩しており、実際の試合の際に録音されたと思われる杉浦や長嶋の声をそのまま使っていたり、解説者がつくスタイルになっていたりと（なぜか鶴田浩二がその役回りで登場している）、松内の《早慶大野球戦》の頃とはずいぶん様子が変わっている。アナウンサーの語り自体はだいぶ背景に退いた感もあるが、そのような変化も、ますます現実と虚構とが表裏一体の度を増した結果と捉えることも可能であろう。戦前からの「伝統」の蓄積が全くないところでこのような試みをやっても、あるいは全く理解されなかったかもしれないとすら思わされるのである。

『朝日ソノラマ』のこの企画もさることながら、さらに大規模に展開され、かつかなり評判になった企画としてどうしても言及しておかなければならないのが、ＮＨＫラジオの、その名も「架空実況放送」というシリーズ企画である。一九五七年三月二一日に放送された初回の《決戦関ヶ原》にはじまり、一九六六年三月まで、すべて西沢実の脚本で、全部で二八作が放送された(5)【巻末、表1・2】。

初回の《決戦関ヶ原》は、もちろん関ヶ原の戦いの実況中継であるが、徳川家康方東軍、石田三成方西軍にそれぞれ担当のアナウンサーがつき、武将へのインタビューや専門家の解説などもおりまぜながら進んでゆくというものであった。東軍担当アナウンサーは北出清五郎、西軍担当アナウンサーは福島幸雄であったが、それとは別に総合司会的なアナウンサー（台本上では中立と表記）

として中神定衛、解説者として村上元三が登場した。とりわけおもしろいのは、東軍方で山岡荘八、西軍方で尾崎士郎がそれぞれ徳川家康役、石田三成役を演じていることである。歴史文学の世界では広く知られていた彼らの役回りは、総司令官という立場で各軍の戦略などについて語ることであった。

結局この番組は、役者を完全に排し、「解説者」の村上元三も含めた三人の歴史作家とアナウンサーたちの手で進められてゆく形をとることになったところが、通常のラジオ・ドラマとは違う大きな特色であった。毎回の放送は、「洋の東西を問わず、我々人類の歴史に現れた大きな出来事の真唯中に、ＮＨＫがアナウンサーを派遣してその実況をお伝えしようという、言ってみれば、お聞きの皆様をその事件の現場にご案内しようとする、名付けて〝架空実況放送〟。その第一回は……」といったオープニングではじめられた。

初回の担当が北出と福島であることからわかるように、各回に動員されたアナウンサーのかなりの部分はスポーツ・アナウンサーであり、志村正順、斎藤政男、野瀬四郎、土門正夫、鈴木文弥、永田健支等々、代表的なスポーツ・アナウンサーはほとんど関わっていたと言っても過言ではない。つまりこのスタイルは明らかに「スポーツ実況中継モデル」をベースに、それをいわばスポーツ以外の領域に流用するという形で展開されたのである。放送リストをみてみればわかるように、戦いに関わるもの、それも関ヶ原にはじまり、桶狭間（第三回）、川中島（第六回）、壇の浦（第八回）、長篠（第一六回）等々、戦国時代ものがかなり多い。また第一八回「富士の巻狩」は頼朝が諸侯と家来あわせて十万人を富士の裾野に集めて軍事演習を兼ねて行ったものとされており、かつての

「防空演習」を思い起こさせる部分があるなど、全体に「戦争モデル」が前面に出ている色彩がかなり強い。第三節で松内の早慶戦中継について論じた際にも書いたことだが、スポーツ試合が戦いである以上、それが戦争と親和性をもつことは不可避であり、ここでもそのことがこういう結果を生み出しているとみることができる。その意味では、戦時体制下の様々な「実況中継」の際に松内や河西のようなスポーツ・アナに白羽の矢が立ったことにもそれなりの必然性があったのかもしれない。

第二回の放送「早慶第一回戦」は、明治三六年に行われた元祖早慶戦を復元するという試みだが、中継アナが志村正順、解説が小西得郎、それに当時まだ存命であった、実際のこの元祖早慶戦の出場者である泉谷祐勝、桜井弥一郎がゲストで登場するという仕儀である。小西得郎という「本物」の解説者まで登場し、やはり役者は排されているから、まさに「スポーツ中継」そのものである。言ってみれば、ロサンゼルス・オリンピックの「実感放送」とほとんど変わらない世界なのである。

全体として、ラジオが開局してこのかた、戦前からずっと培われてきたノウハウの蓄積を存分に生かしていることはたしかであり、その意味で戦前からのこうした系譜の延長線上に位置づけられることは間違いない。伝えられるエピソードによれば、この番組のプロデューサーだった中川忠彦の「戦争を実況放送してみたいんだ」という提案に、戦時中に南方の戦車隊長で大変な思いをした台本作者の西沢は一瞬「何ごとだ」と思い、内心不謹慎とも感じたという。それに対し中川は「いや、近代戦争はやらないからさ。例えば関ヶ原なんかさ……」とこたえたので納得したという（ＮＨＫアナウンサー史編集委員会編 1992, 201）。そのように考えてみると、これはいわば戦時中の従

1

私のきいた番組

面白かった『関ヶ原』

―厚生大臣の話に数々の疑問―

田《た》宮《みや》虎《とら》彦《ひこ》

2

昭和32年（1957年）4月19日（金曜日） 13版 （6）

ラジオ テレビ

NHKの架空実況放送

『第一回早慶戦』を再現

キャハン、紺タビ、黒帯のいでたち

来月三日 〝早二点差で惜敗〟

窓

小西さんに解説を

こども

『架空実況放送』の評価は高かった。1第1作の「決戦関ヶ原」は、朝日新聞の「私のきいた番組」コーナーを担当していた作家・田宮虎彦が絶讃している（朝日新聞、1957年3月24日）。2第2作では明治36年の第一回早慶戦（まだ東京六大学リーグになる前の話である）が取り上げられた。「実況」はスポーツ・アナとして鳴らした志村正順が担当したが、この「架空実況放送」という企画自体が戦前からのスポーツ実況中継の蓄積の上に成り立っていることを象徴的に示していると言えるだろう。

軍中継などで培われたノウハウの「平和利用」ともいえ、その限りで、戦前からの感性や認識のありようを戦後にまで濃厚に引き継いでいると言ってよいだろう。

　しかし他方で、とりわけ後の時期になればなるほど、こうしたあり方が軋みを生じさせるような状況が出てきている感じも否めない。すでに《決戦関ヶ原》について述べたように、役者を排してドラマ色を極力薄め、進行役のアナウンサーと専門家的な「解説者」を中心として、現場中継的なリアリティを軸に進行してゆくのがこの番組の基本的な枠組みであった。それが崩れてくるのである。新聞に掲載されている毎回のラジオの番組表を通して見てみると、徐々にアナウンサー中心の感覚が稀薄になってくることが感じられる。出演者名の欄にはアナウンサー名ではなく、小沢栄太郎、北村和雄、三島雅夫ら、「常連」の俳優の名前が並ぶようになってきて、アナウンサーの名前が書かれていないケースも多くなる。実際にはアナウンサーが全体の柱になっている組み立て自体は番組の最後まで変わっていないが、少なくとも、それを受けとめる側の関心がずれてきて、アナウンサーの語りによって開かれる独特のラジオ的現実に必ずしも反応しなくなってきている状況をそこからは読み取ることができるだろう。

　こうした傾向が顕著になるのは、放送がはじまって三年ほど経過した一九六〇年頃からのことだが、この時期といえば、一九五三年にはじまったＮＨＫのテレビ放送が軌道に乗り、テレビ中心の感覚が徐々に定着してくる時期である。すでに述べたように、新聞のテレビ欄とラジオ欄との力関係が逆転し、番組表の秩序がテレビ中心に変わってくるのが一九六一年前後であるから、実音とアナウンサーの語りによって作られるラジオ的なリアリティの世界が力を失ってくる徴候がその時期に出てくるということにはそれなりの根拠があるように思われる。

　そしてまさに「架空実況放送」という番組自体に関してそのことを裏書きするような事態が一九六〇年に生じる。「架空実況放送」のテレビ版ともいうべき番組が構想されたのである。一九六〇年六月二四日付の毎日新聞には「ＮＨＫ　テレビでも『架空実況放送』」という見出しの記事が載っており、七月一四日に「テレビ架空実況『あの時をここに』――桶狭間前夜――」という番組が放送されることが予告されている。そこにはラジオの場合と同様の冒頭の口上も掲載されています。曰く「あの時私たち人間の歴史の流れの上に、大きな事件が起き、また起ころうとしていたのであります。その事件のただ中にＮＨＫがテレビ・カメラをすえて、ありのままの姿を再現しようとする、いわば皆さまご自身に事件の現場を、直接ご覧いただくというテレビ架空実況。名づけて〝あの時をここに〟――桶狭間前夜――」。ラジオの「架空実況放送」を、あえて何も変更を加えず、そのままテレビに移植したという感じが伝わってくる。説明にも「ドラマは歴史的な事実を忠実に再現する一方、インタビュアーが、そのときその折の信長や柴田勝家などの心境を聞くという手法をとっている」とあるから、これもラジオそのままである。ところが、放送後の七月二〇日付読売新聞の「テレビ週評」欄をみると、「架空実況は失敗」という見出しが掲げられており、本文には次のように書かれている。「一四日夜の〝あの時をここに〟で取り上げられた西沢実作「桶狭間前夜」は、架空実況のテレビ版として見るも無残な失敗に終わった。ラジオの場合は、聴覚だけであれこれ場面を勝手に想像できるからいいが、それを具体的に絵でみせられたのではたまらない」。

　ここには、テレビという映像メディアとラジオという音声メディアが人々にもたらすリアリティ

1

清洲城にカメラすえる

「桶狭間前夜」

テレビでも架空実況

あの時をここに（NHKテレビ後9・00）初めての試み架空テレビ実況。第一回は「桶狭間前夜」。永禄三年五月、京へ行く今川義元軍の行く手に立ちふさがったのが尾張の織田信長、だが優勢な義元の軍は苦もなくこれをうち破り、あすはいよいよ本拠清洲城へ…。そこでカメラを清洲城の大広間と大手門にすえ、城内の模様、足軽組の組がしら木下藤吉郎の動き、これより討って出ようと意を決して"人間五十年、化転のうちをくらぶれば…"と小敦盛を舞う信長の姿など歴史の生きた一こまをとらえる。作はこれまでラジオの架空実況を手がけてきた西沢実。演出は石島晴夫。

【出演】織田信長（草薙幸二郎）池田信輝（鈴木瑞穂）森三右衛門（高橋正夫）木下藤吉郎（常田富士雄）濃姫（津山幸子）織田消正（中山隆介）ほか。アナウンサーは川上、須田、初見、藤井の四人。

2

二つの架空実況放送

山王ホテルにたてこもった当時の反乱軍

二・二六事件（ラジオ）

大津事件（テレビ）

NHK・憲法記念日の番組

週間モニター

サラッとした味わい　フィルム構成もの

3

テレビ週評

架空実況は失敗

鋭さ抜群、大島の野球解説

17日夜KRでプロ野球のナイター中継を楽しんでいるさなか午後九時三十二分、テロップで雅樹ちゃん殺しの犯人本山捕わるのホット・ニュースがはいった。

野球放送の終わるのを待って九時四十五分、NTVの「きょうの出来事」とフジ、NETの「ニュース」をみたが、どれもただつかまったというしらせだけ。十時、NHKの「きょうのニュース」で、やっと詳細がつかめたが、ここまではラジオのニュースをきくのと大差なし。

画面にはじめて現場の絵らしい絵がでたのは十時四十五分、KRの「ニュース」だったが、つづいて十一時二十分、フジが本山逮捕に関するフィルム速報という形で放送した「事件特報」は、こけおどかしなだけで、拙速の好見本みたいなもの。本山以外の人物、たとえば犯人逮捕の協力者などは、説明がまるでないため、だれが何やらわからずじまい。

その点、NTVが十一時五十五分に放送した「ニュース特報」は、内容その他すこぶる堅実。記者団の質問に答える本山のふてくされた態度からは、罪の意識など、みじんも感じられなかった。

ところで"プロ野球の実況は注目の好カードぞろい。この晩はNTVが後楽園の大毎・南海、KRが川崎の大洋・巨人と、見たいゲームが二つ重なるありさま。大洋・巨人の方は、それ以前に薄暮試合をNETが中継しているので、野球ずきにはこたえられない半日だった。各ゲームを担当した解説者の中では、ややしゃべりすぎる欠点を除いて、大島信雄（大阪からNETへ出張）のそれが鋭さという点で群を抜いた感じ。

NHKの特集ドラマ二題。14日夜の"あの時をここに"で取り上げられた西沢実作「桶狭間前夜」は、架空実況のテレビ版として見るも無残な失敗に終わった。ラジオの場合は、聴覚だけであれこれ場面を勝手に想像できるからいいが、それを具体的に絵でみせられたのではたまらない。15日夜の戸板康二原作「車引殺人事件」は、成功と失敗とちょうど五分五分。犯人らしい人物を強調しすぎて"私だけが知っている"の亜流じみた点も多少気になったが、竹野という演劇記者（仲谷昇）が「幕がハネてから」などというふしぎな言葉を使うようでは困る。下飯坂菊馬脚色、梅本重信演出。（O）

1 1960年には「架空実況放送」のテレビ版として『あの時をここに』が制作され、第一作として「桶狭間前夜」が放映された（読売新聞、1960年7月14日）。2 第二作の「大津事件」は、憲法記念日にラジオとのダブル放送になったこともあり、大きく取り上げられている（朝日新聞、1961年5月2日）。3 しかし、第一作には「大失敗」という酷評があびせられるなど（1960年7月20日）、この「架空実況放送」というコンセプトがもっぱらラジオ的感性に足場を置いているものであることがはからずも露呈することとなった。

のあり方の違いが端的に表れていると言えるだろう。アナウンサーの言葉だけで登場人物を描き出し、人々の想像力にゆだねることのできるラジオとは違い、具体的な顔や姿を提示しなければならないテレビでは、同じ形での「架空実況放送」は成り立たないのである。もちろん、テレビによる「架空実況放送」の試みは、これで終息したわけではなかった。一九六一年五月三日には『あの時をここに』の第二弾「大津事件」が放映されており、これは二・二六事件を取り上げたラジオの方の「架空実況放送」第一七回「白雪を汚すもの」と同日の放送になったため、前日の朝日新聞でも大きく取り上げられている。しかし全体として、時代がテレビ中心に移行してゆくなか、「架空実況中継」がその力を急速に失ってゆく局面にさしかかっていたことは間違いない(7)。

結局、ＮＨＫラジオの「架空実況中継」は、一九六六年三月二二日の第二八回をもって、事実上終わりを告げることになるのであるが、この番組の運命は、この一九六〇年代前半の時期が、テレビが急速に普及し、ラジオや「耳の文化」のあり方が大きく変化してゆく中で、戦前から積み重ねられてきた「実況中継」の文化が最後の残り香を発揮していた時期であったことを象徴的に示していると言ってよいだろう。東京オリンピックが開催された一九六四年という年は、まさにそのような時期にほかならなかったのである。最後に、ふたたび一九六四年の東京オリンピック大会の話に戻ることで論を結ぶことにしよう(8)。

8　聴覚文化の射程

これまでにみてきた、ここにいたるまでの「実況中継」をめぐる文化の歴史と、一九六〇年代における その状況を考え合わせてみるならば、この一九六四年の東京オリンピック大会に関してラジオやレコードがいまだ活況を呈していた状況もまた納得されるであろう。大きな変化の兆しを感じつつも、まだまだ「ラジオの世界」に生きている人がたくさんいた、そんな時代だったのである。さきに取り上げた鈴木文弥アナ、北出清五郎アナのアナウンスもまた、そういう状況の中に置き直して考えてみると、また別の光のもとに見えてくる部分があるのではないだろうか。

美文調の鈴木アナの語りが、松内の「擬講談調」の語りの系譜に属するものであることについては、ほとんど説明を要さないだろう。鈴木は一九四八年の入局であるから、松内よりは二〇年以上も後輩であるが、すでに述べたように、その間には和田信賢（一九三四年入局）、志村正順（一九三六年入局）といった「松内的」スポーツ・アナの系譜があり、そのようなアナウンスの伝統を継承してきたのである。和田などは、書棚にある鏡花、漱石、鷗外の全集を何度も読み返し、使えそうな箇所に線を引いていたというエピソードも残されているほどである（ＮＨＫアナウンサー史編集委員会編 1992, 78）。もちろん、松内そのままでないことは言うまでもない。松内の録音を実際にきいてみると、語りそのものはかなりゴツゴツしており、鈴木が地名などをまくしたてる時の流れるような調子とはほとんど正反対であるのだが、レトリカルな表現を重ねることで「ラジオ的」現実へと引き込むそのやり方は、引き込まれる方向性こそ違え、ほとんど同じと言ってよいだろう。

一方の北出の方は、色の描写へのこだわりといったことの中に、ラジオの情景描写への傾きがかなり色濃く残っていたということをすでに指摘したが、それも含め、テレビのアナウンスであるにもかかわらず、ラジオのアナウンスのたたずまいをかなり強く残している面がある。今のテレビ・アナウンスを基準にしてみると、かなり古めかしい感じにみえてしまう理由はそのあたりのところにありそうだ。落ち着いたたたずまいの中でのきめ細かい整然とした描写を身上としていることはたしかに鈴木と対照的だが、それはそれで大きな意味では、個性の異なる「名調子」なのであって、それはちょうど河西が松内とは対照的なスタイルでありながら、両々相俟って当時のラジオ・アナウンスの「名調子」の世界を担っていたというのと、ほとんど同様の関係であるように思われる。松内のスタイルが和田、志村らに引き継がれたのと同じように、河西のスタイルもまた、浅沼博（一九三四年入局）、飯田次男（一九三六年入局）らの手によって引き継がれていった。そのように考えれば、鈴木と北出のコンビもまた、この関係を再生産してきた流れの中で出てきているのであり、裏を返すならば、戦前からのラジオの実況中継の周囲に形成されてきた文化が、形を変えつつもまだ生きていたということでもある。そのことは、東京オリンピックの時点では、「架空実況放送」がまだかろうじて命脈を保っていたという事実とも符合するだろう。

こうしたラジオの時代のアナウンス文化は、その後の時代には急速に姿を消してゆくことになる。ラジオに代わってテレビがスタンダードとなり、そのことがアナウンスのあり方を根本的に変えたことがその大きな要因の一つであったことは間違いない。そのことは、「架空実況放送」のテレビ版が失敗に終わり、ラジオというメディアの中でアナウンスのもっていた可能性がテレビでは全く通用しないということが明らかになったことからも理解されよう。ラジオからテレビへの移行とともに、アナウンスだけでなく、ラジオの時代に様々な形で模索されていた、音のもつ表現の可能性が捨てられ、また忘れ去られることになった。もちろん、本章でみてきたような過去の経緯を考えてみれば、聴覚が人々にもたらす想像力やそこに形作られる文化の孕んでいる底知れぬ危険性には看過できないものがあるが、そのような力はまた、聴覚メディアのもつ視覚にはない可能性の大きさを裏書きしているものでもある。「視覚優位」ともいえる今の文化状況の中で、いわば置き去りにされてしまった聴覚文化のもっているはずの潜在的な可能性をあらためて問い直すことの意味は、そのような危険を避けることも含め、決して小さくない。

第2章　「テレビ的感性」前夜の記録映画

公式記録映画《東京オリンピック》は何を「記録」したか

I　「記録か芸術か」論争

市川崑監督による記録映画《東京オリンピック》は、いろいろな意味で話題になった作品である。国際的にも、カンヌ国際映画祭で国際批評家賞を受賞するなどの高い評価を受け、一九三六年のレニ・リーフェンシュタールによるベルリン・オリンピックの記録映画《オリンピア》（邦題　第一部《民族の祭典》、第二部《美の祭典》）とともに、オリンピック映画の最高峰に属する作品として並び称されることが多い。国内では、その観客動員数一九五〇万人という記録が、二〇〇一年に《千と千尋の神隠し》に抜かれるまで長いこと歴代トップの座を守り続けたことで知られるほど、多くの人が見た映画でもあった。学校などの団体鑑賞が桁外れに多かったことを割り引くとしても、様々な意味で日本映画史に残る作品であることは間違いない。

この映画の話題性を考える際に忘れることができない問題に、公開後に巻き起こされた、いわゆ

2

1

映画《東京オリンピック》のパンフレット1と新聞広告2（朝日新聞、一九六五年三月一七日）。

「記録」中心に編集し直された作品《東京オリンピック　世紀の感動》は、さらに一年以上たった1966年5月に同じ東宝系で公開された。日本人の金メダルシーンも大幅に盛り込まれたが、大会からすでに一年半たって、さすがに「オリンピック熱」も下火となっており、この間に市川の《東京オリンピック》が海外などで評価されたことなどもあり、こちらは大きな話題になることもなかった。新たに撮影することができるはずもなく、市川流に撮影された素材を市川的でなく編集するという、無理難題を突きつけられた面があったことも否定できない。

る「記録か芸術か」論争がある。試写会でこの映画を見た、当時のオリンピック担当大臣・河野一郎が、「芸術性を強調しすぎて記録性を全く無視したひどい映画」などと酷評したのをきっかけに、新聞、雑誌誌上でのこの映画の評価をめぐる議論が沸騰することになったのである。(1) 途中からは、隠然たる政治力を誇っていた河野におそれをなしたか、文部省が推薦を取り消したかと思えば、(2) 組織委員会も、市川を擁護するどころか、作り直しを決定する始末で、(3) 週刊誌に絶好のネタを提供する形になった(後にも少し触れるが、この「記録性主体」の映画は実際に作られ、《世紀の感動》というタイトルでおよそ一年後に公開された)。

そのようなわけで、多くの新聞、雑誌での話題がスキャンダル的な方向に流れた面が強かったことは否定できない。市川の映画への批判の論調にも、自分の競技が少ししか取り上げられていないことを不満に思う競技団体の声とか、一六個も金メダルをとった日本の金メダル・シーンをもう一度たっぷり楽しめると思っていた観客の、その場面の少なさに対する失望といった部分がかなりあったことはたしかである。映画興行自体は好調であり、文部省の推薦が取り消されたことも、小中学校の団体鑑賞にはほとんど影響がなかったようである。そのうちに、カンヌ映画祭での受賞をはじめ、海外から、その芸術性を高く評価する声が次々とはいってくるにおよんで、市川作品の評価は確たるものとなり、すぐれた芸術作品に対し、それを理解しない無粋な政治家が横やりを入れたかのような形で位置づけられてゆく結果になっていった。

しかしながら、この「記録か芸術か」論争は、意外に根深い問題を孕んでいる。というのも、河野がそのあたりのことをどの程度まで意識していたかはともかくとして、この映画の評価について

映画《東京オリンピック》が「記録」になっていないという、河野大臣の批判はあっという間に大きな波紋を引き起こし、しばらくの間、新聞や週刊誌はこの「記録か芸術か」論争でもちきりとなった。1は朝日新聞（一九六五年三月一二日）、2は『週刊朝日』（一九六五年三月一九日号）。

朝日新聞

五輪映画〝つくり直し〟の背景

個性出すぎた演出

〝記録〟よりも〝人間〟に中心

河野発言にあわてた組織委

論議の芽は人選の時に

事実は曲げぬと市川氏

五輪の汚点だとけなす

イメージと食違う画面

「東京オリンピック」はこんな映画

市川崑監督

開会式は国によっては足だけを強調する

重量あげは紅潮する顔の大写しと「ヤッ、という掛声だけ。三宅選手の名前の説明はなし

1

週刊朝日

誌上試写会 オリンピック映画は記録か芸術か

市川崑演出をめぐって賛否さまざま

予想観客数二千五百万人、興行収入二十五億円。記録映画「東京オリンピック」（三月二十日封切）のすごいような前人気である。ところが、その出来ばえをめぐって、批判続出。市川崑総監督は、「主役は太陽である。生命賛歌の線で統一した」と自信満々だが、さて、完成試写をみた人々の感想は――

思いもよらなかった〝金鉱〟

アップ・アップ・アップ

自信いっぱいの市川崑総監督

2

は、映像関係者の間でも賛否両論があり、まさにそこでのポイントとなっている「記録性」の問題は、「記録映画」の世界で、この映画以前から様々な形でくすぶり続けてきたものだったからである。その背景をたどってゆくと、戦前から続いてきた「記録映画」のあり方が根柢から問い直され、転機にさしかかろうとしていたこの時代の状況が明らかになってくる。市川の《東京オリンピック》という映画の独特のあり方は、そのような時代状況と不可分な形で出てきたものなのであり、そのような観点からあらためてこの映画を位置づけ直してみることは、映像の分野を手掛かりに、戦後日本の文化やそこにおける感性のあり方の歴史を捉え返すことに直結する問題提起となるはずである。

1

2

オリンピック大会時、各種雑誌は、オリンピック特集号や増刊号で大賑わいであったが、それから半年もたち、市川の作品が公開されるのにあわせて、今度は《キネマ旬報》1、《近代映画》2などの映画雑誌が増刊号を企画している。映画雑誌ではあるが、映画自体に関わる記事はさほど多くなく、むしろ大会そのものを再度堪能する人に向けたつくりになっているところがおもしろい。

2 開会式入場行進シーンの「違和感」

最初は、開会式における参加各国の入場行進を撮影した部分を見たときのちょっとした違和感からはじまった。あらかじめ言っておくと、このときの入場行進の伴奏には、古関裕而がこの大会用に作曲した《オリンピック・マーチ》（東京オリンピックというと、まず出てくるのは今でもこの曲である）ほか、全部で一二曲の行進曲がメドレーで演奏された（『第18回オリンピック競技大会公式報告書 東京一九六四』1966, 227-228）。そのうち《オリンピック・マーチ》と團伊玖磨の《祝典行進曲》の二曲だけが日本曲で、あとはすべて、タイケの《旧友》、スーザの《海をこえる握手》など、欧米の吹奏楽における行進曲の標準的なレパートリーからとられている。このときの参加国は九四ヶ国、全部の国の入場に要した時間は約五〇分であり、《オリンピック・マーチ》は最初と最後の部分で使われている【巻末、表2・1】。《オリンピック・マーチ》はたしかにメインの位置づけを与えられてはいるのだが、実際には、両方の部分をあわせても、この曲で登場した国は二〇ヶ国弱、時間にすると一四分ほどにすぎない。いよいよ入場行進がはじまるという最も印象的な部分と最後の部分、とりわけアメリカ、ソビエトという二大超大国と主催国日本の入場シーンでも使われていることから、この入場行進はすべて《オリンピック・マーチ》で行われたと思っている人も多いようだが、実際はそういうわけでもなかったのである。

その入場行進の場面、映画《東京オリンピック》では、八分強を費やし、約三〇ヶ国の行進シーンが収録されているのだが、「あれっ?」と思う事態に遭遇した。映画中のドイツの入場シーンでは、流れている行進曲は《オリンピック・マーチ》の中間部だったのだが、たまたまNHKアーカイブの当日の中継映像をみると、何と同じドイツの行進シーンで流れているのは《海をこえる握手》なのである。しかも、テレビの実況担当の北出清五郎アナウンサーがご丁寧にも「スーザ作曲の《海をこえる握手》と、行進曲は変わりましたが」というアナウンスまで入れているのである。そのつもりで見比べてみると、最初のギリシャの入場シーンが《オリンピック・マーチ》ではじまるところこそ同じであるが、あとの部分は全く一致していない。アメリカやソビエトの行進も、中継映像では《オリンピック・マーチ》だが、映画の方ではタイケの《旧友》が流れている。

もちろん、映像を配置したものにあとから音楽をつけたものだと考えれば別に目くじらをたてるほどのことでもない、と考える向きもあるかもしれない。だが、そうはいかない。なにしろこの映像にはNHKのアナウンサーによる実況中継音声がかぶせられ、絵に描いたような実況映像のつくりになっているのである。この映画の場合、映画全体には別にナレーションがつけられて俳優の三国一朗が担当している。それとは別に、開会式やそれぞれの競技映像の随所にNHKのラジオ放送を担当したアナウンサーの実況中継音声が付けられるという形で全体が作られている。それゆえ、こちらの方はどう考えても現場の「記録映像」として受け取られるように制作されているとしか思えず、そこに一種の「騙し」の匂いを感じてしまうのである。

音楽に注目して映画の入場行進シーン全体をみてみると、その間、曲がずっと通して流れるように付けられていることがわかる。全体としては《オリンピック・マーチ》が奏された後、《旧友》

に変わり、最後にまた《オリンピック・マーチ》にもどるという流れになっている【巻末、表2・2】。曲が変わる部分は、八小節前後の太鼓の打奏を挟み込むことでスムーズにつながるように配慮されているが、これは大会時にメドレーの繋ぎで使われていたやり方である。アメリカ・チームの登場と日本チームの登場の前のところでこの太鼓の打奏がはいるつくりになっている。最初から続いてきた《オリンピック・マーチ》が《旧友》に変わって雰囲気が一変したところでアメリカとソ連が登場し、《旧友》が終わり、太鼓の打奏部分で一息入れた後、《オリンピック・マーチ》が戻ってきたところで今度は日本チームが登場し、一気にクライマックス感を高めるという、絶妙のつくりになっているのだが、そのために元々の映像と音楽の連関は完全に切り離され、選手は鳴ってもいない音楽で行進したことになってしまったのである(4)。

驚きはこれだけでは終わらなかった。つけられているアナウンサーの実況中継音声の方をみてみよう。前章でも取り上げた鈴木文弥アナウンサーのあの名調子である。そこでもみたように、鈴木アナは当日のラジオの実況中継を担当していたので、その録音をきいてみると、驚いたことにこれまた違うのである。たしかに同じ鈴木アナの声には違いなく、同じフレーズも随所に出てくるのだが、微妙に言い回しが変わっていたり、別の箇所での台詞がつなぎ合せられていたりする。映画のために新たに録音しているのだ【巻末、表2・3】。

比較してみると、全体としては概ね当日の中継の文言を引き継いでいるが、中継の方にある旗手の名前を紹介したり、各国の注目される選手や出場する競技について説明を加えたりといった部分の大半はカットされ、映画の方ではだいぶコンパクトになっている。その一方で、中継にはなく、映画にする段階で新たに加えられた言い回しもかなりある。オリンピック初参加で、二人だけが参加したコンゴの「感動です」、当時まだ東西にわかれていて、オリンピックのときだけの東西統一チームを作って参加したドイツの「感動的な風景です」、独自の民族服が強烈にアピールしたガーナの「すばらしい、まったくすばらしい」といった台詞は、映画で付け加わったもので、そのために、どちらかといえば叙事的な語り物の肌合いであった放送時にはなかったような絶叫調の雰囲気が醸し出されている。コンゴ同様、やはり二人だけで行進したオリンピック初参加のカメルーンに対する「健気であります。まったく健気であります」という台詞もやはり、中継の際にはなく、映画で付け加わったものなのだが、後世に書かれたオリンピックの回顧本の中には、開会式のルポ記事で「たった二人の行進に実況アナウンサーは、上気したような声でこうアナウンスした。『健気であります。まったく健気であります！』」などと書いてしまったものもある（『完全保存版！　一九六四年東京オリンピック全記録』2014, 9）。もちろん、中継放送の時にはアナウンサーはそんなことを言ってはいないのだが、映画の中に挿入されている実況アナウンサーの声がまさか後付けだったなどとは、このライターは夢にも思わなかったのだろう。そのくらいにここでのアナウンスの入れ方は、当時の中継音声そのものであると思わせるようなものになっているのである。

こうした状況をみるとどうしても、例の「芸術か記録か」論争のことが頭に浮かんでしまう。河野一郎オリンピック担当大臣が言った、記録性を無視して芸術性を追求した結果として、こんな「作りもの」になってしまったのか、と思わず考えてしまいそうだが、実はそういうわけでもない。河野大臣の一言をきっかけに、市川作品とは別に「記録」重視の映画がもう一本作られ、一九六六

[1]

[2]

[3]

開会式の入場行進シーン。[1]ドイツ、[2]ガーナ、[3]チャド。ちょうどアフリカ諸国が、西洋の植民地支配を脱して次々と独立する時期にあたっており、強烈な原色の民族衣装で行進するガーナ、わずか二名の選手でエントリーしてきたチャドと、いずれも大きな話題になった。後述するように、チャドのイサという選手は、市川の映画の中でも大きく取り上げられるが、テレビやラジオの実況中継でもこれらの小国がしっかり紹介され、「世界はひとつ」という理念が語られた。当時まだ東西にわかれていたドイツが統一チームを編成し、五輪のマークを入れた国旗で行進したことが大きな話題になったことも含めて、この時代の空気の一端をよく示しているといえるだろう。(写真は『東京オリンピック記念特別号』(国際情報社, 1964)による)

年三月に《世紀の感動》というタイトルで公開されたのだが、こちらの方もつくりは大同小異なのである【巻末、表2・2】。伴奏の行進曲は、こちらでもやはり音楽としてひとつながりに流れることを優先させており、実際のものとは全く一致していない。しかも、アメリカのシーンで《旧友》が登場し、最後の日本で《オリンピック・マーチ》が戻ってくるところまで同じであり、基本的に市川監督と同一線上で作っていることは明らかだ。実況アナウンスは、鈴木文弥アナではなく、テレビ中継を担当した北出清五郎アナの声だが、やはり当日のものとは違う台詞をあらためてかぶせている。こうなってくると、この時代にはこのような作り方はむしろ普通だったと考えざるをえず、むしろ今われわれがそれを「作りもの」であるかのように感じてしまうということの方をあらためて考え直さざるをえなくなってくる。この間に、このようなものを受け止めるわれわれの感性のあり方や文化の枠組みに、何か大きな変化が起こったと考えざるをえないからである。それはどのような変化なのか。

その背景の一つとしては、前章でも話に出た聴覚的な体験様式の問題がある。ラジオというメディアがいまだに大きな勢力をもっていたこの時期の人々にとっては、スポーツ競技をアナウンサーの語りを通じて耳から体験するというモードがノーマルであったことはそこでも述べた通りだが、そういう状況下では映像においても、音へのこだわりが今よりもはるかに大きかったことは想像に難くない。初期のテレビ・ドキュメンタリーの制作者は、録音構成などの名前で呼ばれたラジオ・ドキュメンタリー制作の出身者が多く、音による構成ということを常に考えていたことはしばしば指摘されることであり、じっさい、そういう人々が最近のテレビ・ドキュメンタリーについて、音の取り扱いがぞんざいかつ無頓着であることを批判的に論評していることなども多い[5]。

映画の場合には、ラジオやテレビとはまた違った制作の伝統があったであろうが、まずもって耳で聴く習慣を身につけていた鑑賞者の側からみても、視覚映像優先の編集で音がぶつ切りになってしまっているようなものにはついていけないというような状況が生じていたことは十分に想像できることである。そういう意味では、音楽が通して流れていることを優先的に考えるような《東京オリンピック》での音の位置づけ方は、この時代においてはむしろ自然なものであったとみることもできよう。

映像に対して、その時に実際に鳴っていた音がつけられているのが当然だという感覚は、ビデオテープによる同時録音やそれをベースにしたテレビ・ドキュメンタリーが普及し、その感覚がデフォルトになった今日のものである。その意味でも、市川の《東京オリンピック》は、それに先立つ古い感性の上に成り立っているとみることもできるだろう。

しかしながら問題はそれだけではない。われわれがこういうものに「やらせ」的な匂いを感じてしまうということの背景には、音の問題をこえて、「作りもの」とか「やらせ」といったことにかかわる文化的枠組み自体が現在とはちがっていたということがあるのではないか。この点でも《東京オリンピック》という作品は、古い文化的パラダイムとの関わりの中で理解する必要がある。そしてここでもまた、この一九六四年という時期が、そのようなパラダイム自体が大きく変化しはじめる「前夜」の時期でもあったことが問題になってくる。この映画はまさにそういう過渡期的状況ゆえに生み出されたものだったのであり、その背景を掘り起こしてゆくことは、「記録」と「芸術」

をめぐるもう一つの問題圏を明るみに出すことになるのである。

3　シナリオの公開と「作りもの」性

河野事件に象徴されるように、《東京オリンピック》という映画にとって「記録性」ということが問題のポイントになっていたことはたしかであるにしても、そこでの問題のありようは、今のわれわれが「記録」ということで考えるようなものとは相当に異なっていた。つまり、この映画が当時、「作りもの」的であって、「記録」という観点から考えた時に問題があると言われたときに、その当の「記録」であるために満たすべきであると考えられている基準自体が、今のわれわれとはかなり違うように思われるのである。

たしかに市川監督が、この「作りもの」性に強いこだわりをもっていたことは間違いない。そのことを考える上で興味深い事実がある。実はこの映画のシナリオが、映画雑誌『キネマ旬報』一九六四年七月上旬号（通巻一一八四号）に掲載されているのだが、その冒頭の「序」はほとんど檄文仕立てのもので、「記録」を志向する人々への挑戦状と言ってもよいようなものになっている。そこには以下のように書かれている。

　この映画は純然たる記録であって、しかも単なる記録に止めてはならない。
　昨今人々は現実に対して中毒症状を呈している。「事実は小説より奇なり」という言葉を、全く無邪気に受けいれ、信じ、ほんとうでないと、或いはほんとうらしくないと鼻もひっかけない精神状態である。

ほんとうにほんとうでないと面白くないという精神状態は、本当は異常なのだ。精神が衰弱している状態だ。

現在の我々に欠けているものは、つくりものを尊ぶ気風である。我々一人一人の心の奥にデンとあぐらをかいている「尊いのはほんもので、つくったものはまやかしだ」という信仰をこっぱみじんに砕かねばならない。

なぜなら、オリンピックは、人類の持っている夢のあらわれなのだから。……

衰弱している我々の精神に豊富なエサをやろう。イマジネーションを育て、夢を現実に、嘘を真実に、ほんものをフィクションに創りかえよう。……


（『特別寄稿　東京オリンピック記録映画脚本』1964, 177）

ここで市川が、人々が「記録」にばかり向かっており、つくりものがないがしろにされているという意味のことを言っているのは、「記録」の時代などとも呼ばれる一九五〇年代の芸術状況を念頭においたものである。近代文学史の研究者である鳥羽耕史の著書につけられている『１９５０年代――「記録」の時代』というタイトルが端的に示しているように（鳥羽 2010）、一九五〇年代は、生活綴方、サークル詩運動、ルポルタージュ絵画、リアリズム写真、テレビ・ドキュメンタリーなど、芸術の諸領域において、一言で言えばノンフィクション系のものがもてはやされ、米軍基地や炭鉱といった様々な具体的な場での政治運動や労働運動などとも結びつきながら多様な芸術運動として展開していった時代であり、そういう中で小説や劇映画などの純粋フィクション系の作品はいささか旗色がわるかった。劇映画の監督であった市川の言葉には、そういう状況に対する一種の逆襲を試みる意図があったようにも見受けられる。そのようにみてみれば、かつてのフィクション的な「芸術」の復権をめざした市川は公然と「記録」に背を向けたのであり、《東京オリンピック》という作品が「記録か芸術か」という論争を引き起こしたことは必然であったかのようにも思われるかもしれない。しかし、さらにみてゆくと、事態は意外にこみいっていることがわかる。

そもそも、この映画の「シナリオ」なるものが、一九六四年七月という、当のオリンピ

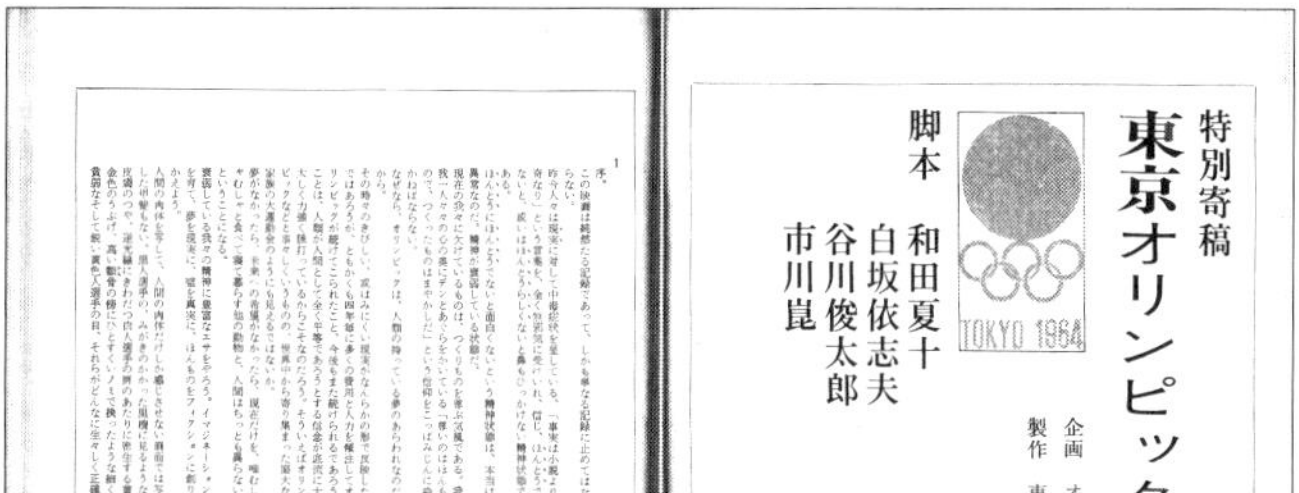
特別寄稿
東京オリンピック記録映画脚本
脚本 和田夏十 白坂依志夫 谷川俊太郎 市川崑
企画 オリンピック東京大会組織委員会
製作 東京オリンピック映画協会
プロデューサー 田口助太郎
同補佐 清藤純
総監督 市川崑
技術監督 碧川道夫

市川の《東京オリンピック》の「脚本」は、まだ大会が開催されてもいない1964年7月号の《キネマ旬報》に掲載されている。こうした事実自体が、この時代の「記録映画」のもっていた古い一面をよく示していると言ってよい。

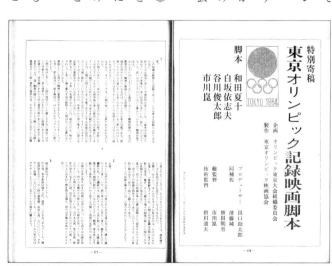

ック大会の開幕までまだ三ヶ月もある時期に作られ、しかも『キネマ旬報』という雑誌に全文掲載されているということ自体、今の感覚ではなかなか理解できない。もちろん、この時点で競技の結果がわかるはずもなく、そこまでの細部が書き込んであるわけではないのは当然である。しかし、アウトラインは相当部分ができあがっているとも言え、実際にできあがった作品と見比べてみると、それに沿って作られ、ナレーションの言葉などもそのまま使われているところが少なくない。

最も典型的なのは、中途に挿入されている、四年前に独立したばかりだったアフリカの小国チャドの代表としてやってきて陸上競技男子八〇〇メートルに出場したアーメド・イサという選手の大会中の様子を追いかけた部分である。予選は突破したものの準決勝で敗退するのだが、羽田空港への到着時から、選手村での食事のシーンや街に出た時のカットなども織りまぜながらそれまでの様子が描かれる。いわば金メダル争い周辺の華やかな表の顔からはみえてこないオリンピックのもう一つの現実を描き出す場面であるが、シナリオの段階ですでに「あるエピソード」として、「地球の向こう側からやってきた」「皮膚の色は黒褐色か黄色」の選手を追う部分が設定されている。「羽田空港に降り立った時から彼は一人だった。持ち物はズックの鞄がただ一つ。……にぎやかな空港の歓迎風景を人のよさそうな微笑を浮かべて、他人事のように眺めている」というシーンからはじまり、「わりに早い足取りで東京の雑踏を歩く彼。一人の腕白小僧が、毛色の変わった彼に目ざとく目をつける。彼の後を追う。彼と並び、彼の腕を捉えて話しかける。街の騒音でその音は聞えない。……」、そして最後は、選手村の食堂で「にぎやかにわらいさざめく各国選手。……片隅のテーブルで壁に向って一人で食事をしている彼」といった具合に、きわめて具体的なシーンが想定されている。できあがった映像も、もちろん細部の違いはいろいろあるものの、構成はほぼシナリオに沿っており、最後の食堂のシーンに書かれている「何時もたった一人で淋しくないことはないだろうが、彼の表情は、今は満足そうに落着いて見える」という文言は、そのままナレーションとして使われ、このシーンの結びになっている。[6]

こうみてくると、いよいよもって市川が劇映画の陣営を背負って「記録」に公然と反撥し、「作りもの」的なやり方を貫いたようにみえてしまうかもしれないのだが、「記録映画」の監督を選ぶはずのその人選の過程で、市川に決まる前に出てきた名前もほとんどが劇映画関係者であったというその一事をもってしても、[7] 劇映画と記録映画との関係性や両者をめぐる文化的布置が今とは相当に違っていたことは想像に難くない。市川のやり方や「作りもの」宣言を「劇映画」陣営代表と決めつけてしまう前に、「記録映画」をめぐるこの時代の状況やそこにいたる経緯について少し丁寧にみてみることが必要である。そのことを通して、市川の「シナリオ」やそこで考えられているやり方が、決して劇映画特有のものではなく、記録映画の問題でもあった、というより、むしろ記録映画にとっての大問題であったということが明らかになってくるはずである。

4　記録映画の転換期としての一九六〇年代

一九五〇年代が「記録」の時代として位置づけられ、記録映画もまたこの時期に飛躍的に発展したことはすでに述べた。こうした流れのかなりの部分が、戦後の文化運動のなかから生まれたもので、戦前の文化に対する反省、反動から生じたものであり、記録映画もその流れに沿っている。戦前の日本において「記録映画」の前史となったのはドイツから移入された「文化映画（Kulturfilm）」であるが、日本の場合、その隆盛期に戦時体制に突入したために、戦争のプロパガンダ映画の温床となってしまい、「やらせ」のかたまりのような作品があふれる状況を作り出してしまった経緯がある。そのような歴史への反省から、戦後の記録映画は、いわば一八〇度の方向転換をはかるかたちで、人民、一般民衆の力を描き出したり、社会の底辺の側から問題点を告発したりといった方向を前面に出すような展開を目指したのである。

ただしそうは言っても、ことが文化である以上、制作の仕組みや手法がこの時期を境にしてすべて一八〇度変わってしまうなどということはありえない。戦後の新幹線の開発を支えたのが戦時下の戦闘機開発のための技術や技術者であったのと同様、戦後の「記録映画」の隆盛もまた、戦時下のこうした映画づくりの遺産の上に成り立っていたところがあり、いわばその手法を横すべりさせて「平和利用」するという形で展開したのである。

佐藤忠男が総括しているように（佐藤 1977, 138-149）、戦後の最初の数年間、日本の記録映画はきわめて低調であった。戦前の記録映画は政府によって手厚く保護されており、劇映画を上映する上映館では文化映画を必ず一本併映しなければならないということが義務づけられていたが、敗戦後はそのような縛りがなくなったため、そのような形で上映の場を確保することができなくなってしまった。そういう中で、記録映画が命脈を保つことのできたのは、民主主義の啓蒙や新しい国家建設の旗振り役を期待されたからであり、前者は文部省などの委嘱による教育映画、後者は企業などの委嘱による産業記録映画、PR映画という形で展開してゆくことになった。そのためこれらの映画は、文部省であれ、企業であれ、クライアントの意向にそった形で、そのストーリーに合わせて制作されるということでは共通していた。言ってみれば、その目的や方向性こそ変わったものの、その基本的なあり方や手法については、戦前のプロパガンダ映画のものを温存していたのである。

《東京オリンピック》が制作された一九六〇年代前半は、とりわけ若手の監督たちがそのようなあり方に疑問をもちはじめ、記録映画の自律性や主体性を確立しようとする動きが大きな高まりをみせるようになっていたという意味で、記録映画の転換期と言うべき時期であった。

若手の監督たちが、クライアントの意向にそって制作されてきたこれまでの教育映画やPR映画のあり方に反旗をひるがえし、クライアントと衝突するような出来事がこのころ頻繁に起こっている。オリンピックに関わるケースだけみても、たとえば「東洋の魔女」として知られた日紡貝塚バレーボール部の金メダル目指した厳しい練習を取材した《挑戦——日紡貝塚バレーボール部の記録》(1963)、マラソンで日本代表になった君原健二選手の孤独な練習の日々を追った《あるマラソンランナーの記録》(1964) といったケースが挙げられる。《挑戦》は、日本バレーボール協会、大日本紡績の企画・提供、電通の制作になるもので、その後、カンヌ国際映画祭の短編部門でグランプリを受賞することになる作品だが、渋谷昶子監督によると、できあがった作品に納得がいかず、頼み込んで作り直させてもらった作品の試写会で、自分の隣に座った大日本紡績の副社長が「こんな芸術作品はいりません」と言って帰ってしまったという、まるで《東京オリンピック》での「河野事件」を思わせるような話があったようである (渋谷「わたしのカンヌ」)。また、《あるマラソンランナーの記録》は、その後劇映画に転向した黒木和雄監督の作で、富士写真フイルムの企画、当時の記録映画大手のひとつであった東京シネマの制作となっているが、こちらもオリンピックを控え、フィルム・メーカーとしてのプレゼンスを高めるべく、記念事業としてこの映画の制作に乗り出した企業側の思惑とのズレが表面化し、制作にあたった黒木らの若手スタッフと企業寄りのスタンスをとろうとした制作会社の東京シネマの首脳部との間のトラブルに発展することにもなった(8)。このような状況をみてみると、《東京オリンピック》の「記録か芸術か論争」からもまた、こうした動きの一環という側面を感じ取ることができなくもない。

そのような問題がはっきりあらわれているのが、いわゆる「やらせ」をめぐる問題である。戦時下のプロパガンダが目的で作られた映画が、「記録」とはほど遠い「やらせ」のオンパレードであったことは想像に難くないが、その状況は戦後の教育映画やPR映画でも基本的にはあまり変わらなかった。佐藤忠男の言葉を借りるならば、「すべてやらせで、作家が農民の最大公約数的な現状と思われる姿をつくりあげ、あるべき姿についてのスピーチを行う、ということこそが記録映画の正統であると考えられていた」のであり、「記録映画ということと教育映画ということとはまだ概念として未分化であり、記録としての価値以上に、教育的な価値が重んじられた」のである(佐藤 1977, 147)。

もちろん、「やらせ」をめぐる議論が全くなかったわけではない。一九五五年に制作された《ひとりの母の記録》(岩佐氏寿脚本、京極高英監督、岩波映画社)は、第二回教育映画祭社会教育部門で最優秀賞を獲得した映画である。伊那谷にある農家の一家での主婦の女性の奮闘ぶりを中心にまとめた作品であるのだが、実際にはそもそも、そのような家族自体が存在していなかった。出演しているのはたしかに実在の村人であり、出てくる個々の話もたしかに実話なのだが、別々の家族に属する人々があたかも実在のひとつの家族であるかのように「演技」をしているのであり、当然のことながら内容的にも大量の「やらせ」を含む、ほとんど再現ドラマのような作品だったのである。

雑誌『キネマ旬報』は一九五六年五月の第一四六号で「記録映画の表現と技法」という特集を組んでいるが、《ひとりの母の記録》はそこでの議論の中心テーマのひとつとなり、この映画の監督の京極高英も論客に加わっている。この特集の冒頭に掲載されている「記録映画の本質は何か」という論考の中で、記録映画作家の桑野茂は、この再現的手法に強い批判を加えている（桑野 1956,35）。たしかに岩佐氏寿の手になるこの映画のシナリオは、一年半にもおよぶ綿密な調査の上で書かれており、実際に信州伊那谷の農村での事態を忠実に反映しようとしたものかもしれないが、それはある事態の「再現」が意図されたという限りで「作家の認識を通じて抽象された一つの典型として、作家の主観の側から逆に現実へ、押しつけ、再構成」したものであり、もはや現実ではない。このような作品はいかにリアルであったとしても、それは劇の一形式としてのセミ・ドキュメント的なリアルさであって、本質的に記録映画とは無縁である」と桑野は言う。もちろん記録映画であっても、ライトをつけて明るくすることもあれば人物に注文をつけることもあり、およそものを表現しようとする以上、事実そのままですむはずはないが、桑野によれば、記録映画における「事実の変更」は、「その時その事実がかくしもっていた意味、真実をより映画的につかみ出すための方法」であり、「事実の背後に客観的に存在する真実を映画的に抽象し、強調し、表現するための手段」である。それゆえ、「事実に変更を加え過ぎ、事実をゆがめ、その事実の背後からもはや真実が逃げ出してしまって形骸だけが残るほどにするなら、それは所謂お芝居になり（再現もこれだ）記録映画でなくなってしまう」と桑野は言うのである。

桑野の議論でもうひとつ注目すべきことは、《ひとりの母の記録》が、実は劇的な方法によっているにもかかわらず、その方向での深化をはかることをせず、中途半端なまま「記録映画」を名乗ることを許している根本的な問題点として、「教育映画」というカテゴリーの存在を挙げていることである。「社会教育映画」としては、社会的に大きな問題をはらんだ農村の人間関係や環境を提示するだけで十分かもしれないが、他方でこのような「尊称」の中に安住することで、それが真に芸術的な記録映画になることを阻害してきたのではないか、桑野はそのように問いかけるのである。

一方、同じ特集の中では、《ひとりの母の記録》の監督であった京極高英、大きな影響力をもったポール・ローザのドキュメンタリー映画論の翻訳・紹介者として知られる厚木たかが、この映画を支持する論陣を張っている。京極は、あの映画が劇映画でこそあれ記録映画にはなりえないというような議論はそもそもナンセンスであるという（京極 1956, 36）。本来最も重要なのはテーマであり、そのようなものにぶち当たったときに、それに対応する具体的な表現が要求され、それを記録する技術や形式が求められるのである。「テーマの成熟をへない以前に、個々の対象に対する私たちの認識が形象的に、技術と形式の定義にのみ求め得ることはあり得ないし、また、何故それ程窮屈に記録映画を定義づけるのであろうか」と京極は切り返す。厚木もまた、記録映画がしばしば、事実性に甘えることになりがちであることを問題視し、《ひとりの母の記録》が評価されるのは、事実そのものにとどまることなく、それらを分析綜合することで、その事実の奥行をひたむきに追求しているところであり、そこにこそ本物の記録映画であるゆえんがあると主張する（厚木 1956, 38）。そして、視聴覚教育のある専門家に、「これは作ってあるからいけない」と言われたことに触れて、そういう人に限って、素材自体のもつ魅力だけによりかかっているような素朴な実写映画に感心しているのだから困ったものだ、と述べ、さらに「記録映画らしい記録映画が今後たくさんできるように、ドキュメンタリストと自負するほどの作家は、ますます「作る」、「作り上げる」ことのために心をくだいてほしい」と結んでいる。

注意すべきことは、この論争、一件「やらせ」の是非について論じているように見えるにもかかわらず、問題の焦点は必ずしもその点にあるわけではないということである。両者の対立点はもちろん、《ひとりの母の記録》が「記録映画」というカテゴリーに属するものと認められるかどうかということにあり、認められるとする京極と厚木に対し、桑野は認められないという立場をとっているわけであるが、両者の思考の基本的図式は実はあまり変わらない。記録映画であっても事実の変更が行われる可能性があるという認識は両者とも共通しており、しかもどちらも、事実の奥にある真実をつかみ出すことが重要であり、そのためでさえあれば、表面的な事実の変更は、ある意味では些細なことにすぎず、場合によっては「やらせ」的なことも積極的に認めてよいという考え方をとっているのである。《ひとりの母の記録》というこの映画の場合にそれが妥当するかどうかということについてはたしかに判断が分かれているのであるが、それならその基準がどこにあるのか、どこまでが「事実」レベルであり、何をもって「真実」のレベルとみなすのか、という具体的な線引きに関しての突っ込んだ議論は全くなされていない。

何が「事実」で何が「真実」なのかという判断自体が主観的な要素を含んでいたり、状況によって変化するような面をもっていたりするということからすれば、複数の立場や観点を想定し、その判断基準自体を相対化した形で議論することが必要であろうが、どちらの側の論者も、その部分はほとんど自明であるかのようなところから出発した議論に終始している。(9)

むしろそこから浮かび上がってくるのは、ここで問題になっている基本的対立が、「記録映画」というカテゴリーを「劇映画」とは別のものとして想定しうるかどうかという部分にあるということである。京極と厚木に共通しているのは、記録映画といわれようと劇映画といわれようと、そのこと自体は些細な形式的問題であり、真実を表現していればどちらでもよいという主張であるのに対し、桑野にとっては記録映画をいわば自律的なカテゴリーとして確保することが最大の問題であり、いかに真実を表現しているからといって、その区別をも無にしてしまうような考えは断じて認められないということを主張するのが最大の眼目なのである。結局その中で、「やらせ」に関する見方ということに関する限り、どちらも大同小異であり、むしろ記録映画の自律性にこだわる陣営の人々でさえ「やらせ」はあって当然というような感覚を共有していることが浮き彫りになってきたと言うこともできる。一九六〇年代にはいって出現する「とがった」若手監督たちが直面していたのもまさに、記録映画の自律性の確立という課題であったことは間違いない。(10)

しかし実際には、記録映画界の体質に反撥し、その自律性や主体性を求めようとしていた当の若手監督自体の側も、かなりの部分、戦前の「文化映画」の時代からの古い心性や感性を共有していたように思われる。彼らもまた、「教育映画」的な価値観や判断基準から完全に自由になっていたわけではなく、「やらせ」が行われることがむしろ自然であると受けとめられるような世界と背中合わせのところで活動していた。

水俣病を取り上げた作品群で知られる土本典昭の若き日の作品である《ある機関助士》(1963)をめぐる顛末はその点で非常に興味深い。土本は、黒木和雄や小川紳介とともに、まさにこの時期の「とがった」若手の一人であり、この《ある機関助士》という作品も黒木の《あるマラソンランナーの記録》などとともに、クライアントと衝突した、ある意味「勲章」的な作品のひとつである。当時の国鉄の企画で岩波映画製作所が制作したものだが、国鉄は一九六二年に常磐線で起こり、一六〇人もの死者を出す大惨事となった三河島事故で失墜した信頼を回復するため、その安全性への取り組みをアピールする目的でこの映画の制作を

1

2

この時期のドキュメンタリー映画のチラシ。1は《あるマラソンランナーの記録》(黒木和雄監督、1964年)、2は《ある機関助士》(土本典昭監督、1963年)。いずれも、「やらせ」満載の従来の記録映画からの脱皮を目指しながらも、まだ古い体質や枠組みの存在を色濃く感じさせる作品であった。

企画したのである。土本の作品は、国鉄の行っている様々な安全への取り組みを紹介する一方で、ＳＬの牽引する「みちのく」という上り急行列車の運転台に同乗し、機関士と機関助士が、列車の遅れを取り戻し、正常なダイヤにもとづく運行を確保するため、いかにギリギリの状況の中で努力を傾けているかということをスリリングに描き出した作品として、高い評価を受けた。機関助士のおかれた過酷な勤務条件に力点がおかれるあまり、安全性をアピールしようとする国鉄の意図とはかえって食い違う結果になった部分もあり、その点では記録映画がＰＲ映画から自立しようとするこの時期の状況をよく示している。

しかしその反面、この作品は実際には、現在のわれわれの基準でみれば、限りなく「やらせ」的なあり方を示しているといっても過言ではない。この映画の撮影は一九六二年一〇月からはじまったのだが、実はこの時期、舞台となっている急行「みちのく」を牽引する機関車は一〇月一日をもってＳＬから電気機関車に置き換えられてしまっていた。そのためにわざわざＳＬの牽引する臨時列車が撮影用に仕立てられ、撮影はすべてそこで行われた。この映画では本来のダイヤからの三分の遅れを取り戻すためにどれだけの努力が払われたかということが描かれているのだが、そもそも本来のダイヤにはない特別仕立ての列車なのであり、そういう設定自体が意味をなさないのである。

さらに興味深いのは、撮影に先立って六月にまずシナリオ・コンクールが行われ、電通、岩波、東映などの主要な制作会社から提出されたシナリオが審査されていることである。その段階で、「一部の審査委員から、列車の遅れを取り戻すことにウエイトがかかりすぎているのではないかというような意見もあったので、引続いて問題点をとりあげて修正を重ね、九月上旬、ついに決定稿の完成にこぎつけた」というのである。[11] おそらくこれが当時の「記録映画」の作り方のスタンダードだったのであり、クライアントとの衝突をも辞さない土本ですら、そういう枠組みの中で、いわばそういう条件を当然のものとして受け入れつつ、それを逆手にとる形で作品づくりを行っていたのである。その意味では、市川の《東京オリンピック》の「シナリオ」がオリンピック大会よりもはるか以前に公表されたことは、当時の記録映画のあり方からすれば決して特別なことではなかったともいえるのである。

もちろん、そういう中で新しい動きもはじまっていた。特筆しておくべきは、《ひとりの母の記録》が教育映画祭の社会教育部門で最高賞を受賞した、同じ一九五五年に一般教育部門で最高賞を受賞したのが羽仁進の《教室の子供たち》という作品であったということである。羽仁は翌一九五六年にも《絵を描く子どもたち》で同じ賞を受賞しているが、これらの作品は、教室における子供たちの生態を延々と撮影し、その大量のフィルムから選び出したシーンで作った、言ってみれば「やらせなし」の映画である。辛抱強く子供たちと付き合って、演技では絶対に撮れないような彼らの姿を引き出してくるというやり方は、今日では記録映画の新しい方向性の先駆となったものとして高く評価されている。ただ、一定の評価があった一方で、『キネマ旬報』のベストテンの短編部門で《ひとりの母の記録》が一位にはいったのに対し、《教室の子供たち》は三位にとどまっている。佐藤忠男が指摘しているように、「当時の批評家たちの意識の中では、これはまだ、賞賛するに足るひとつの奇手ではあっても、記録映画のオーソドックスな方法だとは感じられなかった」のであり、《ひとりの母の記録》の方が正統的なやり方だと考えられていたのだろうと思われる

（佐藤 1977, 146-147）。《ある機関助士》の事例は、そうした状況が一九六〇年代半ばになってもなお続いていたということを示しているのである。

5　今村太平の《東京オリンピック》論

こうした状況からは、この時代の「やらせ」をめぐる感覚が今日といかにずれていたかということが伝わってくるが、このような話をかなり長々としてきたのは、ここで見てきた問題が、市川の《東京オリンピック》の記録性をめぐって起こった議論の淵源となっているからである。そこでの中心的な登場人物となるのが、この時期の映画評論の重鎮の一人であった今村太平（1911–1986）である。《東京オリンピック》は物議を醸した映画だけに、賛否両論含め、様々な立場からの批評記事が数多く出され、映画雑誌『キネマ旬報』などは、五本の批評記事に事件をめぐる論説記事を加えた東京オリンピック映画評特集を組んでいるほどであるが、今村はこの特集にも市川批判の論考を寄せるなど（今村 1965.4）、《東京オリンピック》を批判する陣営の中心的存在だった。そこでの彼の問題意識は後にみるが、《ひとりの母の記録》をめぐって起こった議論での認識をそのまま引きずっていると言っても過言ではなかった。

今村は一九五七年に『現代映画論――記録性と芸術性』という本を出している（今村 1957）。全篇にわたって記録映画と劇映画の関係、記録映画のフィクション性といったことを主題としたかなり論争的なつくりの本であるが、中でも第三章は「記録映画をめぐる論争」と題されており、そこでの批判のターゲットのひとつが岩崎昶の記録映画論である。岩崎昶が前年に雑誌『映画評論』に書いた「記録映画論」と題された論文（岩崎 1956.12）を取り上げたものだが、その章のタイトルに「岩崎昶氏の記録映画論――映画観を根本的に誤り現実に背を向けたもの」とあるように、全面的な批判となっている。問題となっている岩崎の記録映画論での中心的主張は、劇映画と記録映画には基本的には区別がないというもので、その点で《ひとりの母の記録》を支持した京極高英や厚木たかの主張と同一線上にあると言ってよい。事実、岩崎はこの論考中の「記録映画はフィクションを許すか」と題された章でこの作品を取り上げ、それについての桑野茂の意見を批判して、記録映画のフィクションの問題はいまにはじまったことではなく、「記録映画がフィクションを排除しようとすることは行き過ぎた純粋主義であると思う」（岩崎 1956.12, 44）と述べ、この映画の最も大切な点はフィクションを用いること自体の是非にあるのではなく、そのフィクションが日本の農村の本当の姿を描き出せたかどうかということにあるのであり、それができていれば劇映画であろうと記録映画であろうと、そんなことはどちらでもいいことだ、と結んでいる。

　一方、今村の岩崎批判の中心は、彼が劇映画と記録映画の区別を取り去ろうとしたことに向けられており、記録映画はそれだけでは単なる記録にすぎず、フィクション性をもつことではじめて芸術になりうるかのような岩崎の議論の背後に、古い劇映画中心主義がみられるとし、

今村太平の『現代映画論：記録性と芸術性』（平凡社、1957年）の表紙

そもそもそれがいかに時代遅れの根本的に誤った考え方であるかを力説している。しかしその一方で、岩崎の言う、記録映画にも場合によってはフィクションがはいってもよいという問題に関しては、そんなことは自分だって百も承知であると言うばかりで、その基準や根拠について何らかの具体的な内実を伴った議論がなされているわけではない。今村の基本的な関心は、岩崎の議論を、記録映画の自立を阻害するものとして否定することにあり（逆に岩崎は、今村が記録映画の価値ばかりにこだわっているとして批判している）、必ずしも両者の線引きについての明確なビジョンをもっていたわけではない。その意味でこの二人の対立構図は、まさに佐藤忠男の言う、《ひとりの母の記録》をめぐる論争の不毛なありようをそのまま体現していたと言ってもよいだろう。

今村の主宰していた雑誌『映像文化』の誌上では、映画《東京オリンピック》が何度も取り上げられている。まず、市川のシナリオが公開された直後の一九六四年一〇月号に、市川の「作りもの」宣言に対して、北原弘行という人物がさっそく痛烈な批判を加えている（北原 1964.10）。映画の公開後には今村が詳細かつ辛口の批評文を掲載したほか（今村 1965.6）、記録映画関係者を集めた座談会が、一九六六年から六七年にかけて「東京オリンピックの記録をめぐって」、「続・東京オリンピックの記録をめぐって」、「映画とテレビ」と三回にわたり、四〇ページ近い誌面を費やす形で掲載されている（堀場・原・津川・今村 1966.11, 1967.1, 1967.11）。映画が公開されて相当期間たってからの掲載であり、「一つの決算として」という副題がつけられていることからしても、ここでの議論が単にこの映画を時評的に論じたことをこえて、記録映画のあり方の本質に関わる問題として捉えようとしていることがうかがえるだろう。そしてその背景には、前章で述べたような、一九五

映画雑誌『キネマ旬報』は1965年4月15日の号で、市川の《東京オリンピック》の批評特集を行い、5人の批評家の映画評と上映時の論争を取り上げた論考1本を掲載している。単に河野一郎という政治家が横やりを入れたというだけでなく、批評家の間でも「芸術」と「記録」をめぐる賛否が論争になっていた状況がわかるだろう。

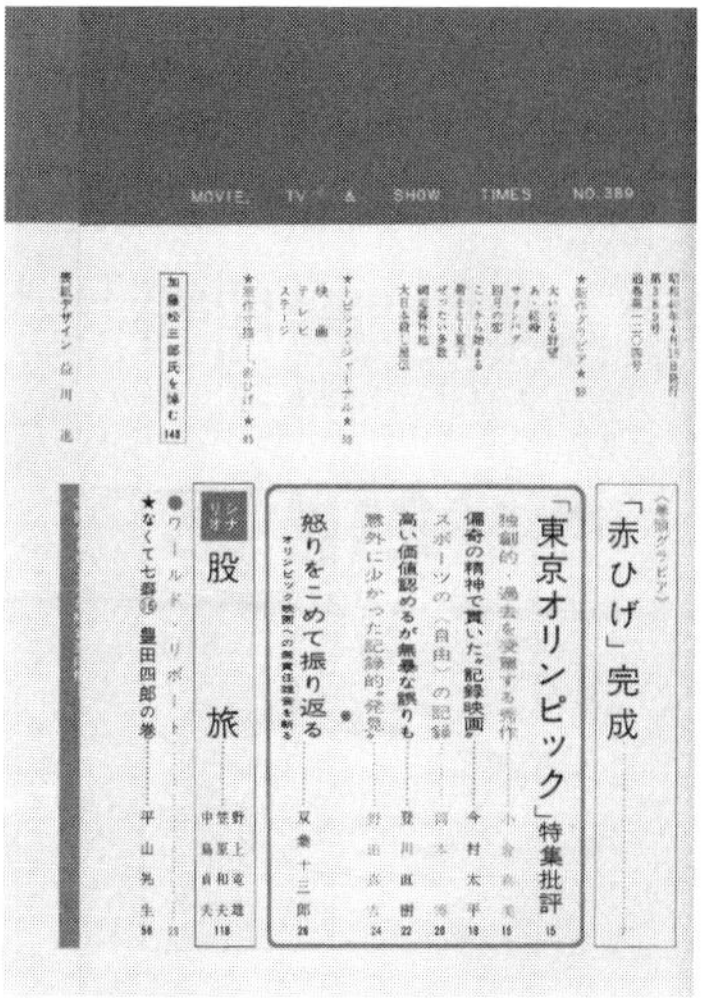
MOVIE, TV & SHOW TIMES NO.389

〈巻頭グラビア〉
「赤ひげ」完成……7

「東京オリンピック」特集批評……15
独創的、過去を凌駕する秀作……小倉真美……15
偏奇の精神で貫いた〝記録映画〟……今村太平……18
スポーツの〈自由〉の記録……岡本博……20
高い価値認めるが無暴な誤りも……登川直樹……22
意外に少かった記録的〝発想〟……野田真吉……24
怒りをこめて振り返る……双葉十三郎……26

シナリオ　股旅……野上竜雄／笠原和夫／中島貞夫……118

●ワールド・リポート……28
★なくて七癖⑮豊田四郎の巻……平山先生……56

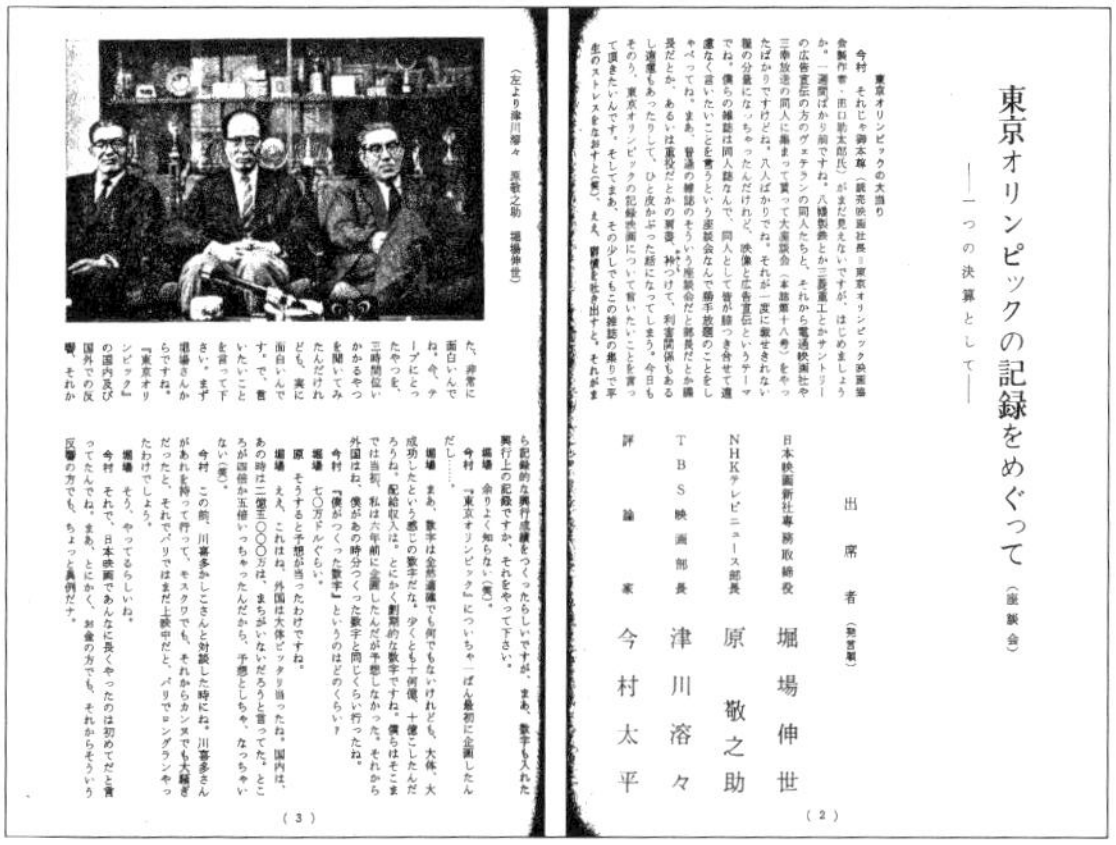
東京オリンピックの記録をめぐって（座談会）
——一つの決算として——

出席者（発言順）
日本映画新社専務取締役　堀場伸世
NHKテレビニュース部長　原敬之助
TBS映画部長　津川溶々
評論家　今村太平

（左より津川溶々　原敬之助　堀場伸世）

（2）（3）

今村が主催していた雑誌『映像文化』では大会から二年、市川作品の公開からも一年半もたった1966年11月号に「東京オリンピックの記録をめぐって」という座談会を掲載している。単発の映画として以上に、「記録映画」のあり方に一石を投じた作品として受けとめられていたことがよくあらわれている。

〇年代後半から今村らの間で展開されていた記録映画をめぐる論争があったのであり、《東京オリンピック》もその延長線上で位置づけられたという事情がある。

市川の「作りもの」宣言をいちはやく批判した北原も、《東京オリンピック》のシナリオ自体に触れる前に、まずこの論争のことから話をはじめている。[12] 北原はまず、今村・岩崎論争で問題になった岩崎の劇映画と記録映画の区別を否定する論がすでに破綻していることをあらためて確認し、今村の立場を支持することを表明する。その上で、市川がシナリオの「序」において表明した「作りもの」宣言を槍玉にあげ、「この筆者がここで言おうとしていることは岩崎昶と同じといってよい。つまり記録映画の否定であり、芸術としての記録映画には虚構が必要だという説だ」として、それをあらためて批判する（北原 1964.10, 6）。

市川の言うとおりだとすれば、事実を記録した記録映画に興味をもつものは精神衰弱者であり異常者だということになるが、ノン・フィクションやドキュメントが隆盛をきわめている今の状況をみれば、事態はむしろ逆なのであり、「小説、劇映画、あげて性と犯罪に首びたしの虚構の世界は、精神状態の甚だしい衰弱を示していないか。……日本の劇映画観客は半減し、傑作力作の続出したかっての黄金時代は望むべくもない。しかもこの衰徴は世界的である。これは虚構の世界における精神衰弱の状態ではないか」と北原は問う。作家精神が衰弱し、貧弱な虚構の世界に人々がもはや我を忘れて没入できなくなっていることが問題なのであり、人々が劇映画を捨て、記録映画に向かおうとしているのは、映画観客のレベルが上がっていることであって、精神の衰弱でも何でもない。このシナリオの「序」での市川の発言は、このような現実を捉え損ねている古めかしい映画人の迷妄にすぎないと北原は考えるのである。

《東京オリンピック》のシナリオは、一片の紙の上での「つくりごと」にすぎず、『尊いものはほんもので、つくったものはまやかしだ』という信仰をこっぱみじんに砕かねばならない」というこの筆者の大言壮語を裏づけるものは何もない」と北原は言い、このシナリオの著者は、現実よりも自分の空想が上だといった思い上がりを捨て、ここに書かれた事柄とはおよそちがったものとなるであろう東京オリンピックの現実にこそ目を向けるべきである、と主張する（北原 1964.10, 8-9）。「この映画を単に正確な記録として製作するのではない」と市川は念をおしているが、「不正確なオリンピックの記録映画など真平御免蒙りたい。われわれはこれが記録映画であるとしたら何よりもまず事実の正確な記録であることを望むのだ」と述べる北原は、リーフェンシュタールの《民族の祭典》の一〇〇メートルのスタートラインでオウンズのノド仏がゴクリと動いたり、夜にまでもつれこんだ棒高跳びの決勝シーンで、アメリカのセフトン、メドウスと覇を競う日本の西田が最後のバーに挑むとき棒を握って首をかしげたしぐさ、目の肥えてきた視聴者はそういう「ほんとうにほんとう」のシーンにこそ反応するのだと主張する。くだらない思い上がりを捨てて謙虚になってそういう現実をきちんととらえ、そこから偉大な観念を引き出すことこそがこの映画の作者には求められるのであり、そのことは記録映画だけではなく、あらゆる芸術家の要諦であると北原は結んでいる。

この北原がとりわけ最後の部分で主張していることは、ある意味でもっともなことであるようにもみえるのだが、事態がそれほど単純ではないことは、できあがった映画や、それをめぐる議論を

1

2

1リーフェンシュタールによる1936年ベルリン大会の記録映画《オリンピア》(第一部　民族の祭典)に登場する陸上男子100メートルのオウエンス選手(アメリカ)のシーン。今村らは、スタート前の緊張の中でのど仏がゴクリと動くさまをとらえた部分を絶讃している。

2深夜にまでもつれこんだ棒高跳で決勝に残った日本の大江選手がスタート前に少し首をかしげるところをとらえたシーンもしばしば名シーンとして引き合いに出されるが、このような深夜の暗い中で行われた競技を撮影することは当時の技術では不可能であり、全体がそもそも後撮りであることをリーフェンシュタール自身が語っている。

みると徐々に明らかになってくる。

市川の《東京オリンピック》には後撮りされた「やらせ」場面がいくつかある。よく知られているのは、聖火リレーで富士山をバックに広大な大地を走るシーンと、女子の体操競技で金メダルをとったチェコのチャスラフスカ選手の演技のスローモーションを黒バックで流しているシーンで、いずれも市川監督自身がそのことに言及している。おもしろいことに「作りもの」宣言を批判する今村の市川批判でも、こうした「やらせ」シーン自体は批判の対象にはなっていない。「作りもの」批判のターゲットを手ぐすねを引いて待ち受けていたであろう今村がこれらを取り上げていないことはおそらく、彼にとってはこの程度は十分に許容範囲内だったということなのであり、そのことはすでに述べた、「やらせ」が今日では考えられないほど日常化しており、全編「やらせ」的なものも少なくなかったこの時代の記録映画の状況を考えれば、十分に納得のゆくことである。

それでは今村の市川に対する最大の批判点は何だったのだろうか。そこで次に、今村の《東京オリンピック》評に目を向けてみることにしよう。今村はまず、市川の「作りもの」宣言を俎上にあげ、この「つくりごとを尊ぶ精神」がオリンピックの真のドラマを回避させ、その視線を不必要にやぶにらみ的なものにしたと言う（今村 1965.6, 41）。この「つくりごとを尊ぶ精神」が邪魔になり、東京オリンピックの事実の真のドラマの描写を妨げたことを証す「無意味なカット」として今村が挙げているものをみると、彼が「やぶにらみ」と言っていることの意味がよくわかってくる。

たとえば、開会式の行われているときにスタンドの背後、円柱のかげで語らう外国の男女、疲れて眠りほうける係員などは、オリンピックのスナップとしてはおもしろいかもしれないが、中心に

1

2

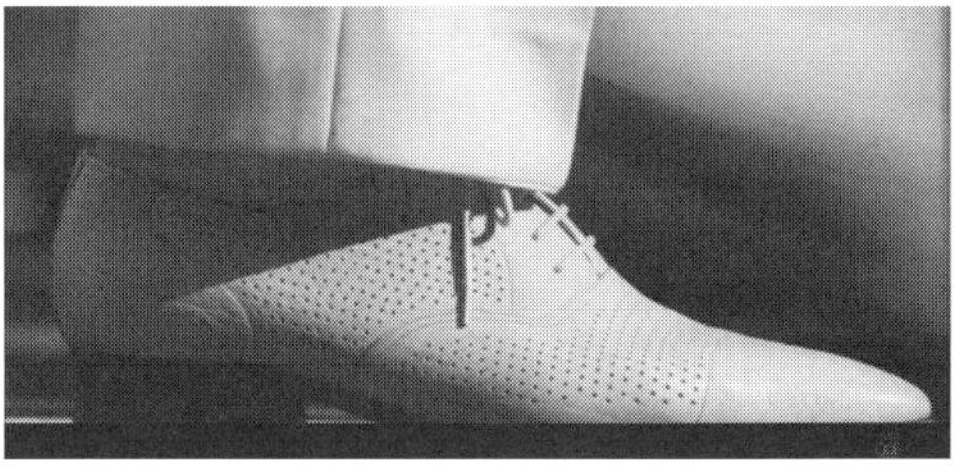

3

4

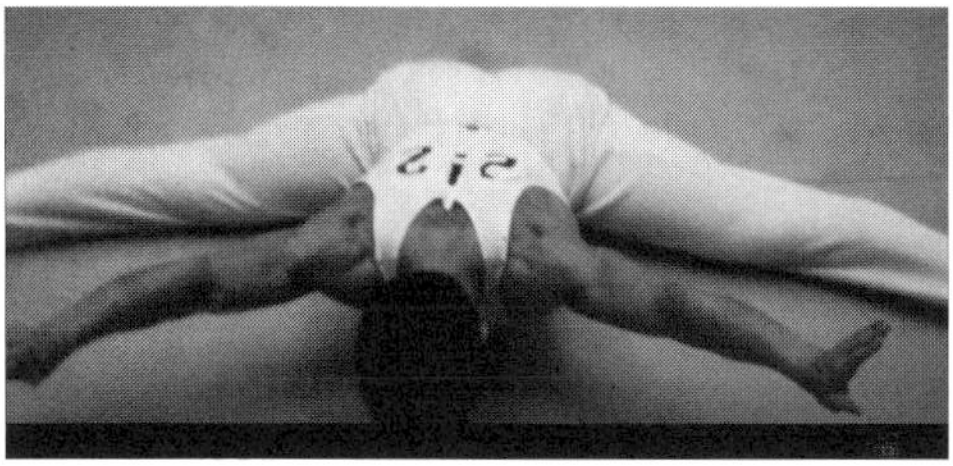
5

6

1《東京オリンピック》中の、富士山をバックにした聖火リレーのシーン。後撮りされたシーンとして、もっともよく知られているもののひとつである。

2開会式のドイツの行進シーンに出てくる、行進する選手の足のアップ。これまでの記録映画の観念をはるかにこえた超望遠レンズの使用も、市川の真骨頂であった。

3開会式のシーンに挟み込まれた、観客席の柱のかげにつどう外国人男女をとらえたシーン。今村らが、スポーツの本質と何も関係のない、市川の「やぶにらみ」的な精神のあらわれとして批判したのはこのような部分である。

4八王子で行われた自転車競技のワンシーン。流れるような猛スピードで通過する選手の一団と、農家の縁側に腰掛けてそれを見送る子供の対比がおもしろいが、そういうシーンばかりで競技の結果もよくわからないという批判をあびる一因ともなった。

5体操競技（床運動）のワンシーン。いかにも床をこする音や手をつく音が聞こえてきそうなシーンではある。

6アフリカの小国チャドからきたイサ選手のエピソードを取り上げたシーンから。選手に密着し、彼が町に出て日本人の子供と触れあうシーンを見事に捉えているが、事前に作られていたシナリオにほぼ一致する内容となっている。

あるドラマ、すなわち「人類の真摯敢闘」とは何の有機的つながりもなく、競技のドラマを見ようとしている観客には妨げにしかならない。競技の映像も同様で、リーフェンシュタールの《民族の祭典》が、女子砲丸投げで優勝したヴェルケ選手が「鉄の球に頬ずりし、『どこまでも飛べ』と囁いているかのような素晴らしいシーン」を捉え得たのにひきかえ、同じ砲丸投げの選手がまるで炭団屋のように同じ球をこねる奇妙なクセであるとか、八〇メートルハードルの依田郁子選手がスタート前にトンボ返りを繰り返している「狐つきの娘か、神がかりの巫女のような」奇態な興奮状態を長々と映し出すなど、競技と関係のない奇妙なものに目を向ける偏奇の精神ばかりが先に立って、競技そのもののドラマには全く向き合っていないと今村は言うのである（今村 1965.6, 42）。

「つくりごとを尊ぶ精神」などは記録映画においては成り立たないのであり、記録映画の反逆にあって、逆にその精神がこっぱみじんに砕かれた結果として、この映画は記録映画にはなったものの失敗作に終わった、というのが今村の基本的な見立てである。この映画にある「作りもの」性は問題の淵源として位置づけられているとはいえ、議論のポイントはその「作りもの」性自体ではなく、競技の「真摯敢闘」のドラマの不在ということに完全に移されているのである[13]。

そのようなことになってくると今度は、今村がこの映画を論じる際にあたかも自明のことであるかのように論じている競技そのもののドラマ、「真摯敢闘」のドラマ、といったこと自体についてあらためて考え直してみることが必要になってくる。今村のように、《東京オリンピック》はそういうものを欠いているから失敗作だ、と決めつけてしまうのとはちがった見方がありうるのではないか、この映画は今村的な見方では捉えきれないような観点を提示しようとしているものであり、それによってみえてくるものを積極的に評価するというような方向で考えてゆくこともあるいは可能なのではないか、という疑問が生じてくる。

同じ『映像文化』に掲載された座談会「東京オリンピックの記録をめぐって」（堀場・原・津川・今村 1966.11）でのやりとりからは、そのような問題が鮮明に浮かび上がってくる。この座談会の出席者は、日本映画新社の専務取締役、NHKのニュース部長など、記録映像づくりにたずさわる業界の関係者が中心であり、市川の「作りもの」宣言を支持する声はないのだが、その結果に関しては評価が微妙にわかれている。

とりわけ興味深いのは、津川溶々（1916–2009）という人物の発言である。津川は、戦前から今村が主宰する同人誌『映画集団』に参加していたが、その後、東京放送（TBS）に入社し、この座談会当時は映画部長という肩書きであった。東京放送を定年退社後も鹿島映画社で記録映画の制作にかかわっているが、その一方で、推理小説を書いて雑誌『宝石』の編集長を務めたり、TBS映画部長時代には「ウルトラマン」の前身である「ウルトラQ」の制作を推進したりと、幅広い活動歴がある人物で、そういうことを反映してか、市川の《東京オリンピック》に対する評価にも、今村などとはまた少しちがった視点をみることができる。

津川もまた、「一ばんそういう点でおかしかったのは、あのオリンピックがはじまる前に計算されてシナリオをお作りになったという創作に近いようなやり方で、そういった部分が大へん僕ら見るに耐えないんですよね」（堀場・原・津川・今村 1966.11, 10）と述べており、市川の「作りもの」宣言に対しては今村と同様の違和感を表明している。実際、今村はこの発言に対して、北原の「記録映画についての迷妄」を引き合いに出しつつ、あのシナリオがやはり最大の問題であるとして同調の意思を示してもいる。

ところが津川はそれに続けて「現実にゲームの中の一場面になると凄くいいカットがぞくぞくと出てくるわけですよ。だからそういう精神があったために今度はそのスポーツの行われる場面の分析に大へん面白いところが出てきたんじゃないかと思う。だから僕はそういう意味で認めるんですよ」と述べる。そして、フィクションでなければ芸術にならないんだということを宣言しているあのシナリオが結局あの映画の一ばんの弱点になっているという今村の言葉に対し、それを切り返すかのように次のように述べる。

「それでね、あの弱点なんですよね。で、そういう風に全部を料理しようとおもったんだけどね、素材の方がそれを許さなかったんですよね。それをもう全然許さないんでね、見ているうちに段々そういうものが抜けていっちゃってるわけですよね。だから僕は、初めの考えは誤ってたと思うけども、結果としてはね、そうであったためにね、良くなった面もずい分あると思うんですよ」（堀場・原・津川・今村 1966.11, 11）

この見方は、記録映画が「つくりごとを尊ぶ精神」に反逆し、こっぱみじんに砕いた、という今村の見方と共通しているようにみえるが、今村がその結果、「記録映画として失敗している」と断罪しているのに対し、津川の場合にはむしろそれがプラスに作用したという見方をしている。今村が、「作りもの」を捨てることによって、結局残ったのが勝負やスポーツとは何ら関係のない偏奇なものだけであったがゆえに失敗であるとしているのに対し、津川はむしろ、「作りもの」志向が抜けることで、スポーツのことをあまり知らない市川の、いわばシロウト的な見方が生きるようになって、いろいろおもしろい場面を捉えることに成功したと考えているのである。その両者の違いをわれわれはどのように考えたらよいのだろうか。

今村と津川の考え方の違いを最もよく示しているのが、市川の《東京オリンピック》を、リーフェンシュタールの《民族の祭典》と比較しているくだりである。今村は《東京オリンピック》を論じる際に《民族の祭典》を引き合いに出し、そこにある「オリンピックの一ばん肝心なドラマ」が《東京オリンピック》では欠落していると断じたのであるが、この映画をオリンピックの記録映画の代表作たりうるモデルとして高く評価してきたようなこれまでの見方に対して、津川は疑義を呈するのである。

津川　僕は今『民族の祭典』の話しが出たけどね、今考えてみると『民族の祭典』はもっとフィクションのような気がするんですよね。市川崑よりも。市川崑ちゃんは初めっからそういうフィクションのような気持でね、何かつくろうと思ってつくったと思うんですけどね。それが逆に僕はそうなってないような気がするんです。ドイツでつくった『民族の祭典』は全面これフィクションのような気がするんです。で、あの方がね、僕は罪が大きいんじゃないかという気がするんです。ドキュメンタリーというものに対して。

今村　……ベルリン・オリンピックの記録はそんなにつくりもの？　僕は内幕はよく知らないんだけど。
津川　『民族の祭典』ともう一つありましたね。
今村　『美の祭典』これはつまらない。
津川　僕は、それは大へん整然とね、もう、一つの行事のようにつくられているけど、何かね、特に今、考えてみると大へんこうフィクションの感じが強いですね。
今村　そうかしら？
津川　僕はそう思うな。
今村　いや、そのフィクションていうのは、その場合に事実かどうか。
津川　非常に意図がさ。意図が初めからおしまいまで一分のすきまもなく組立てられているわけですよね。
（堀場・原・津川・今村 1966.11, 11-12）

こうした意図によってオリンピックをねじ伏せてしまっている《民族の祭典》とは違い、市川の場合には、逆にオリンピックにねじ伏せられてしまい、そのためにかえって、素朴に人間が出てくるような映画が可能になっていると津川は言い、陸上競技の一〇〇メートルを例に挙げる。

津川　だから一〇〇メートルのところで並んでいる足やなんかとっている。足の筋肉が動く。

口がこうなる。そして、顔面蒼白となってくる。ああいうのを見ているとね、やっぱりあれ見ててね、あの競技場に出た一人一人の人間がどういうことを今考えているんだろうというあれを凄く感じたですよね。今までのオリンピックの記録でね、あの位そういうものを感じさせたオリンピックの映画というのは僕はなかったような気がする。メルボルンにして何にしても……

今村　今までというのはベルリン・オリンピックを含めて？

津川　全部含めて……

今村　いやベルリンのね、一〇〇メートルのスタートなんかはやっぱり僕は……

津川　いや部分的にね、そういうところはありますけどもね。全体を見たばあいにね。……

今村　それでオウンズのノド仏がゴクリと動く。緊張してツバを飲む時。あれは練習の時の顔だとか、それから孫と南がマラソンで走る時の汗のしたたる顔が練習の時のだとか、いろいろ当時から指摘されていたけど、それはいわゆるフィクションではない。やはりオウンズや孫や南の緊張した時のほんものの顔で、事実なんで、芝居では決してない。だからそういうことまで言い出すと記録映画というものはできなくなっちゃうね。

原敬之助（ＮＨＫテレビニュース部長）だからフィクションというある意志があってね、それによってね、相当すべてをその線に沿ってあらゆるものが結びついたという……

津川　結びつけちゃってるからさ、それがもう、とっても気になるわけですよね。

（堀場・原・津川・今村 1966.11, 12-13）

「オリンピックの一ばん肝心なドラマ」と今村に言わしめた、《民族の祭典》の強いドラマ性は津川にとっては、あまりにもできすぎているがゆえに、いかにも嘘めいたフィクションにみえてしまうというわけである。今村は、こうした「一ばん肝心なドラマ」を描きえている限りで、多少の「やらせ」めいたものは免罪されると考えて反論しているが、津川の言う「フィクション」は、個々の事象のレベルの問題ではなく、全体がほとんど意図の塊のようになっている、そういう予定調和的なあり方自体の問題であるように思われる。市川の《東京オリンピック》は、そういう予定調和的なドラマからこぼれ落ちたり、それを突き破ったりしたものが現れ出てきて、そこから人間の様々なありようがみえてくる、そういう部分を津川は評価しているのである。

この二人の対立を突き詰めてゆくと、記録映画の捉え方という以上に、人間が作り出したものとしての芸術作品の捉え方に関する大きな断絶が現れてくるのではないだろうか。個々の部分が息が詰まるほどに緊密な連関をなし、ほとんど意図の塊と化しているような作品のあり方を是として、《民族の祭典》にその範例をみようとしたのが今村であったとするならば、逆に津川が評価したのは、そういう「一ばん肝心なドラマ」がふっと拭い去られたところで、その隙間から顔を出してくる思いがけない「現実」に目を向け、それらをいわばスケッチ風に綴り合わせたような、市川の映画のそんなあり方だったともいえるだろう。そうであるならば、そこにわれわれは、このような新しい表現を受けとめる新しい感性の登場をみることはできないのだろうか。しかし、話を急ぐ前に、市川自身がそのあたりをどう考えていたのか、彼自身の残した言葉から探ってみることにしよう。

6　市川崑の「記録映画」観

映画評論家の森遊机が後に市川へのインタビューをまとめた大著『市川崑の映画たち』の中には、《東京オリンピック》だけでも四〇ページ以上におよぶ詳細な言及がある（市川・森 1994, 294-335）。制作後三〇年近くたってからのインタビューなので、後知恵的な部分もあるだろうが、市川の記録映画観を知る上で重要な話が含まれており、市川がリーフェンシュタールと対談した直後であったことも手伝って、《民族の祭典》、《美の祭典》についての話も随所に出てくる。

《東京オリンピック》制作にあたって市川は、それまでに作られたオリンピック映画をいくつか参考にみたが、やはり一番見事だと思ったのは《民族の祭典》であった。あらためて見直して素晴らしい発見もあったが、同時に、これはそうとう映像を作っているな、いわゆる〝作り〟を堂々と見せているな、と思ったという（市川・森 1994, 301）。本番ではまず撮れていないはずのショットがたくさんある。北原が「ほんとうのほんもの」として言及していた、夜にまで及んだ死闘として名高い棒高跳びの夜間撮影など、ナイター照明もない当時の状況でできるはずもなく、実際、最近リーフェンシュタール自身にきいたところ、あれは全部「後撮り」との説明であり、「あくまでも〝作りもの〟としてああいう傑作を作った、それが女史の主張であり、イメージであると思って、僕は納得しました」と述べている。

しかしそうであるからといってただちに、市川が《民族の祭典》をモデルに「作りもの」宣言をしたということになるわけではない。市川の行き方には、《民族の祭典》と意識的に距離をとっているように思われるところがあるからである。この点についてインタビュアーの森は、《東京オリンピック》はむしろ《美の祭典》に近いのではないかと問うているが、それに対して市川は一方では「いや、映画としては、やっぱり『民族』の方がいい。『美』のほうは、まあ、残り物をちゃんと整理したって感じかな（笑）」と答えつつも、他方では「僕はおそらく、女史の逆をいったんじゃないでしょうか」と述べている（市川・森 1994, 302）。リーフェンシュタールの二本の作品のうち二本目の《美の祭典》は、グイグイ押してくるような《民族の祭典》よりはいささかトーンダウンした力の抜けた作りになっているため、今村などからみると「これはつまらない」ということになるのだが、市川があえて《民族の祭典》から距離をとった結果、どちらかといえばむしろ《美の祭典》に近いような形になったとみることもできるかもしれない。

《東京オリンピック》のシーンの中から、自転車競技で、農家の縁側にぽつんと座った女の子がレースを見ているショットであるとか、小鳥が二羽、仲良く並んで聖火リレーを見物しているところなどをとりあげ、そこに「崑的演出」を感じるが、という森の問いかけに対して市川は、「いやいや、僕はそこまで演出していません。いろんな面白いカットを撮ってきてくれと頼んだだけですよ。ラッシュを観て、素材をピックアップしていく段階で、思いがけない素敵なカットにぶつかる。ああ、これを使おう、これは駄目、と取捨選択するわけで、あなたが今言われたカットなんか、僕じゃなかったら捨ててるかもしれないね」と答えている（市川・森 1994, 316）。

そういう〝雑感〟の部分が面白いんですよ。つまり、オリンピックというのは、競技している人だけじゃなくて、準備している人も、見物人も、みんな一緒に参加してるんだということです。……まあ、『民族の祭典』が韻文だとすれば、僕のほうは散文。それでいて、単なる記録に終わらせずに、その中にこっちの想像力を注ぎ込みたかった。単に記録を提示するだけだと、それはニュースであって、映画じゃないですから。……

そのぶん、スポーツに蘊蓄のある人にはもの足りなかったのかも知れない。だけど、写されているのはスポーツそのものなんですよ。僕がこの映画を作った姿勢のいちばん底にあるのは、スポーツ・ファンだけのための映画じゃないということです。それは最初のシナリオにはっきりと打ち出した方針だし、スタッフに浸透させた精神だし、最後の仕上げまで徹底して一本通した視点でもあるわけです。（市川・森 1994, 317）

自他ともに認めるように、それまで市川はスポーツにはほとんど関心がなかった。たしかに、シナリオをみても完成作品をみてもそのような素人ならではの視点がいたるところに感じられ、今村などからみると、それが「オリンピックの一番肝心なドラマ」を理解していないようにみえたのだろうし、記録性の欠如が指摘されたのもまた、そのことの結果であると言ってよいだろう。

しかし、市川のいう「雑感」が映し出す世界は、《民族の祭典》モデルの従来のスポーツ記録映画を支えてきた「オリンピックの一番肝心なドラマ」に関わる価値観やそれに由来するマンネリ化した手法からのがれたところに開けてくるオリンピックの世界の多様なあり方であった。これまでの記録映画では考えられなかったような、超望遠レンズや高速度撮影を多用する彼の手法は、記録映画各社から集められた撮影スタッフを相当に当惑させたようだが、[14] その根柢にあるのも、われわれがこれまでの型にはまったオリンピック映画では見ることのできなかったような、思わぬ世界を捉えるためのものであったと言ってよい。この映画を代表するシーンとなった、独走態勢に入ったマラソンの金メダリスト、アベベ・ビキラの顔から流れ出た汗が飛沫となって空中に散ってゆくさまを、まさに、超望遠、高速度撮影で捉えたシーンが延々と続いてゆく部分などもその産物である。しかしそのようなあり方は時として、（とりわけ上位争いに関係のない映像であったりした場合に）競技や勝負と無縁のシーンが延々と続いていると受けとめられ、批判のターゲットになったのである。[15]

市川のこのような映像づくりが、それまでの記録映画の観念を破るとともに、その後の記録映画に大きな影響を与えたことは間違いない。オリンピック映画としては、四年後の一九六八年に行われたグルノーブル冬季オリンピックの際に制作されたクロード・ルルーシュ監督の《13 Jours en France》（日本公開タイトル《白い恋人たち》）は、エピソード的なシーンの連鎖から成り立つ、ほとんど映像スケッチと呼んだ方がよいようなものになっている。ナレーションも全くなく、ほとんど勝ち負けなどどうでもよいような、河野大臣が見たらますます激怒しそうな作品であるが、市川の影響が指摘されることも多い。その意味で《東京オリンピック》が、そういう新しい感性の誕生につながる先駆的作品という面をもつことはたしかだが、ここではあえて彼がこの映画を作った時代の中に踏みとどまってもう少し考察を続けてみることにしよう。

《東京オリンピック》という作品にはたしかに、《白い恋人たち》と共通する部分が要素としてはいろいろ含まれているように感じられる一方で、この映画全体のテイストのうちにはむしろ、それまでの記録映画の世界にかなり近い古めかしさが色濃くにじんでいることが直観的に感じられるからである。別の言い方をするならば、市川の「作りもの」宣言によって今村との間に一線が引かれ、その対立が「記録」対「フィクション」というようなレッテルで表象されたり、それが形をかえて「記録か芸術か」論争にもつながる結果になっているわけであるが、そのような対立は見かけ上のものであり、両者には共有する部分の方がはるかに多かったように思われるのである。

言ってみればこの対立は、「記録」対「フィクション」という図式ではなく、映像における「記録」と「フィクション」との関わりをめぐるこの時期の多様な試みの中での位置取りの違いとして捉えるべきものであるように思われる[16]。その意味で、市川が自己の立ち位置を主張するために前面に押し出してきた「作りもの」という概念は、両者を差異化するにはきわめてミスリーディングであった。この「作りもの」感は両者が共通にもっているもので、むしろそれがこの時代の記録映画をその後の時代のものから隔てるポイントになっているようにすら思えるのである[17]。

この時期の記録映画においては状況次第で「やらせ」が相当部分許容されていたことはすでにみたとおりだが、逆に市川の《東京オリンピック》の制作過程をみてみると、言葉とは裏腹に、この点に関して意外に抑制的であったことがわかる。これは本物でなければいけない、これは作っていい、という基準がどこにあったのかと、森に問われた市川は「いやいや、ドキュメンタリーですからね、全部本物を撮っていくのが基本姿勢ですよ」と述べている。聖火リレーの後撮りについては認めているが、競技を後撮りするつもりはなかったと言い（市川・森 1994, 309）、その点では《民族の祭典》とは立場を完全に異にしている。すでに述べたように、作品中には女子体操金メダルのチャスラフスカの演技シーンが後撮りで使われているのだが、これについても市川は別のインタビューで、ラッシュをみてあまりに素晴らしかったために、特別に頼み込んで実現したもので、あくまでも例外的な事象だったことを述べている（市川 2004, 58-59）。すでに述べたように今村がこのようなことを問題にしていないことからも、当時の「記録映画」の世界での一般的な許容範囲におさまるものであったことは明らかで、その点では両者は同じパラダイムを共有していたのである。そこに「やらせ」的なものを感じてしまうとすれば、それはまさに今日のわれわれの感性なのである。

この映画において「作りもの」的な要素が担っている重要な役割を考える上で特に興味深いのは、映像と比べてはるかに「作りもの」的なものへの志向を強く残している、音に関する感覚である。《東京オリンピック》をみて、すぐに感じることのひとつに、音響効果に凝って

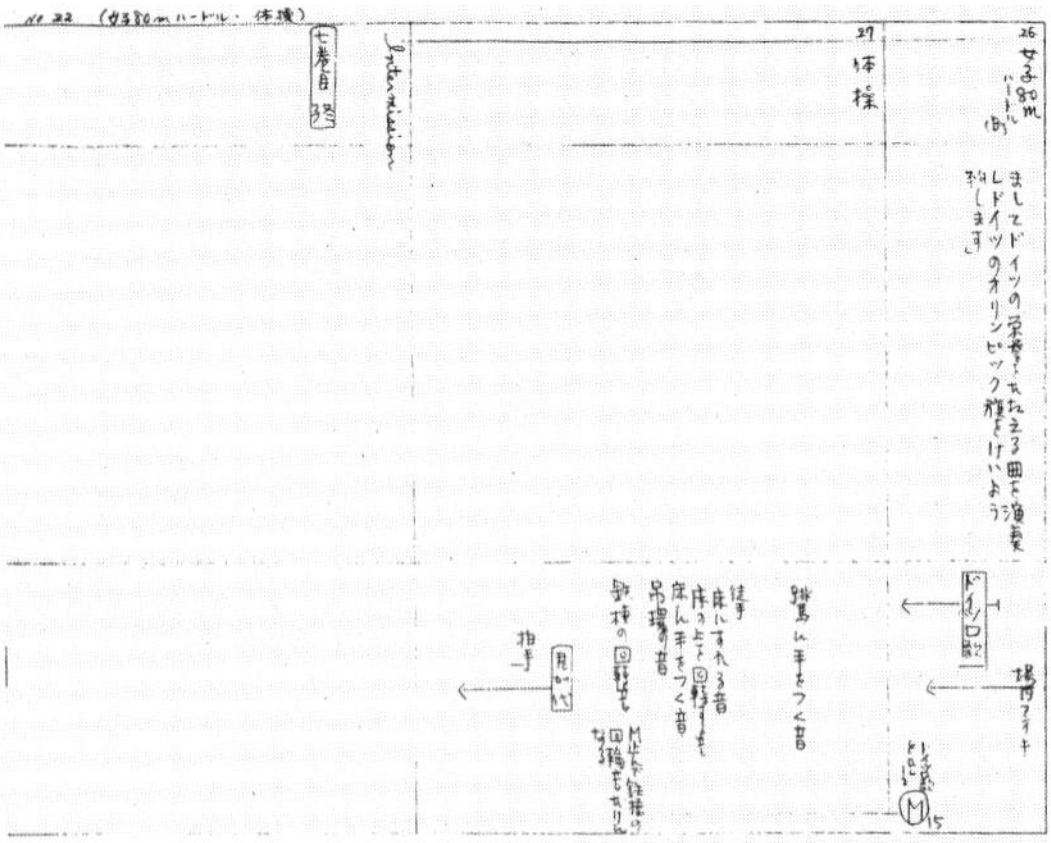

《東京オリンピック》の制作にあたって用いられた「サウンド・コンティニュイティ」の一部。体操競技の部分には「跳馬に手をつく音」、「床に手をつく音」、「吊環の音」などと書かれており、市川が音響効果にいかに大きな関心をもち、アフレコで取り入れたかをよく示している。

いるという特徴が挙げられる。実際、この映画のサウンド・コンティニュイティをみてみると効果音の指定が相当細かくなされており、陸上競技のマラソン、投擲などでの足音やハンマーがドスッと土にめり込む音、体操競技の床運動、鉄棒などの摩擦音、自転車競技のシューッという銀輪の音などが、臨場感あふれる画面を作り出している。しかしこれらはほとんどすべて「後録り（アフレコ）」である[18]。インタビューの中では、市川は鉄棒の音に触れて次のように語っている。

「例えば、鉄棒競技というのは、手のひらを擦るわけだから、ラッシュの画面を観ていると、ザーッというすごい音を感じる。ところが、そういう音は録れていない。当り前ですよね。競技中にそんなところにマイクを置けるわけないいんだから。それで、音だけを録りに行って貰ったら、上手な選手はそんな音をさせないいんだって（笑）。なるほどなあと思い、大橋君（録音スタッフの大橋鉄矢）と相談して、それに似た音を作って録音した。」

（市川・森 1994, 327）

なかでも独自の表現が際立っているのが、陸上競技男子一〇〇メートル決勝の部分である。スタート前の選手たちの様子を映し出している緊張感あふれるシーンが特徴的だが、とりわけそこできこえる、カランカランいう旗竿の音やスターティングブロックを打ち込む音は非常に印象的で、スタートを前にした選手の心象風景を想像させるものになっている。もちろんこれらも「後録り」なのだが、極めつけは、高速度撮影で再現されているレースの本体部分である。高速度撮影のため、もともと一〇秒で終わるレースが、およそ四〇秒間にわたって続き、この間終始、実況中継のアナウンス音声が流れ続けているのである。少し考えてみれば、こんなことがありうるはずがなく、「作りもの」以外の何者でもないことはすぐにわかるのだが、このありえないアフレコのアナウンスがつけられていることで、われわれは単なるスローモーションによる再現ではなく、普通であったらあっという間に終わってしまう一〇〇メートルのレースを四〇秒にもわたって臨場感を保ったまま体験するとことが可能になるのである（前章の伝でゆけば、これは「実感中継」的な音声と言えるかもしれない）。ここでは、今村的な記録映画にはなかったような新たな体験がもたらされていると言ってよいが、それがこのような「作りもの」によって可能になっているというあたりに、その後の記録映画の世界とはちがう古いパラダイムの存在を感じさせられる。

考えてみると、映画の場合、音は別録りで後づけするというのが、長いこと普通の感覚だったのであり、そのことは記録映画でも基本的には同じだったたから、音声に関してはおそらく映像以上に「やらせ」的なものの許容範囲が広かったことは十分に推察できる。前章でも触れた、戦前の「実況中継」レコードでも、アフレコで補うどころか、録音そのものをスタジオで行い、様々な効果音をちりばめるというのが普通のやり方であったから、そのようなことからもこうしたアフレコに対する抵抗感はうすかったのではないかと思われる。アナウンサーの語りを中心に効果音をちりばめて構成されているこの種のレコード同様、この一〇〇メートルの場面にせよ、本章冒頭で取り上げた開会式の入場行進の場面にせよ、市川が実際のアナウンスの録音を使わずに、わざわざアフレコで入れ直しているのは、まさにこのような伝統の中で培われた人々の感性を当て込んでのことなのである。その意味ではこれは、「作りもの」の文化の伝統を前提にしつつ、それを逆手に取る形で成り立っている表現なのである。

今のわれわれがそのようなあり方に何か「やらせ」的な匂いを感じるとすれば、記録映画においても同時録音がデフォルトになり、とりわけビデオテープの普及と連動する形で、それを用いたテレビ・ドキュメンタリーが一般化した結果である。その意味では市川の《東京オリンピック》は、古い時代の記録映画のあり方を問い直し、新たな局面を切り開く先兵的な役割を果たした一方で、多くの部分で「テレビ以前」の古い感性に支えられて成り立っていたともいえるだろう。古いパラダイムが生きているその延長線上で、しかしそれまでとは違う表現世界を実現しようとした結果である男子一〇〇メートルのシーンにみられるような表現のあり方は、この時代の前にも後にも成り立たない、いくつもの要因が重なり合ったところで生み出された、言ってみれば奇跡的に成り立ったものであった。

7 映画とテレビ

《東京オリンピック》は、世界的にも高く評価され、代表的なオリンピック映画として、リーフェンシュタールの《民族の祭典》、《美の祭典》と並び称されることになった。ある意味では、記録映画作家・市川崑の名を劇映画作家として以上に世に知らしめたと言えるかもしれない[19]。この映画の後、ほどなくして、記録映画は新しいフェイズを迎える。当時はまだ奇手としてしか位置づけられていなかった羽仁進の《教室の子供たち》のようなやり方は、もちろん今ではもう珍しくないし、劇映画においてもそのような「ドキュメンタリー・タッチ」の手法が様々な形で取り入れられるようになって、劇映画と記録映画の関係のあり方自体も大きく変わってしまった。

記録映画のそのような変化を推し進めた要因として一番大きかったと思われるのが、テレビというメディアによる「テレビ・ドキュメンタリー」というライバルの登場である。テレビ放送の開始は一九五三年であるが、この新しいメディアを用いたドキュメンタリー的な番組の先駆となったのはＮＨＫの《日本の素顔》（一九五七年放送開始）とされており、その意味では東京オリンピックのあった一九六四年はテレビ・ドキュメンタリーが揺籃期を脱して本格的な展開を示すようになってきた、そんな時期でもあった。《日本の素顔》のディレクターであった吉田直哉の書き残したエッセイにある「記録映画との訣別」というタイトルにみられるように、テレビ・ドキュメンタリーは最初から、記録映画との差異化をはかった側面があり、その際に記録映画に対する大きな批判点となったのが、制作者が天下り的に設定した意図にもとづく予定調和的なつくり方であった（吉田 1973, 25-32）。

テレビはもともと、生放送ベースで発展してきたものであり、その点で、映画のように「作り込んでゆく」メディアとは文化的土壌がちがっていた。加えて、ビデオテープの普及により、画像と音声の同時収録が一般化してゆくことで、テレビ・ドキュメンタリーは、記録映画の「やらせ」や「作りもの」の世界とはちがったリアリティのあり方に支えられた「記録」の新たなありようを示すようになっていった。記録映画にとって、一九六四年という時期は、こうした変化の中でそのあり方が新たに問い直されるようになった、そんな時期でもあった。

新たに出現したライバルとの差異化をはかり、自らのもつ、テレビにはない特徴に着目する動きが出てくるのは当然である。すでに取り上げた東京オリンピックの記録をめぐる『映像文化』の座談会シリーズでも、テレビとの関係という問題は大きなテーマになっており、そこでは、単なる記録であれば、すでに人々はテレビで見て結果を知っているのであり、記録映画には、それ以上に深い分析力や分析的な構成力をもっていることが求められるというような議論がなされている[20]。

しかし他方で、テレビに関わるテクノロジーの進化や映像をめぐるメディア状況の変化とともに、記録映画とテレビ・ドキュメンタリーの境界は無限に曖昧化し、記録映画のつくりがどんどん「テレビ的」になっていったという側面もある。記録映画の中の音の部分がどんどん背景に退いていったり、「作りもの」的な要素が排除されていったりという動きも、こうしたメディアの編制や文化の枠組みの変化の中で進行してきたのであり、映像をみて「やらせ」を感じたり、音のつけかたを不自然に感じたりという際のわれわれの感性のあり方も、その中で知らず知らずのうちに「テレビ的」に形作られてきたところがあることは間違いない。市川崑監督の《東京オリンピック》は、「記録」に関わるわれわれの感性がそのような形でテレビ的なものに覆い尽くされてゆく前夜の状況を伝えていると同時に、まさにその中においてこそ成り立った一回的な表現を示しているのである。

第 II 部

環境をめぐる心性・感性と価値観の変貌

第Ⅰ部では、オリンピック東京大会の開催された一九六四年の日本の文化状況が基本的に戦前からの流れを引き継いだ、いわば「旧パラダイム」上のものであったという側面について、主としてラジオ、記録映画などのメディアをめぐる観点を中心に考えてきた。これらのメディアとのつきあい方に焦点をあててみることで浮かび上がってきた、この時代の人々の心性・感性のありようは、大げさに言うなら、彼ら・彼女らが見ていた世の中の景色が、今のわれわれが見るのとは根本的に異なっていたであろうことを推測させる。テレビがなかった時代の人々が「ラジオ的」に物事をイメージするしかた、記録映画に「やらせ」が日常茶飯事だった時代の人々の抱いていた「フィクション」の感覚といった問題は、単にスポーツ中継やオリンピック映画に関わる問題にとどまるものではない。それはむしろ認識の基本的なあり方に関わる問題であり、人々が自らの周囲にある事象をどのように表象し、どのような価値観をもってそれらを位置づけていたかという、そのあり方自体が、これに続く時代に大きく変わったということを示唆しているように思われるのである。

そのような問題意識を念頭におきつつ、第Ⅱ部では今度は、一九六〇年代末からそれ以後にかけての時代に想定されている変化の側に焦点をあわせて考えてみることにしたいと思う。第3章で取り上げるのは、一九六九年はじめに新宿西口地下広場に出現した、いわゆる「フォークゲリラ」である。他方、第4章では、東京オリンピックの際の「東京大改造」でつくられた首都高速道路によってもたらされた景観をめぐる認識のその後の変化を取り上げる。

これらは必ずしも一本の直線上に一つのストーリーを形成するような形でつながりあっているわけではないが、序章でも述べたように、心性・感性の変化といった大きな問題は、多様な文化的コンテクストが重なり合い、そこに様々なメディアが関与するなかで生じる複合的な現象である。いたずらに単純化をはかるのではなく、あえて多様な側面を選び出し、異なった方向から光をあてることで、意外なところにつながりが見えてきたりすることもあるだろう。ただ、それらから少しでもいろいろなつながりが見えてくるようにするために、ここでは個々の章の話にはいる前に、それらのつながりを見えやすくする補助線となりうるような議論をひとつだけしておきたい。

それは、町並みの保存や復元、歴史的建築の再発見といったことをめぐる同時代の動きについてである。一見したところ、そうでなくとも多様な広がりへと拡散してゆきそうになっている本書の議論に、さらにまた別の要素を持ち込んだだけに思われてしまうかもしれないのだが、ここには、われわれが自らを取り巻く環境にある事象をどのように認識し、表象しているか、どのような価値観をもってそれらに反応しているかということに関わる基本的なあり方の変化がかなり凝縮的に現れているように思われ、これを媒介項とすることで、いろいろなもののつながりがみえやすくなってくることが期待されるのである。

「近代建築」保存と「レトロ志向」

一九六八年の明治百年記念事業の中に、妻籠宿の保存や北海道庁赤レンガ庁舎の復元といったものが含まれており、その意味でこの年が「環境元年」ともいうべき年としても位置づけられるということについては、序章でもすでに触れた。古い建築物や街並みを価値あるものと感じて行ってみたくなったり、もはや現実の建物としては使いがたくなっているそれらのものをなんとかして保存したり、観光に活用したりしようと考えるような心性・感性は、「レトロ」という語がごく自然なものとして定着している今の時代を生きているわれわれにとっては当たり前のことに感じられるかもしれないが、それらは多様な文化的コンテクストとの関わりで歴史的に形作られたものなのであり、決して自明なものではない。少々乱暴な言い方をしてしまえば、この一九七〇年前後の時代以前には、そのような思考モードは、ごく一部の特殊な人々の間以外には存在せず、古びて使いにくくなった建物を壊すことに疑問をもち、保存を主張するような酔狂な人はほとんどいなかったのである。第2章でも話題にした市川崑監督による記録映画《東京オリンピック》が、オリンピックに向けた東京の大改造で古いビルを解体し、駒沢競技場などの新装なった施設を誇らしげに映し出すシーンからはじまるのは、市川監督自身の意図はともかくとして、その意味でなかなか象徴的である。

もちろん、歴史的な建造物や街並みに価値を見出し、その保存をよしとするような志向はこの時期に一気に生じたというわけではない。一九四〇年の鹿鳴館の解体に際しては、一一月八日付の東京日日新聞に、建築家谷口吉郎による「明治の哀惜」という記事が掲載されており、明治の文化を記念するものとして保存することが検討もされなかったことは残念だという趣旨のことが述べられている。この谷口が後の一九六五年に開村される明治村の生みの親となったことはよく知られている。このあたりが震源地になって、日本建築学会を中心に、国内に残る明治期の建築の調査・保存に向けた事業がはじまるのであり、『建築雑誌』一九七〇年一月号には、はじめての本格的なリストとして、「全国明治洋風建築リスト（一九六九年改訂版〔第三回〕）」が掲載されている。[1]

この事業が原型となって、明治期の建築だけでなく、さらに大正、昭和戦前期の「近代建築」全般に拡張される形での悉皆調査が行われ、『日本近代建築総覧』と題されたた四〇〇ページ以上にもおよぶ大冊として刊行されたのが一九八〇年のことである（日本建築学会編 1980）。そしてこうした動きがやがて一般にも広がり、日本建築学会が一般

市川崑監督の《東京オリンピック》冒頭に出てくるビルの解体シーン。市川は後にインタビューの中でこのシーンについて質問された際に、「京橋あたりだったかなあ。分銅でグワーンとビルを倒し、すぐホースで水をかける。そのダイナミックな繰り返し。へえ、ビルってのはこうやって潰すのか、よし、これを撮ってやれと思ってね。」と述べている（森遊机『市川崑の映画たち』、307）。

向けに刊行した『近代建築ガイドブック』（一九八二〜）、『総覧日本の建築』（日本建築学会編　一九八六〜）などのシリーズを皮切りに、街に残る建築ガイドのような一般向け書籍が相次いで出版されたり、『東京人』のような雑誌が繰り返し近代建築特集を組んだりといった形で、「近代建築ブーム」ともいえるようなうねりになってゆくのである。

このようにみると、「保存」への動きにはたしかにそれなりの前史があるし、そもそも文化状況が一夜にしてすべて変わるなどというものではないのは当然のことだが、明治百年の年でもあった一九六八年のあたりを境に、それが建築史家などを中心とした限られた世界での動きであることを脱し、大きな動きへと展開していったことは間違いない。こうした「レトロ志向」的な方向性が強まってゆく背景を、公害問題や交通問題、住宅問題などの都市の環境をめぐる問題がどうしようもなく悪化し、大きくバランスを崩しているような状況を目の当たりにして、「バラ色の未来」的なイメージが失速し、レトロ志向的な方向性が際立つようになっていったというような形で説明してゆくことは、一応、方向としては当を得ているように思われる。ただ実際には、それがとりわけ古い建築や街並みへの人々の具体的な関心にただちに結びついてゆくというほど話は単純ではない。そこにさらにプラスアルファの要素が加わってゆき、背中を押す形になることで大きな広がりになってゆくという部分が無視できないのであり、人々の心性・感性や価値観というようなことを語るためには、そのあたりのことも含めて状況全体を捉えてゆくことが決定的に重要になってくるように思われるのである。そこでここでは、とりわけ重要と考えられる要素をいくつか指摘しておくことにしたい。

藤森照信と「建築探偵団」という表象

ひとつは、こうした古い建築や街並みへの関心の出現が、都市の捉え方、さらには自らの暮らしている環境に関わる人々の心性・感性の根本的なあり方に関わっていることをいち早く見抜き、それに絶妙な表現を与えることのできた論者の存在である。その代表格ともいえるのが、「建築探偵団」を名乗って自らの活動を展開した建築史家・藤森照信である。当時まだ二〇歳代で、日本建築学会の近代建築調査に関わった藤森は、街の中を足で歩いて、忘れられた近代建築を探し出し、それをデータベースにとってゆく自らの活動を「探偵」に見立て、同年代の仲間たちと「建築探偵団」を名乗って活動した。

そのさまをおもしろおかしく記述した『建築探偵の冒険　東京編』(藤森 1986)や、『スーパーガイド　建築探偵術入門』(東京建築探偵団編 1986)と題された東京・横浜の近代建築のガイドブックなど、後に卓抜なネーミングで世に出された出版物は、朽ちかかったような古びたビルを見つけ出しては記録するという地味な「調査」活動を、おもしろおかしい遊びに見事に転換させてしまった。彼はまたその過程で、都市の町並みをおりなす欠かせない要素として「看板建築」という建築様式を「発見」したりもしている。主として関東大震災以後、都市部に大量にみられるようになる、伝統的な町屋様式の建築のファサード部分だけを洋風に装った、和洋折衷の新たな建築様式を指す概念だが、建築史研究ではそれまでかえりみられることもないまま次々と壊され、姿を消しか

『建築探偵術入門』の表紙。表紙の写真は日比谷にあった大阪ビルの壁面に並んでいた動物の装飾。本書の中でも藤森は、「鳥獣ウオッチング」というコラムを設けて壁面の動物装飾の背景などについて簡単に説明しているが、その後、荒俣宏との共著で出した『東京路上博物誌』(鹿島出版会、1987)では「東京ナチュラルヒストリー」と題された章中でさらに徹底した調査によって「大阪ビル動物図鑑」にまとめたばかりか、「丸の内一帯猛獣狩り」を敢行して「丸の内サファリ絵図」を作成するなど、さらに自由な展開をみせている。

路上観察学会の旗揚げ時の記念写真。神田の学士会館というアカデミズムにゆかりの深い場所でメンバーが皆盛装し、しかも「路上觀察學會」と旧字で麗々しく書かれた横断幕をもってならぶあたり、「学会」という名前を存分に生かしたパロディ感覚が濃厚である。中央右で紙を広げ、宣言文を読み上げているのが藤森である。

かっていたこのような「B級建築」の重要性に着目した藤森は、絶妙なネーミングでそのアピールに成功した。今では少しでも建築に関心のある人であれば、この言葉を知らぬ者はないだろう[2]。

さらに大きかったのは、藤森が赤瀬川原平、南伸坊らとともに「路上観察学会」を立ち上げ、「建築探偵」を、赤瀬川の「トマソン」、南の「ハリガミ考現学」などと出会わせることで、都市体験の新たなモードを創出することに成功したことである。コンセプチュアル・アートの最先端のようなところにいた赤瀬川と、イラストレーターの南、それに建築史研究の藤森と、それぞれの活動のコンテクストは全く異なるものであったにもかかわらず、それらをすりあわせることで、その視点や、その根柢にある心性・感性や価値観のある種の共通性が際立ってくることになったのである。彼らが共有していたのは、戦後復興から高度経済成長期にかけて、もっぱら機能や効率を優先する形で発展し、そこにうまくはまらないものは容赦なく消し去ってゆく近代的な都市のあり方に対する違和感であり、その容赦ない力にもかかわらず、その中でなぜか生き残っている、機能にも効率にも貢献しないものの存在に着目するような視点であった。もはや全く役に立たないのに丁寧に保存されている階段やドア、実用上の機能をはるかにこえた過剰な憤りを発散させるハリガミ、当然建て替えられていておかしくないのに、思いもかけぬ姿になって再利用されて生き残っている古いビル、どれもが、機能や効率優先の近代都市の中では誰も注目せず、価値を感じることのないようなものだった。そういう「ハズレモノ」に着目しつつ眺めることで、見慣れた都市の景色が全く違って見えてくる……。

「路上観察」の名の下に彼らが唱道したのは、都市に対するそのような新しい体験モードであった。そのことは、単に古いもの、役に立たないものを救い出すことをこえて、自らが生活する環境に対する人々の心性・感性のあり方に転換をもたらす誘因となっていったのである。第4章をお読みくだされば、そこで取り上げる日本橋の高速道路の景観のような問題もまた、このような補助線を引くことで、これまで一般的に語られてきたのとはだいぶ違った見え方をしてくることがご理解いただけるであろう。

「市民運動」としての小樽運河保存

第二の要素としては、古い建物や街並みへの関心の高まりが「運動」という形をとって展開したということが挙げられる。そのことを象徴的に示しているのが、北海道小樽市での動きである。小樽というと、今では北海道を代表する観光地であり、かつて銀行や倉庫であった古い建物が数多く残る歴史的な街並みにひかれて多くの人々がやってくる、そんな場所になっているが、一九七〇年頃までの小樽は、かつては繁栄したが今は見る影もなくさびれている街という印象でしかなかった。

私の手元には、一九七三年に刊行された観光ガイドブックがある（ブルーガイドパック 1973）。道南地域全体をカバーするもので、小樽も守備範囲内にはいっているのだが、タイトルは「札幌・函館・洞爺」となっていて、そこには小樽の文字は全くあらわれず、本文でもわずか二ページ触れられているだけである。そこでは「今なお北海道西海岸では第一の港湾都市だが、戦前ほどの活気はない」と紹介されている。さらに驚いたことに、今では最も小樽らしさを代表する、観光の目玉といってもよい小樽運河の話が一言も出てこず、取り上げられているのは、都通り商店街、花園銀座など、今日では観光とはほとんど縁のないような繁華街だけである。

実をいうとこの小樽運河こそが、町並み保存の動きをめぐるこの時期の状況を象徴的に示している、ここでの議論のキーポイントなのである。小樽運河が建設されたのは一九二三年のことであり、それ以来、北の商都・小樽の玄関口として牽引車的な役割を果たしてきた。貨物輸送の主役が海運だった時代であり、運河沿いには倉庫群が立ち並び、一本裏の色内通りにはいくつもの銀行が軒を連ね、「北のウォール街」などとも呼ばれた。しかし戦後には海運の衰退とともに北海道の中心を札幌に譲り渡し、まさに「戦前ほどの活気はない」さびれた状態になっていたのであり、その意味で小樽運河は小樽の凋落の象徴でもあった。そのため、もはや無用の長物となったこの小樽運河を埋め立て、札幌に向かう国道のバイパスにする計画が進んでいた。

それに反対する市民が「小樽運河を守る会」を結成し、反対運動をはじめたのである。一九七三年のことであった。最終的には、運河を半分ほど残して公園化するという妥協案のような解決になり、運動が成功したのか失敗したのか、そのあたりをどう評価するかに関しては微妙なところもあるが、少なくとも、小樽運河の名声を全国的にし、小樽の観光化の大きな成功要因になったことは間違いない。この「運動」の記録は後に、総計九〇〇ページ以上にもおよぶ分厚い二巻本にまとめられている（「小樽運河問題を考える会」編 1986）。また関係者の一人で、当時札幌の藤女子大学の日本文学の教授であった小笠原克の書いた回想録は『小樽運河戦争始末』（小笠原 1986）と題され、オビにも「全国の町並み保存運動に先駆けた市民のたたかい」などというキャッチコピーが書かれ

埋め立て前の小樽運河（1976年撮影）

現在の同じ場所。半分ほどが埋め立てられた後、公園化され、遊歩道も設けられている。

るなど、ここでの保存の動きが、この時代の市民運動の典型的な事例であったことを物語っている。こうした市民運動は、第3章で論じるような「一九六八年」的な反体制運動のもたらした新しいタイプの政治的な動きの置き土産であり、その意味では、歴史的町並みの価値を称揚し、その保存へと舵を切る動きは、従来の開発一辺倒の政治のあり方やその価値観に背を向ける大きな流れの一環をなしていたともいえるのである。

もっとも、小樽運河埋め立てに関わる市の計画決定がなされたのは一九六九年だったから、この運動が始まるまでにそもそも四年のタイムラグがあり、そのことは、計画が発表された段階では、埋め立てて道路にすることを支持する方向が市民の中で主流だったことを示しているともいえる。実際、後にも触れるNHKテレビの《新日本紀行》では、一九七五年三月三日の回で、小樽を取り上げた「運河のある街」という番組を放映しているのだが、その中では、街頭で市民に運河埋め立て反対のビラを配る人々の姿が映し出される一方で、全く役立たず、悪臭を放つばかりの運河を一刻もはやく埋め立てた方がよいといった市民の声なども数多く紹介されているのである。

小樽のこの変化にからんではいろいろおもしろい問題があるが、残念ながら詳しく述べる余裕はない[(3)]。ただ、ここで一点だけ注目しておきたいのは、この「小樽運河を守る会」の活動が展開する過程で生じた大きな方向転換である。「守る会」は当初、地元の文化人などを中心に発足し、署名活動や議会への陳情などの活動を進めていたが、計画決定から五年後のスタートという出足の遅れもあり、必ずしも十分な成果を上げることができていなかった。そのような中、一九七八年頃になると、Uターン・流入組の若者たちが「小樽・夢の街づくり実行委員会」を結成するなどの新しい動きが起こり、「市民運動型」の活動方針が定着してゆく。運河、倉庫建築群など、自分たちが手にしているものの文化的価値を市民自身が自覚することを目指した啓蒙活動が行われるようになり、たとえば一九七九年六月三日には、市内各所に残る近代建築遺産をめぐる、地元民向けのオリエンテーリング大会などが企画されている。翌日の朝日新聞には、「昔の物ってイイですなァ」という見出しを掲げた大きな記事が載り、予想を上回る三千人の参加者で賑わったことが報告されている（「小樽運河問題」を考える会編 1986, 331）。同じ一九七八年一二月からは、これまた市民を対象にした「小樽運河研究講座」なる勉強会もはじまっている（同書 235）。ここで特徴的なのは、小樽の街や運河の歴史だけでなく、都市景観やまちづくりのあり方全般にまで射程を広げ、そのような研究や実践に関わる人材を全国から広く招いていることである。その中には、同時代にまさに町並み保存の動きにのりだしはじめていた、妻籠宿のような場所で同様の活動に関わる人々なども含まれており、小樽運河

1

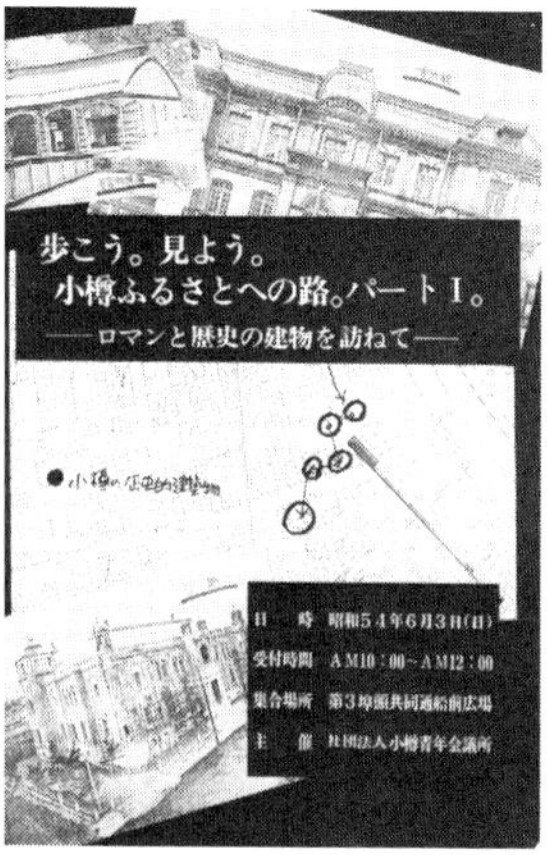

自分たちの町の文化的価値についての市民の意識を高めるために開催された、市内の歴史的建築物を訪ね歩くオリエンテーリング大会のチラシ1とその様子を伝える新聞記事2。いずれも「小樽運河問題を考える会」編『小樽運河保存の運動』所収のもの。

2

の保存運動が、単に一地方の運動に終わることなく、環境をめぐる全国レベルでの意識の変化や最先端での研究の進展と連動しながら展開してゆくようになったさまを感じ取ることができる。

そういう中から一九八〇年には全国町並み保存連盟の開催する「全国町並みゼミ」なる催し物が小樽で行われるにいたる（同書 261）。全国町並み保存連盟は、妻籠宿の町並み保存活動を担う「妻籠を愛する会」など、各地で町並み保存に取り組みはじめた団体が集まって一九七四年に設立されたもので、一九七八年から全国各地でその種の問題が起こっている場所を順次回りながら「全国町並みゼミ」を開催していた。この大会は、三〇年以上たった現在もなお続いているが、八〇年の小樽での大会はその第三回にあたっており、そのことは、小樽運河の保存運動がこうした、同時代の全国レベルでの町並み保存の大きな動きと完全に連動する形で、このムーブメントの全国的な展開を牽引する役割を果たしたことを示していると言ってよいだろう。そして、都市や環境に関する市民の意識のあり方自体の見直しをまず促し、価値観そのものの変化を引き起こそうとしたそのやり方が、この時代の人々の心性・感性のあり方を決定づける上で決定的な影響力をもたらしたことは想像に難くない。そしてまた、この運動が政治運動の新たなスタイルである市民運動という形をとって広がっていったことは、都市や環境に対する人々の感性の変化が、「政治の季節」たるこの時代の空気感と密接に結びついたものであったことを示唆しているようでもある。

続く第3章では、新宿西口に出現したフォークゲリラの考察を通して、政治運動のそのような新たなスタイルが胎動してきた状況や背景について触れることになるが、そのことは、フォークゲリラに象徴されるこの「政治の季節」の動きに関してありがちな、反体制運動の盛り上がりと挫折のストーリーに回収するような位置づけ方がきわめて一面的なものにすぎず、狭義の「政治運動」に収まらないような心性・感性全体の変化に関わる問題として考えられる側面をもっていることを示唆しているともいえるだろう。このように考えてみると、学生運動、市民運動などの動きがこの時代の多くの人々にきわめてポジティブに受け止められ、社会や環境に対する新たな視界を提供するものとなっていた状況の意味が理解できるのではないだろうか。

ドキュメンタリーの変容と「レトロ」志向　ＮＨＫ《新日本紀行》の変容

最後にもうひとつ言及しておきたいのは、都市環境や環境観において生じたこのような変化が、第2章でみてきたような、ドキュメンタリーの新たな方向性とも連動しているように思われるということである。そのことは、《日本発見》(岩波映画製作所、一九六一〜六二)、《新日本紀行》(ＮＨＫ、一九六三〜一九八二) といった、日本各地の風土や現状を描き出すドキュメンタリー番組のあり方の変化に端的にみることができる。とりわけ《新日本紀行》は二〇年間という長い期間にわたって制作され、さらに放送終了から二〇年以上たった二〇〇五年から《新日本紀行ふたたび》という、以前に本番組で取り上げた場所を再度訪れ、その変化を描き出す番組が制作されており、同じ場所が時を隔てて何度か取り上げられているケースが少なくない。それらを見比べてみると、この期間の間に環境自体が大きく変化しただけでなく、そうした環境に向ける人々のまなざしのあり方やそれを描き出す手法などが全体としてその配置を変えるような状況が生じていることがみてとれるのである。

《新日本紀行》には、はじまったばかりの妻籠宿の保存再生事業を取材した「木曾妻籠宿」（一九六九年一一月三日放映）や、すでに述べた小樽運河の保存運動の様子をとらえた「運河のある街」など、このような動きを同時代的に取材した貴重な番組も少なくないのだが、それ以前に作られた初期の作品をみると、その後の番組のつくりとはかなり違った印象を受ける。一九六三年一〇月七日の初回の放送では金沢が取り上げられている。金沢が取り上げられているのは、古くからの伝統を残した都市であるがゆえのことであり、その独特な歴史的景観が番組中でも強調されてはいるのだが、どちらかといえば状況を淡々と紹介している感じが強く、他方で、城下町独特の曲がり角の多い街路が近代化を阻害する要素になったとか、こういう近代化の中では郷愁など何の力もないといったナレーションがつけられているなど、まずは工業化、開発といった路線を既定のものとするような感覚がにじみ出ている感がある。

この中に、当時尾山神社近くにあった中屋薬舗という老舗の薬屋が紹介されているのだが[4]、この同じ中屋薬舗が、一九六一年制作の《日本発見》でも紹介されており、その紹介の仕方も瓜ふたつと言ってもよいくらいに似ていることは、なかなか興味深い。《日本発見》は、各県単位で制作されていたので、金沢が紹介されたのはもちろん、「石川県」の回であったが、この《日本発見》は、やはり各県別に刊行されていた岩波写真文庫の『新風土記』シリーズ（一九五〇～五八年）をベースにした、その「映像版」として位置づけられていた[5]。

実はこの一九五〇年代から六〇年代にかけては、「風土記ブーム」とも呼ばれる状況になっており、敗戦後、植民地も失い、新たな国家としてスタートを切るにあたって、各地の文物や産業の状況を県別、地域別に捉え返すことを目指したシリーズ本が「風土記」などの名称を冠していろいろ作られていた（野村 2011, 238）。岩波写真文庫の『新風土記』もそのような動きの中で出てきたものであるのだが、興味深いのは、このシリーズが全体として、近代化、工業化に向かう全国的な動きを物差しにして各県の動きを描き出そうとしているという点である。その結果、石川県はそのような工業化の動きから取り残された県として位置づけられ、そこで伝統と呼ばれているものも、古めかしさという、いささかネガティブなイメージを負わされているのである。《日本発見》はもとより、《新日本紀行》もまた、スタートの時点では、「風土記」の時代のそのような方向性を汲む形で構想されており、そのようなテイストを色濃く残していたことは想像に難くない。

《日本発見》と《新日本紀行》での金沢の中屋薬舗の紹介が非常によく似た印象を与えるもう一つの要因は、そのドキュメンタリーとしてのつくりにある。《新日本紀行》は、テレビ・ドキュメンタリーであるにもかかわらず、第2章でも触れたような、前時代の記録映画のつくりをかなり引き継いでいた。ここでの中屋薬舗の紹介も、同時録音の音声は全く使われず、出てくる人物の生の声がそのまま流れることも全くないまま、全面的にナレーションを中心に進行している。それゆえ、後のテレビ・ドキュメンタリーを特徴づける臨場感、思いがけない展開やディテールのおもしろさのような要素はなく、今村太平的な意味での予定調和的なつくりを感じさせる。(6)

後年になると、《新日本紀行》の制作方針は大きく変わってゆく。一九六七年にはカラー放送になり、さらに一九六九年からは、それまで「金沢」「浅草」などの地域名だけだったタイトルに、

[1]

金沢の旧東のくるわ（現在は「ひがし茶屋街」と呼ばれている）の町並み。[1]は現況。[2]は1975年に刊行された金沢市教育委員会の『旧東のくるわ：伝統的建造物群保存地区保存対策事業報告書』に掲載されている当時の写真。その後の復元整備の過程で、電柱も看板も電気メーターも姿を消し、生活感が全く失われたという感じが強い。実際、これらの建物の多くは今では土産店や内部見学施設など、観光客向けの用途で使われるものになっている。

[2]

「江戸の残る町」等のタイトルがつけられるようになって、総花的な地域紹介のようなものからテーマ性を強め、その地域に生きる人々の姿や生活の状況を描き出すドキュメンタリーの色彩が前面に出てくる（ＮＨＫ『アーカイブス・カフェ』2006）。金沢に関しても、初回の「金沢」の一〇年後に放送された《城下町の歳月》では、初回には映像に出てくるだけで、ナレーションで語られるだけだった薬屋の中屋の女将や、友禅染の職人たちがインタビューに応えて金沢の街の変化を語ったり、一〇年前の映像を見て懐かしがったりといったシーンが次々と登場し、現場で収録された生のドキュメントという性格を強めており、そのような形で金沢の古い町並みや生活文化が失われてゆく状況が問題化しているさまが描き出される。

この変化はもちろん、初回作の時点ではまだ行われていた、友禅染の反物を浅野川の水で洗い流すという工程が、浅野川の汚染でできなくなったり、中心街に次々とビルが建ちはじめ、重厚な甍がつらなっていた金沢の特徴的な景観が失われはじめたりといった、この一〇年の間の金沢の街自体の変化を映し出している部分があることは間違いない。他方でこうした変化は、それに伴って起こっている環境や景観に向ける人々のまなざしのあり方の変化とも連動しているし、もっと言うなら、従来の記録映画のように全体にナレーションをかぶせるのではなく、同時録音の実際の音声やインタビューによる生の声でつないでゆくという新たな手法が前面に出てきていることもまた、こうした変化と分かちがたく結びついているように思われる。それまでの記録映画とは一線を画すドキュメンタリーのこのようなあり方は、環境問題などの地域の問題を掘り下げてゆこうとする制作者の問題意識と結びついた形で出てきているのであり、それが初期の風土記的な方向性の際に想定されていた方法とはおのずから違ったあり方を示すようになるのは、ある意味では当然のことであるともいえる。心性・感性の変化と私が呼んできたようなものはまさに、状況自体の変化と、それに対する見方や価値観の変化、そしてそれに伴う表現やその受け止め方の変化といったものが連動している、このような状況の中で生じてきているのである。

ドキュメンタリー・レコードと「環境的」感性

ドキュメンタリーの話のついでに、もうひとつだけ述べておくと、この時代、音に関してみても、「ドキュメンタリー・レコードの時代」と言っても過言ではないほど、多種多彩な「音楽以外の音」のレコードが作られている。一九七四年から七五年にかけて、作曲家の柴田南雄が、雑誌『ステレオ芸術』に、もっぱらドキュメンタリー・レコードばかりを取り上げた「楽のない話」という連載を書き、単行本にもなったが（柴田 1976）、こういう企画が成り立ったというのも、様々なドキュメンタリー・レコードが次々出現した時代であったからにほかならない。こうした状況が、狭義の「音楽」のレコードのあり方にも影響を与えた側面があることは間違いない。

本書第3章では、フォークゲリラの歌やフォーク歌手たちの活動を記録したレコードについて考えてゆくことになるが、これらのケースでは、歌われている「曲そのもの」以上に、いわば「ライブ録音」として、それらが歌われている場の環境全体をそっくりレコードに収めようとする志向を窺うことができる。それに対し、一九五〇年代のうたごえ喫茶のレパートリーを録音したレコードなどをみてみると、一見同じような場であるにもかかわらず、レコードの作りは対照的である。

そもそも、この時代の「うたごえ喫茶」をタイトルに冠したレコードのほとんどは、うたごえ喫茶で歌われるレパートリーを歌手がスタジオで録音したものなのである。それに対し、東芝で一九六一年に出された《若い仲間の歌》というレコードには、わざわざ「新宿『灯』にて実況録音」である旨が記載されているから、そういう意味では「ライブ録音」にほかならないはずなのだが、それにもかかわらず、聴いてみると、歌の前後で歌唱指導者が「それでは歌集の××ページ」などと指示している部分や、ざわめき、拍手などは可能な限りカットして、曲を「純粋」に聴かせるような工夫がなされている。ここにはまさに、レコードの作り手・聞き手が、この種のレコードをどのように表象し、そこに何を聴き取ろうとするかということに関わる心性・感性の根本的な変化が現れているように思われる(7)。

こうしたあり方はまた、今村太平的な「スポーツの本質」から外れたところに点在するエピソードを拾ってゆくことでオリンピックを包む空気感をとらえようとした市川崑の感性などともまた、どこかで通じており、「環境的」感性とでもいうべきあり方を示しているように、私には思われる。

第3章 新宿西口広場「フォークゲリラ」の音の空間

新しい感性の媒介者としての『朝日ソノラマ』

一九六〇年代末から七〇年代にかけて一世を風靡した音楽として、しばしば取り上げられるのが「フォークソング」である。この時代にトレンドとなったフォークソングと呼ばれるジャンルが、一九六八年前後の時代の学生運動の空気との関わりで語られることは多い。もはや「懐メロ」と化した今でも時折、団塊世代の人々などが、カラオケで《友よ》、《遠い世界に》といったフォークソングを歌い、「最近の学生は抵抗精神がなくなり、困ったものだ」などとくだをまいているような情景を目にすることがある。他方でフォークソングが、まもなく政治的なプロテストソングとしての性格を失い、「四畳半フォーク」などと揶揄されるような個人的・私生活的な方向性を強めることになったことが引き合いに出され、そのことが、この時期の学生運動が挫折し、その無力感から生じた「シラケ」の結果であるというような形で説明されることなどもよくある。

このような「抵抗と挫折のストーリー」には、たしかに一定の説得力がある。この「一九六八年」をめぐる政治的な動きは日本だけのことではない。というより、フランス、ドイツ、アメリカ等々、欧米の主要国で起こっていた大きな動きが日本に飛び火したと言った方が正確である。一定の時間が経過し、もはや歴史上の事象に仲間入りするようになった今、時代を画するターニングポイントとしてのこの時期の果たした役割が政治史的に捉え返されるようになっていることには十分な理由があるだろう。それらの動きをグローバルな形で捉えた研究も数多くあり、その中にはこの時代の日本の状況に言及しているものもあるし（フライ 2012）、最近では、音楽に焦点を合わせてそのような動きを捉え返そうとしている論集なども出ており、そこでも三井徹が日本の同時代状況についての論文を寄稿している（Mitsui 2013）。その意味で、この時代のフォークソングの果たした役割について、反体制的な政治運動との関わりで位置づける議論が重要であることに疑いの余地はない。

しかしながら、それだけの話で終わらせてしまうということになると、いささか一面的で単純にすぎる見方になってしまう憾みがあることもまたたしかである。この時代のフォークソングの広がりやその展開、変容の動きには、反体制運動の隆盛とその挫折というようなストーリーには還元できないような要素がいろいろ含まれているのではないだろうか。同時代の雑誌やレコードの動向など、メディア論的な視点なども加えて、それらがどのように関わり合いながら文化を形作り、また変容させていったのかということを、もう少しきめ細かく、また多層的・複眼的に捉え直してみるならば、そこからはまた違った構図がみえてくるのではないだろうか。

本章は、そのような観点に立って、一九六九年に新宿西口地下広場に出現した「フォークゲリラ」という、言ってみればフォークソングと反体制運動が最も直接に結びついたように思われる動きの周辺を見直す試みである。後に詳しく触れるように、この時期には「フォークゲリラ」の活動に関わるレコード、ソノシートなどがかなりたくさん作られている。それらの成り立ちや影響力といったことまで含めて考えることで、この動きは、単に政治状況の変化の関数であることを超えて、同時代の音や音楽に関わる感性の変化と密接に結びついていることが明らかになってくる。そのことは場合によっては、政治的な状況の方が、逆にそのような感性の変化の関数として捉えられるという側面をもっていることを明らかにしてくれるかもしれない。その意味で本章は、日本戦後史を感性文化という切り口から考えようとしている本書にとって大きなカギとなる章であるともいえるのである。

「フォークゲリラ」は一九六九年二月頃から新宿西口地下広場に登場した、ギター片手にフォークソングをうたって反戦を訴える運動であるが、後に述べるように、この時期、ベ平連（ベトナムに平和を！市民連合）の運動の一環として登場したものである。ベ平連と「フォークゲリラ」の活動の全体像については、小熊英二がその大著『１９６８』の中で、ベ平連の章全体で二〇〇ページ、「フォークゲリラ」関連の部分だけでもそのうちの二〇ページ強を費やした精緻な記述と分析を行なっている（小熊 2009）。また、二〇一四年に刊行された『１９６９　新宿西口地下広場』（大木・鈴木編著 2014）はこの運動に直接関わった人々の座談会やエッセイとともに、同時代に制作されたドキュメンタリー映画『'69春〜秋　地下広場』（大内田圭弥監督 1970）のＤＶＤまで添えられており、いまさらその全体像について論じることは、屋上屋を架する感を免れない。

本章前半では「フォークゲリラ」の活動について論じるが、その全体像についてはそれらの文献に任せ、ここでは後半部分での雑誌やレコードなどのメディアをめぐる議論にとってとりわけ重要な位置を占めることになるであろう「花束と歌」、「広場」というふたつのポイントだけに焦点をしぼって整理することを旨としたい。本章の中心をなす後半部分では、新宿でのこのフォークゲリラの活動がとりわけ音を扱うレコードなどのメディアによってどのように位置づけられ、どのような展開が試みられたかについて論じるが、とりわけ、これまでほとんど取り上げられることのなかった、ソノシート付雑誌『朝日ソノラマ』（朝日新聞系列の朝日ソノプレス社から刊行）に着目することで、フォークゲリラの活動で開かれた、音をめぐる文化の新たな可能性の展開がどのような形で試みられたかを具体的に探ってみようと思う。そのことが、「フォークゲリラ」とその後のフォークソングをめぐる文化の展開との関係のみならず、この時代の感性をめぐる文化状況と政治的な動き

2014年に刊行された『1969　新宿西口地下広場』（新宿書房）。関係した人々の証言や回想を中心に構成され、同時代史料も豊富に収録されている。当時制作された記録映画《'69春～秋　地下広場》（大内田圭弥監督、1970）のDVDも付けられている。藤田敏八らの《にっぽん零年》（1969）や田原総一郎制作の一連のテレビ・ドキュメンタリーなど、同時代の若者や学生の反体制運動を記録したドキュメンタリー映像は他にもあるが、べ平連や新宿のフォークゲリラに密着した映像は貴重である。

との関係についても、新たな視界を開いてくれることになるはずである。

1―新聞記事にみる新宿西口地下広場のフォークゲリラ

最初に、「フォークゲリラ」をめぐる動きの概要を、新聞報道を使いながらざっと確認しておこう（詳細は巻末文献表中の新聞記事リストを参照されたい）。「フォークゲリラ」は、新宿西口地下交番前の、いわゆる「地下広場」に、毎週土曜日にギターなどを携えて集まり、プロテストソングや反戦的なフォークソングなどを歌うことを中心に集会をひらくようになった若者たちの集団を指している。自然発生的にはじまったとされていることが多いが、中心になっていたのはべ平連（ベトナムに平和を！市民連合）のメンバーたちであり、様々な証言を総合すると、一九六九年二月末に

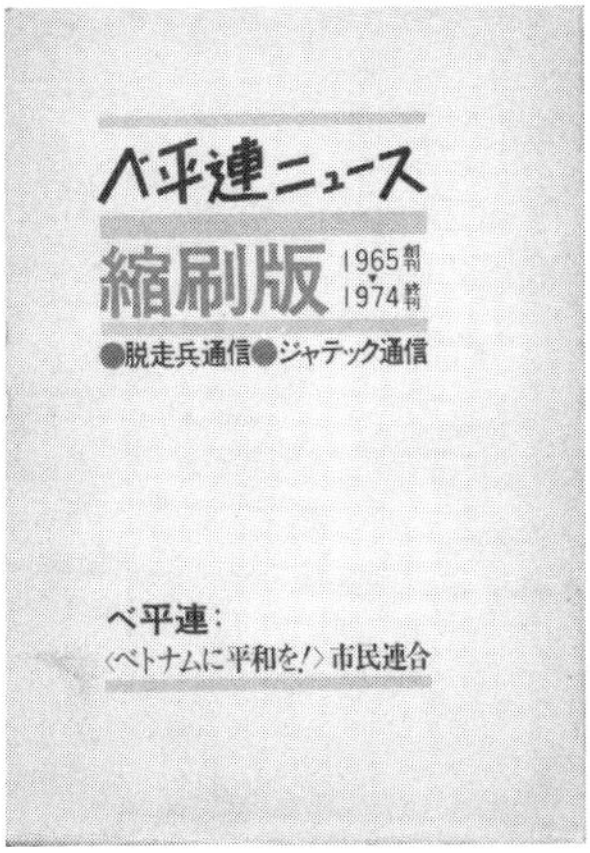

1965年に刊行の始まったべ平連の機関紙『べ平連ニュース』は1974年の終刊にあたって800ページ以上におよぶ尨大な紙面を集積した縮刷版を刊行しており、その思想や活動の全貌をとらえるための貴重な資料になっているが、その一方で、やや「中央集権」的なつくりになっており、これだけでは各地で様々な形で展開された地方での動きを必ずしも捉えきれない面があることも指摘されている。考えてみれば、このようなものが刊行されること自体、彼らの活動が「知識人」のものとして一定の位置づけ方をされていた証であるとみることもできるだろう。

始められたことは間違いない。ただ、それが急速に大きくなったのは、皮肉なことに、警察が取り締まりをはじめたことで世間的に大きな注目を集めるようになったことがきっかけであった。機動隊を繰り出してもその隙間をかいくぐるかのように出没し、あちらこちらからフォークソングが聞こえてくる状況が「ゲリラ」にたとえられたようである。

新聞記事ではこの取り締まりの動きは、「演説・カンパ活動一掃　今夜実力行使して　新宿西口広場から」(朝日新聞　1969.5.14) という記事で報じられているが、翌一五日には「消えそうな〝新宿名物〟　都会の気楽なつどい　西口地下広場　カンパ・フォーク・詩集売り」(朝日新聞　1969.5.15) という記事が出ており、そこからは、この時点ですでに、この広場でのフォーク集会が一定の認知を得ていたことがわかる。それ以前には、「ゲバルトよりは」という見出しの小コラムで、その登場がニュースというよりは、ある種さわやかな話題として取り上げられているのが見られる程度で (読売新聞　1969.3.11)、社会問題を引き起こすような形で捉えられていたわけではなかったことが窺われる。

取り締まりが宣言されたその週末には、フォークゲリラと機動隊の初の衝突が起こる。検挙者は出なかったものの、歌おうとする若者たちを機動隊が追い散らす光景が二時間近くにわたって繰り広げられたさまが五月一八日の各紙で報道されている。この取り締まりが一種のPR効果となり、参加者が飛躍的に増えたことが報じられ、翌週には「新宿西口「土曜ショー」ついに五〇〇〇人」(毎日新聞　1969.5.25) という見出しが見られる。

その後、さらに群衆の数は増え続け、六月末には大きな変化が生じたことが各紙紙面で報じられ

朝日新聞　昭和44年（1969年）5月15日　木曜日　12版　（14）

消えそうな“新宿名物”

都会の気楽なつどい

西口地下広場

カンパ・フォーク・詩集売り

演説、合唱なども締出されてしまった　14日午後5時、新宿駅西口地下広場で

1

新宿西口“土曜ショー”ついに5000人

大合唱、デモ、けんか

右翼男と“裁判”30分

待機の機動隊動かず

2

“土曜波”ついに大荒れ　新宿

交番メチャメチャ　過激学生など1万人にガス銃

“暑い長い夏”の恐れ

3

「フォークゲリラ」の活動を伝える新聞記事を追ってゆくと、当初は「新宿名物」の若者の活動であったものが（1、朝日新聞、1969年5月15日）、当局が取り締まりに乗り出すのをきっかけに大規模化してゆく一方で（2、毎日新聞、1969年5月25日）、急速に既成の政治運動のようなイメージが強まり、暴徒化した形になってゆく動きをみることができる（3、読売新聞、1969年6月29日）。

る。「五千人の学生と一万人を越す群衆に西口広場はまたたく間に〝占拠〟され、学生たちは規制しようとして出動した機動隊に投石したり、同広場の地上、地下二ヵ所の交番の窓ガラスを割って荒れくるった」（毎日新聞 1969.6.29）。警官隊は催涙ガスで対抗し、結局六四人が検挙されたが、背景にはちょうど近くの新宿郵便局で郵便番号自動読み取り機の強行導入に対する闘争が重なって、よりエスカレートした事情があったようだ。

その後もしばらく同様の状況が続くが、七月一九日付読売新聞は「〝広場〟が消された」という記事を掲載している。警視庁の要請で「新宿西口広場」が「新宿西口通路」に名を変えることとなり、以後、広場ではなく通路であるから集会はもちろんのこと、立ち止まることは罷りならぬということになったという次第であった。記事は、駅の乗り換えのための通路が集会でふさがれて実際に困っている人の反応を伝える一方で、一般通行人の多くからは、こんなことでここに集まる人たちの心から〝広場〟が消せるものだろうか、と訝る反応が多かったことを伝えている。

新宿西口 〝広場〟が消された
案内標識書きかえ
警視庁要請で「通路」に
「広場」の字の上に「通路」のハリ紙をベッタリ

「西口地下広場」の看板が「通路」に書き換えられたことを伝える読売新聞の記事（1969年7月19日）。記事には「こんなことでここに集まる人たちの心から“広場”が消せるものだろうか」という問いかけがみられるが、多くの新聞は締め出されたフォークゲリラに対して好意的な立場をとっていた。この周辺を歩くと今でもときどき「広場」の表記がされている案内看板などが残っているのをみることができる。

しかし、当局のこうした「ハード戦術」の力によって、新宿西口での集会は不可能になった。七月二〇日の朝日新聞は、西口広場が二五〇〇人の機動隊によってかためられ、集会がお流れとなったことを伝えている。その後も同様の状況が続いたため、渋谷のハチ公広場（朝日新聞 1969.8.17）、日比谷公園野外音楽堂（朝日新聞 1969.8.24）など、場所を移した開催もいろいろ試みられた。しかし、一一月二日付朝日新聞に掲載された「追われても追われても　新宿のフォークゲリラ」という記事では、新宿中央公園で活動が続けられているものの、もはや熱気は失われ、聴衆も見物人も数えるほどしかいなくなっている状況が報告されている。その意味では盛り上がった期間はきわめて短期間であった。

2　花束と歌――政治の「感性化」をめぐって

べ平連とは、言うまでもなく「ベトナムに平和を！市民連合」という反戦平和運動団体の略称である。ベトナム戦争の激化を受ける形で一九六五年に作家の小田実を代表として結成された。政治運動のために集まった団体とはいえ、従来の同種の団体とは一線を画し、規約も綱領も、会員登録の制度も何もなく、趣旨に賛同する個人が自由意志で三々五々集まってきて勝手に活動するようなものであり、そのことがかえって、新時代に即した市民運動のモデルとして注目を集める結果となった。とはいえ、左から右までかなり広範な思想の人々、様々な世代の人々を集めたこの運動がいろいろな矛盾を抱え込んでいたことは事実であり、とりわけフォークゲリラが登場する一九六九年あたりの時期は、組織が急成長する一方で、各大学での紛争が鎮静化、衰退したことなども手伝って、ベ平連のそれまでの穏健な運動のあり方とは相容れない急進的なやり方やセクト的な発想の人々が流入してくるなど、いろいろな問題が噴出してきた時期でもあった。それゆえ、フォークゲリラという存在もまた、ベ平連の独特のあり方を反映した斬新な一面をもっていると同時に、そこに潜在していた様々な矛盾が運動の展開とともに顕在化し、解体に追い込まれたという一面をもつことは否定できない。

小熊英二は、ベ平連の若者たちの内輪の議論の様子を描いた『ベ平連ニュース』の記事（43号 1969.4：以下、同紙からの引用はすべて『ベ平連ニュース縮刷版』1974による）を引きながら、そこにフォークソングは自立した芸術なのか、あるいは政治的手段なのかという、二つの方向性が未整理のまま混在していたことを指摘し、五月以降、大きな広がりをみせたあと、取り締まりの強化とともに急速に消えてゆくことになった状況を、そうした矛盾が露呈したことの結果として総括している（小熊 2009，（下）410-411）。室謙二の書いている「フォークの状況を政治の状況が追い越した」（室 1969，35）という言葉に端的に示されているように、メンバーが心から楽しんでフォークソングのいろいろなレパートリーを歌っていたような状況が失われ、政治的なパワーに翻弄されるような事態が加速していったことに多くのメンバーが当惑していたことは、彼らの証言からも感じ取れる。

中心メンバーの一人であった小黒弘は「僕たちが歌うのは〝友よ〟と〝ウイ・シャル・オーバーカム〟しかない。それしか歌えないのが今の西口の状況でもある」と書いた（小黒弘「フォーク・バンドから街頭へ」、吉岡編著 1970，90）。彼らが一種のためらいをもち、あまり歌ってこなかった

《インターナショナル》のようなレパートリーがたびたび歌われるような状況が生じていた（この曲については後述）。フォークゲリラの活動がそういう形で、いわば乗っ取られ、結局消えてゆく結果になったという小熊の認識は、大筋ではおそらくその通りであろう。

しかし、その中にもう少し別の方向性や広がりをみることができるのではないのか。そういう問題意識に立って、同じ局面を音楽文化やメディアの側から見直してみたいというのが本章の意図である。そのために、フォークゲリラの「原点」にあえてこだわって、二点だけ指摘しておくことにしたい。まず最初に論じておかなければならないのは、フォークゲリラの活動が、政治の「感性化」ないしは「イメージ化」につながる方向性を孕んでいたのではないかということである。

ベ平連の活動の中で、フォークソングを歌うことが大きな位置を占めるきっかけになったのは、一九六八年末の一二月二八日に行われた「絶対にジグザグデモをせず、交通を妨害せず、商店に迷惑をかけず、二列になり、花束をもってベトナム戦争反対、米タンク車通過反対を訴えるデモ」という「史上最も長い名前」のデモであった。一〇月の国際反戦デーの際に、いわゆる過激派の新宿

新宿と花ともみじと　12・28花束デモより

'69反戦フォークと討論の集い」から　高野光世

「花束デモ」の様子を伝える『ベ平連ニュース』の紙面（第四一号、一九六九年一月一日）。'69反戦フォークと討論の集い」の報告もみられ、ベ平連の活動の典型的な姿をみることができる。

駅での破壊活動が大きな社会問題になったのに対し、べ平連はその時、対照的に花束をもったデモを行った。その体験をふまえ、代表の小田実の提唱で（『べ平連ニュース』38号 1968.11）、今度はさらにそこにフォークソングも加え、花と歌で彩られた反戦デモという、べ平連ならではの活動が企画されたのだが、その際に大阪べ平連でフォークソングを駆使して活動している数人のメンバーが呼ばれた。彼らがそのデモの後、西口広場に赴いて歌いだしたことにヒントを得て、東京のメンバーにも西口広場を拠点に毎週フォークソング集会を開催するというアイデアが生まれ、それがフォークゲリラという形になったのだという（山本（大木）晴子、「戦う女キリスト者」、吉岡編著 1970, 二二）。また、翌一九六九年一月一一日には「'69反戦フォークと討論の集い」が開催され、関西フォークの中心メンバーである中川五郎や高田渡が呼ばれているし、高石友也や岡林信康らの「あんぐら音楽祭」にも共催として加わるなど、この時期のべ平連は、とりわけ関西フォークとのつながりの中で歌を前面に押し出す動きを示している。フォークゲリラの代名詞となった岡林の《友よ》をはじめ、その後彼らが歌うことになるレパートリーも、その大半は関西フォークに出自をもつものであった。

もちろんフォークソングのブーム自体は、このときにはじまったわけではない。とりわけアメリカでのフォークソング運動の旗手であったピーター・ポール・アンド・マリーやジョーン・バエズが相次いで来日した一九六七年前後には、彼らのレパートリーを中心としたフォークソングの曲集やフォーク・ギターの独習本があいついで出版されたりもしていたが、当時の東京ではもっぱら「直輸入モード」が支配的で、自分たちの手で、自分たちの状況に合わせて日本語の新しい歌を作り出してゆくという方向性は稀薄だった。

それに対し、高石、岡林らを中心とした「関西フォーク」での「和製フォーク」の実践は着実に根づいて関西べ平連など、地域のべ平連活動にも流れ込み、「フォークソング集会」の蓄積を作り上げるまでになっていた。そこにみられる、ステージに鎮座するのではなく、人々の日常に流れ込み、現実の社会と結びつきながら機能している歌のあり方をまのあたりにした東京のメンバーたちは、そこに人々のコミュニケーションを回復する可能性をみて、新宿西口での活動を思い立ったというわけである。

フォークゲリラの一員であった高野光世は、『べ平連ニュース』に「西口広場は誰のもの？」と題された記事を書き、その中で次のように述べている。

> 私たちは三月から街頭で歌い続けて来た。その中で目指して来たのは、歌を通じて人に語りかけること—失われたコミュニケーションを回復することだった。閉ざされた心の扉を、歌によって開くことだった。今、ステージとか入場料とかいう枠の中で殺されかかっている〝音楽〟というものを、文字通り直接に日常の中に投げ込んで、生きたも

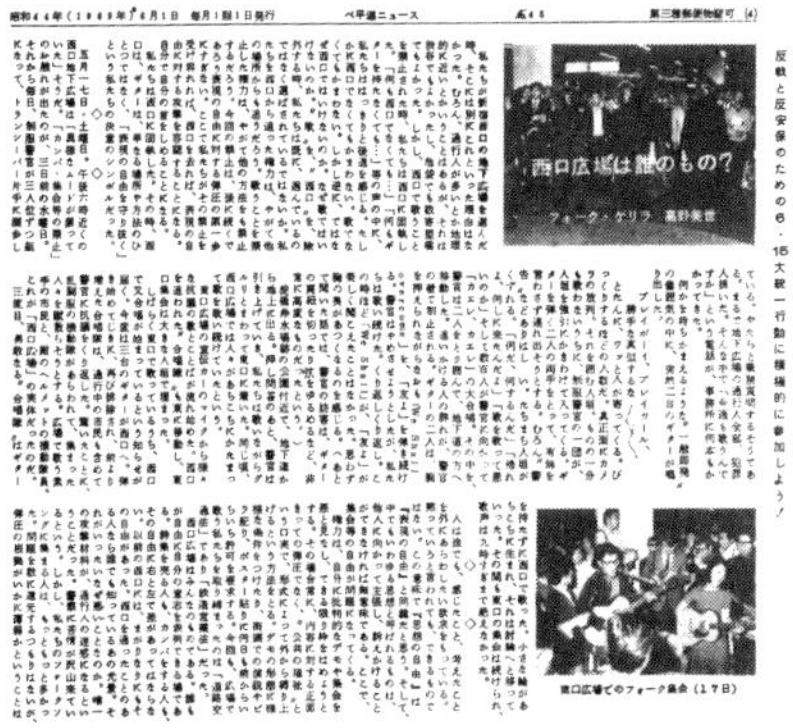
昭和44年（1969年）6月1日　毎月1回1日発行　ベ平連ニュース　第三種郵便物認可　(4)

西口広場は誰のもの？

フォーク・ゲリラ　高野美世

反戦と反安保のための6・15大統一行動に積極的に参加しよう！

西口広場でのフォーク集会（17日）

『べ平連ニュース』（第45号、1969年6月1日）に掲載された高野光世（「美世」とあるのは誤植）の「西口広場は誰のもの？」というレポート。

のとして再生させてもみたかった。（45号 1969.6）

東京芸大ヴァイオリン科から学生として飛び込んできた高野の言葉だけに、ここで音楽が「ステージとか入場料とかいう枠の中で殺されかかっている」と言うときに想定しているイメージが、他のメンバーとはだいぶずれていた可能性は否定できないが、それだけにかえって、彼女の言い方は問題のポイントを端的に言い表している。ここでの問題は、芸術作品が完全にその自律性を確立し、コンサートという制度やステージという場所に隔離されてしまうことで、現実世界の生活や政治状況との関係を失い、人間同士をつなぐツールになりえなくなっているという認識であり、その意味で既成の音楽、芸術の概念を根本から問い直すことが目指されていたとみるべきであろう。

しかし他方、そこで芸術や音楽を現実の中に投げ返してやるということが、ただ単にそれを「政治化」することを目指すということではなかったということにも注意しておく必要がある。「政治化」された音楽は、日共系のうたごえ運動など、それまでにもいろいろあったが、彼らが理想としたのはそのようなものではなかった。むしろ彼らは、うたごえ運動の閉鎖性や上意下達的な組織のあり方に反抗し、ただタテマエをならべているだけのような硬直化した歌のあり方を批判して、意識的にそこから一線を画そうとしている。この点でも彼らは関西フォークの面々と軌を一にしていた。「あんぐら音楽祭」では、岡林がうたごえ運動の定番曲《がんばろう》を取り上げて揶揄しつつ、自分は反戦歌が嫌いだ、恋人を大切に思うような自分自身の生活感情から出た曲が、そういう人間的なあり方を破壊するような戦争のような状況で作られるとき、はじめて訴える力をもつのだ、と聴衆に語りかけるシーンがあるが、『べ平連ニュース』にも、それを想起させる一つの論争が出てくる。

同紙第41号（1969.2）紙上で、音楽評論家・三橋一夫は（後に述べるように彼は基本的にはフォークゲリラの理論武装を支える強力な支持者であった）、一九六九年一月一一日に行われた「'69反戦フォークと討論の集い」で歌われた《小川のほとり》という曲（アメリカの黒人の古典的な反戦歌）の「武器をすてて小川のほとり」という歌詞を取り上げ、「小川」という語の語感からか、ピクニックに行ったような雰囲気になってしまっている、ここは武器を捨てる場面なのだから「武器をすてろ海の底に」とした方が、はるかに「戦争はいやだ」という意味が強調される、と書いた。それに対し、訳詞者であった詩人・片桐ユズルは反論を試みている。あの歌はもとは厭戦歌であって、重い銃や装備を背負って長い道を歩いてきた兵士が川のほとりでの小休止で、てんでに武器などをおっぽりだしているという情景から生み出されたもので、ある種さわ

1

新しいフォークソングの可能性

べ平連フォーク集会にてて　三橋一夫

今日はほんとうにありがとうございました。正直のところビックリ!ビックリ!でした。あれほど、若い人たちが「歌」をうたい、つくりはじめていることに。

ディアスさんのピアノからあとしか聞けなかったのは残念でしたが、フォーク調、うたごえ調、ロック調のものをふくめて、あれほど大勢の人たちが登場したことは、すばらしい青年のエネルギーです。この調子で行けば、一九三〇年代IWWの労働者のジーパンのポケットにはいっていたLittle Red Song book のような歌集が生まれるでしょう。実用的・実戦的であるばかりでなく、歴史にも残るような、歴史家があとになって人民の歴史を正しく書こうとするとき、資料にせざるをえないような歌集が――。

私個人望みたいことは、たとえば清水くんの問題が誰かの手で歌にされていてよかったということ、それが〔folk song〕の自然なありかただったと思うのです。第一部を全部そんな歌でうずめようというのではありません。けれど、プログラムのなかで沖縄に関する歌が一曲しかなかったことは、やはり私たちの立ちおくれがあると思います。夏の京都会議のとき、沖縄問題の討論でSDSの代表が「沖縄がそういう状態であることは知らなかった。これをポピュラー音楽やロックンロールを使ってでもよし、ぜひ広く知らせよう」と発言したことは、私の脳りにこびりついています。アメリカ代表に提案されるまでもなく、私たちは、日本で歌を使ってそれをもっと大量にしなければならないでしょう。

同時に、べ平連がとりくんできた問題、たとえば金東希、脱走兵のこと、こういうことがすぐれた詞と音楽によってうたわれることが folk song の自然のありようだと思います。別の題材としては、一昨年問題になったJANIS IANの歌があります。ご存知かもしれませんが、高校生である彼女のつくった歌は、みごとにアメリカ中流社会の矛盾をとらえていると思います。そのなかのひとつ「とらわれの恋」がヒットパレードにはいったときジョン・バーチ協会は小売店のレコードを買いあつめ、たたきこわしてしまいました。その歌は白人少女と黒人少年の愛の歌だったのですが（日本ではその歌を入れたシングル盤が発売されました）。

いっぽうでは、みんなでうたえる歌、そしてまた美しい、こんにちの愛の歌がもっとつくられ、うたわれると同時に、いま例をあげたような歌は、べ平連からこそ生まれでよいではありませんか。

（追記）五〇円の歌集のなかの「小川のほとり」私としては異議のある詞です。あの歌はDown By The Riverside（またはStudy War No More）をもとにしていると思われますが、第一に「武器をすてて小川のほとり」というのは、「小川」のもつ語感からか、ピクニックに行ったような錯覚にとらわれます。うたいやすくするために創作したのでしょうが創作してしまうなら、「武器をすてろ海の底に」というデフォルメのほうが、はるかに「戦争はいやだ」の意味が強調させると思います。これがアメリカ黒人の古典的な反戦歌（囚人の労働歌でもありました）だけに、シーガー、オデッタ、マヘリア・ジャクソン、ウィーヴァーズがさんざんうたってきた歌だけに、あの歌集にのっている詞は、私個人はそうとう抵抗を感じます。

※小川のほとり

1　武器をすてて小川のほとり
小川のほとり
武器をすてて小川のほとり
戦争はもうやめだ
戦争はまっぴらだ　もうやめだ
戦争はもうやめだ

2

厭戦を延長して反戦へ

「小川のほとり」はフラワー・パワー＝　片桐　ユズル

一月十一日べ平連フォーク集会でうたわれた「武器をすてて小川のほとり」という歌について、三橋一夫さんは前号のべ平連ニュースで、小川のほとりなどというのはピクニックにいったみたいな錯覚にとらわれる、と異議を申したてていますが、それに対して訳者として異議を申したてたいとおもいます。

あれは創作ではなくて訳のつもりで、Down by the riverside を訳したら「川のほとり」になります。ニグロ民間伝承の河の役わりについて知らないわけではありませんが、それはちょっとニホンゴにはだせませんでした。それよりも、あの歌はもとは厭戦歌で、反戦歌になったのは最近のことです。民謡学者アラン・ロマックスによれば、第二次大戦中ニグロ連隊で演習のとき行軍歌としてうたわれたそうです。だから目にうかぶのは、おもい銃や装備をしょって長い道をあるいてきたのが、川のほとりにきて、小休止ってんで、てんでに武器などをおっぽりだして、という風景で、そのさわやかな感じをだしたいとおもいました。

反戦歌というものが「武器をすてろ海の底に」というように、チカラヅヨクうたわれなくてはならないものばかりではないでしょう。へなへなの、ひきような人間の厭戦感情を論理的に延長したら反戦になる可能性がとってもたいせつでしょう。花を愛し、人を恋する心が自然に延長されて戦争反対にいたるという路線がぼくはすきなのですが、反戦フォーク運動が「悲惨な戦争」のその可能性をすどおりしてしまったのは、くやしいことをしたものです。

「手に手をとって小川のほとり」「花束つくろう小川のほとり」は戦争じゃなくて恋をしよう、とかフラワー・パワーの歌として花束デモででも歌ってくださったら訳者としてうれしいです。

《小川のほとり》の歌詞をめぐって三橋一夫と片桐ユズルの間で論争がかわされた
（『べ平連ニュース』第41号、1 1969年2月1日および 2 第42号、1969年3月1日）。

やかさを感じさせるものだったが、最近になって反戦歌として歌われるようになった、と片桐はいう。彼は反戦歌というものは、何も力強くうたわれなくてはならないものばかりではないと言い、次のように書いている。

へなへなの、ひきょうな人間の厭戦感情を論理的に延長したら反戦になる可能性がとってもたいせつでしょう。花を愛し、人を恋する心が自然に延長されて戦争反対にいたるという路線がぼくはすきなのですが、反戦フォーク運動が「悲惨な戦争」のその可能性をすどおりしてしまったのは、くやしいことをしたものです。
「手に手をとって小川のほとり」、「花束つくろう小川のほとり」は戦争じゃなくて恋をしよう、とかフラワー・パワーの歌として花束デモででも歌ってくださったら訳者としてうれしいです。
（42号 1969.3）

片桐はすでに『べ平連ニュース』がバエズの来日を取り上げた際のフォークソング特集に、うたごえ運動で歌われる歌が人民のためのものになっていないことを批判する論考をよせていたが（18号、1967.3）、反戦思想のイデオロギーを連ねたような「うたごえ運動」的な反戦歌ではなく、庶民の厭戦思想の気分を歌う、その延長線上に出てくる反戦歌を大切にするという、岡林のラブソング論とも通底するその考え方は、そうした関西フォークのあり方を花束デモに接続させてゆくつなぎ目ともなっていた。

フォークゲリラの示したこのような方向性は旧来の芸術制度に根ざした音楽からも、旧来の政治組織に根ざした歌からも距離を置こうとするものであり、その意味でべ平連の位置取りをよく示していた。代表の小田がこの時期に示した、あえて「花束」や「歌」を前面に出すような方向性は、既成の政治勢力との違いが曖昧化しはじめている状況を前に、再度べ平連の「原点」をはっきりさせるというような意味合いもあったと思われるが、いささか原理主義的で茫漠としていたことも否めない。とりわけ、《インターナショナル》のようなハードコア的な闘争歌や革命歌を嫌って、より「芸術的」な志向を強めているあたりは、状況次第では、いわば同時代の「イメージ広告」やディスカバー・ジャパンのキャンペーンにみられるようなイメージ志向、感性志向的な方向への動きを一気に強めるような可能性も孕んでいたとみることもできるだろうし、生活実感を根拠とした日常の機微から出発しようとする姿勢もまた、ただちに「四畳半フォーク」につながってゆくような可能性を潜在させていたとみることもできるように思われる。いずれにせよ、そういう可能性を現実のものにしてゆくためには、ちょうどディスカバー・ジャパンのイメージを現実の具体的な旅行企画に落とし込んでいった旅行会社やその他のエイジェンシーと同じような存在が必要であった。本章後半では、雑誌やレコードというメディアを、そのような役割を担ったものとして位置づけ、その具体的活動を追ってゆくことになる。

3 「広場」の思想　音楽の「環境化」をめぐって

フォークゲリラの活動を考える上で、もう一つ大きなポイントになるのが「広場」という概念である。彼らの活動の舞台が「新宿西口地下広場」という場所であったことがまさにポイントであり、彼らの活動に象徴的な性格を与える源ともなったのである。

「新宿西口地下広場」というところを活動の場に選んだこと自体は、彼らにとってたぶんに偶然的であり、必ずしもそこでなければならない必然性があったというわけではない。すでに触れた中心メンバーの一人である高野光世は、『べ平連ニュース』掲載の「西口広場は誰のもの？」に、「私たちが新宿西口の地下広場を選んだ時、そこには別にこれといった理由はなかった。むろん、通行人が多いとか地理的に近いとかいうことはあるが、それは渋谷でもよかったし、池袋でも数寄屋橋でもよかった」と書いている（45号 1969.6）。それに続けて高野は、「しかし、西口で歌うことを禁止された時、私たちは西口に固執した」と書くが、その理由は、西口を放棄することが権力に屈することになるということであり、その結果、この場所が「表現の自由を守り抜く」という決意のシンボルになったということなのであって、新宿西口という場所や広場という概念が特に問題とされたというわけではなかったようである。

しかしながら、機動隊との衝突で群衆が急増し、多くの人々の注目が集まってゆく過程で、「広場」は確実に特権的な意味をもつ概念になっていった。フォークゲリラと機動隊の攻防を伝える新聞や雑誌の記事を追ってゆくと、「広場」の二文字が徐々にクローズアップされ、やがてフォークゲリラの問題を超えた広がりをもってくる状況が伝わってくる。衝突が本格化した五月二八日の朝日新聞夕刊文化欄には、「広場はだれのもの」と題された建築家・宮内康の論考が掲載されているが、読売新聞も同じ夕刊文化欄に、東大助教授・芳賀徹の「広場とは？」(1969.6.16)、作家・加賀乙彦の「新宿西口広場あるヤジ馬の感想」(1969.7.2)といった論考を載せている。朝日新聞ではまた、「『広場』がほしい」と題し、投書欄「声」に寄せられた読者の投書を広場での集会に対する肯定派と否定派、および新たな提案にわけて整理した形で紹介したり(1969.7.26夕刊)、「論争　日本の広場から思想は生れるか」と題した記事で、「生れる」派の西洋史学者・堀米庸三、「生れない」派の作家・平林たい子の論考を掲載したりして

昭和44年(1969年)7月26日　土曜日　3版A　(10)

「広場」がほしい

本社への投書から

対話の必要性説く　賛成

"無法"への危険感　反対

ほしい集会の広場　提案

2

夕刊読売新聞

文化

広場とは―

芳賀《はが》徹《とおる》

風と水がある

息の通い合う空間

1

新宿西口広場の問題をきっかけに各新聞も「広場」をめぐるさまざまな記事を掲載した。1は読売新聞に掲載された芳賀徹の論考（1969年6月16日）、2は寄せられた読者の投書から賛否両論、提案などを整理して紹介した朝日新聞の記事（1969年7月26日）。

(1969.8.26)、「広場」というテーマをめぐる論争の様相を呈するようになっていった。

これらの論者の意見や立場はもちろんいろいろだが、多くの論者が西洋文化の発展の中で「広場」の果たした役割に触れ、日本にそうした西洋的な「広場」の思想が根づく機会になりうるのかどうか、という切り口から問題を捉えており、新宿西口地下広場でのフォークゲリラをめぐる状況が、いわばその試金石として位置づけられているという点で共通している。こうした議論があっという間に広がったのは、この「広場」の思想をめぐる問題が、権力の不当な支配や弾圧を排し、真の市民的公共性に根ざした自治を実現することを目指した、この時期の学生運動や市民運動の根柢にある方向性と完全に重なり合っていたからである。

この時期、学生運動に関わる人々にとってバイブルのような存在であったとも言われ、ベストセラーにもなっていた羽仁五郎の『都市の論理』(羽仁 1968)でも、「市民によって建設された最初の都市」である古代ギリシャの都市国家ポリスにおいて、市民が出会い、自由に議論をたたかわせ、思想をはぐくむ場所としての広場(アゴラ)が最も重要な場所として称揚されていた。羽仁は今の日本の都市が思想的にいかに貧困であり、市民を踏みつけにした権力によって不当に支配され、自由が奪われているかを力説し、根本的な改革の必要性を訴えた。思想が育まれる場所であるはずの

この時期、一世を風靡した羽仁五郎の『都市の論理』の表紙

「広場」に機動隊が出動して弾圧が行われ、こともあろうに「広場」を「通路」に変更するなどという姑息なやり方でそこに人々が自由に集うのを妨害しようとしたともなれば、まさに権力の不当さや横暴さの証だという話になる。その意味で、新宿西口地下広場をめぐって起こった出来事ははからずも、フォークゲリラに関わる個別的な事案であることを超えた象徴的な位置づけを与えられることになったのである。

　新宿西口地下広場という場所のもつ特異性もまた、そういう動きを後押しした。今でこそ、新宿駅西口は新宿という大ターミナルにふさわしい顔としての地位を獲得しているが、現在の西口の形が完成するのは一九六七年のことにすぎず、それまではヤミ市の香りを残した「駅裏」的な場所であり、東口には及びもつかない場所だった。そこに、淀橋浄水場跡の再開発による副都心計画がもちあがり、それに見合う形で、地下に広大な広場

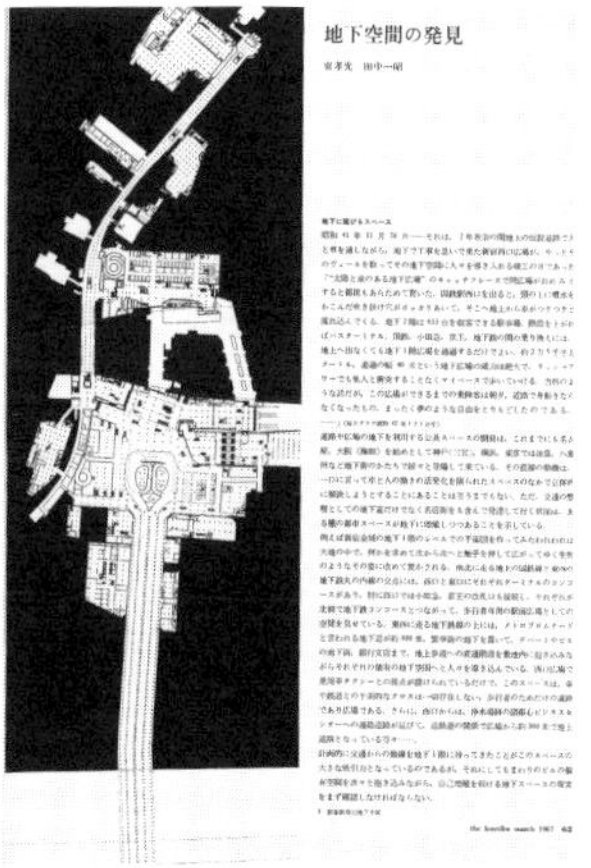

新宿駅西口の整備は、淀橋浄水場跡地の再開発をにらんで行われた。当時としては非常に斬新であった二層構造の立体的な空間は、多くの建築雑誌が取り上げている（『建築』1967年3月号の表紙と特集の解説記事）。

が広がる、当時としては最先端をゆくような斬新な二階建ての駅前空間が形作られた。完成時には多くの建築雑誌で特集されているが、それは旧来の新宿の繁華街からは隔絶された場所に造られた分だけ、ほとんど未来都市のような印象を与えた。ただし、「地下広場」という名称やその斬新なあり方が注目を集めたとはいえ、少なくとも設計の時点で、アゴラ的な用法が想定されていたわけではなかった（東・田中 1967）。

フォークゲリラ問題が議論を呼び、「広場」から「通路」への名称変更が話題になる中で、あたかもこの「広場」が本来、アゴラ的なものであったかのような言説が広がってゆくが、それ自体は完全に後づけ的なものであった。もっとも、人通りが多く、かつ広いスペースの広がる場所であったため、フォークゲリラが活動をはじめる以前から何かと、ビラ配りやアジ演説の類を行いやすい空間であったことはたしかである。また、地下の覆われた場所であったために残響が大きく、歌声が増幅されたり、いろいろな声が響き合ったりといった絶妙の音響効果をもたらしたことも、この「広場」に人々の耳目を集めるような独特の熱気を生み出し、特権的な場所に仕立てた一因になったと言うべきかもしれない。

すでに述べたように、ベ平連のフォークゲリラが、その活動の場所として新宿西口地下広場を選んだこと自体は多分に偶然の産物であったが、彼らもまた後には、この場所に具わったアゴラ的な特異性の表象を最大限利用することになる。『ベ平連ニュース』の編集長であった吉岡忍のまとめた『フォークゲリラとは何者か』（吉岡編著 1970）においても、フォークゲリラの活動をドキュメンタリー形式で綴った第一章「新宿西口広場の記録」の冒頭いきなり「西口は広場だ」という節のタイトルが登場して、『新宿副都心建設事業のあらまし』なるパンフレットやそこに収録されている図面などが引用され、それが当初からいかに「広場」として構想されたものであったかが力説されているばかりか、最後の章は「市民運動と広場の思想」としてまとめられている。

新宿西口広場でのフォークゲリラの活動を、羽仁らの言う広場（アゴラ）の概念と結びつける理論武装に一役買ったのは音楽評論家の三橋一夫であった。公民権運動との関わりなど、アメリカのフォークソング事情に詳しかった三橋は、雑誌『ポップス』一九六九年七月号から五ヶ月にわたって「『都市の論理』とフォークソング」という記事を連載しているが、連載第一回で、羽仁の『都市の論理』に出てくる「アゴラ」の概念を軸に、人々が出会い、音楽を通じてコミュニケーションを行う場としての「歌のアゴラ」が、まさに今、求められていること、フォークソングこそがその際の切り札的な存在になるべきであることを論じた上で、第二回「アゴラを現出させたフォーク・ゲリラの魔術」で、新宿西口地下広場こそが奇跡的にそのような空間になりえたことを高らかに宣

『フォークゲリラとは何者か』の表紙。当時『べ平連ニュース』の編集長も務めていた吉岡忍が編者となり、「フォークゲリラ」の活動を支える中心メンバーであった小黒弘、伊津信之介、山本（大木）晴子らが執筆している。巻末には「プロテスト・ソング選集」も収録されている。ここでもキーワードは「広場」であり、「広場の思想」の項を吉岡が執筆している。

言している（三橋 1971）。

フォークゲリラにとって、新宿西口がたまたまそこで活動した場所であることを超えて、「広場」として位置づけられていたということを考慮に入れると、彼らの活動やそこで起こった出来事には、多少違った意味合いが生じてくるように思われる。アゴラ的な場であるということは、少なくとも理念としては、それが彼らだけの一方的な宣伝や説得の場であるわけではなく、人々が出会い、議論をし、思想を練り上げてゆく公共的な場として位置づけられているということであり、そのことは、自分と異なる立場や思想の人も排除することなく積極的にコミュニケーションの輪に入れてゆく姿勢で臨むということを意味する。実際、大内田圭弥監督によるドキュメンタリー映画『'69春〜秋 地下広場』（一九七〇）には、通りがかりのサラリーマンや商店主など、学生たちとはおよそ立場の違う人々も加わって激論を交わしている場面がいくつも収められているし、新聞記事などからも、そのような情景がほとんど風物詩のような形で認識されていることが伝わってくる。

そのような観点からすると、「土曜ショー」がどんどん拡大するにつれて、全学連の分派などの既成のセクトが流入してきたり、新宿郵便局の郵便番号自動読み取り機導入反対運動に関わる人々が一緒に騒いだりといった状況も、理念としては必ずしも否定すべき状況ではなかったのではないかと思われてくる。音楽にしても、フォークゲリラのメンバーがあの場所で、自分たちの歌としてフォークソングを歌い、自らの価値観、世界観を表明することは、たしかに一つの目的ではあるのだが、他方で、それとは違った価値観、世界観にもとづく歌やそれを歌う人々は必ずしも排除されるべき存在ではなく、それらと共存し、相互にその関係をさぐってゆくこともまた、この場の大きな意義の一つであったとも言えるからである。

そんな彼らの姿勢をよく示しているエピソードが『べ平連ニュース』に掲載されている。

・〝どうしてインタナショナルをうたっちゃいけないの〟と叫んで、デモのなかから飛びだしていってしまった女の子がいました。四月二〇日に行われたヤングべ平連の最初の「フォークソング・デモ」でのことです。……彼女は「フォークソング・デモ」のような〝ナマヌルイ〟デモではなく、もっとはるかに激しいデモを予想してこのデモに参加したのにちがいありません。〝裏切られた〟彼女はもっていたプラカードでフォークソングをうたっていた別の女の子をぶって、足ばやに去っていったのです。

なんともイヤな気分が、デモの参加者のなかに流れました。

〝インタナショナル〟をうたってはいけないのではないんだ。ギターをひいていた青年がいいました。そうではなくて、いまわれわれのするべきことは、〝インタナショナル〟をうたえるような人間をもっともっと増やすことなんだ。……

それにもうひとつ。〝インタナショナル〟はほんとうに急進的・根底的なのでしょうか。わたしたちはわたしたちじしんの思想の展開を〝インタナショナル〟のなかに見ることにできるのでしょうか。

もし、そうでなかったとしたら？

（44号　1969.5）

「花束デモ」のような「軟派」スタイルには合わない、「うたごえ運動」でお馴染みの《インターナショナル》のような「硬派」のレパートリーをフォークゲリラがあまり歌わなかったことは、前述した通りである。しかし、それを歌っていけないわけではなく、事実、『フォークゲリラとは何者か』巻末の曲集にも《インターナショナル》や《ワルシャワ労働歌》は収録されている。むしろ、両者の関係や現代における意味といったことをつねに考え、相互の位置関係を探ること、そのことが重要だという考え方がベースにあったというのが、このエピソードの示していることなのではないだろうか。そういういろいろなものが共存し、その中からさらなる展開が生じることを可能にするような場としての「広場」を作り出してゆくことに、フォークソングをうたうことの意味を位置づけ、誰でもはいれるオープンなスペースを設定することに重きをおいていたところが、この運動の理念の特色であったともいえるだろう。

もちろん現実には、そんな寛容な考えは理想論にすぎなかったということもまた事実である。実際、後にフォークゲリラが、「味方」であったはずの関西フォークの面々とも衝突し、高石友也や岡林信康がステージでばかり歌っていることを糾弾しているさまなどをみていると、新左翼お得意の「内ゲバ」の再現のようにもみえなくはない。その意味では、竹中労が喝破したように、フォークゲリラもまた、否定していたはずの党派性に自分自身が囚われていたというべきなのかもしれない（竹中 1973, 201）。

ただ実際には、会員制度や綱領を欠いているべ平連の場合、「内」と「外」との区別をすること自体が原理的に不可能である。西口広場に五〇〇〇人集まった人々のうち、「本来」のフォークゲリラはおそらく一〇〇人にも満たず、大半は弥次馬であったり、尻馬にのって自分たちの宣伝活動をしようとやってきた特定のセクトのメンバーだったりしていたわけであり、実際このときの録音にはいっている《インターナショナル》の歌声などは、フォークゲリラの歌といえるかどうかはかなり疑問なのだが、さりとてこれはフォークゲリラの歌でないとはいえず、また、いろいろな人々の声や歌が鳴り響く「広場」の音であるという限りで、それらも含めた全体が彼らの目指した、多様なものが並存する新宿西口地下広場の音の世界であると考えるべきだということにもなろう。

彼らがそのあたりをどこまで具体的に考え、イメージしたかはともかくとして、少なくとも彼らの活動を受けとめる側にとって、彼らの歌声そのものを超えた響きの総体や広がりが全体として捉えられ、それが大きなインパクトをもったという一面があるということは間違いなく、彼らの理念からしても、その中から自分たちの歌っている歌だけを特権的に取り出して意味づけるような見方は、その趣旨に反することになるのである。

もちろんそのことはある意味で、べ平連やフォークゲリラの活動の問題点や限界を示すものでもあろう。しかし、少し引いてみてみるならば、そういう多様なものを並存させている状況を作り出すことで、全体として新たな変革を引き起こし、新しい局面を切り開くという、他にはない可能性がそこに孕まれていたと考えることもできる。次節以降で述べるように、この「新宿西口地下広場の音」は、レコード等のメディアで様々に取り上げられることになるのであるが、その際に雑誌やレコードの制作者の側がまず飛びついたのはまさにそのような側面であった。

そういう中で、歌われている個々の曲の内容や歌っている人の思想といった要素が背景に退き、広場全体の音の醸し出す雰囲気や空気が前面に出て独り歩きをはじめるような状況が生じてくることになるのだが、そのことはいわばここで述べたような事情から構造的に出てきた結果であったともいえるのではないだろうか。少し強引な言い方をすれば、そのような事態は音楽の「環境化」というような言い方でまとめることも可能であるように思われる。個々の曲やその内容ではなく、その周囲に形作られる音の環境全体が問題になるような状況を作り出すこと、それが彼らの考えた「広場」の基本的な方向性だったのであり、次節で具体的に述べるように、これらのメディアはまさにそのような方向性の延長線上に自らの活動を展開していったのである。

4　「音の出る雑誌　朝日ソノラマ」とフォークゲリラ

フォークゲリラについてのこれまでの検討をふまえた上で、以下では彼らの歌ったフォークソング、というよりさらに広げて、新宿西口地下広場に響いた音が、雑誌やレコードなどのメディアでどのように表象され、位置づけられたのかを考え、その後の時代に起こってくるフォークソングの「四畳半化」とどのように結びついているのかという議論につなげてゆきたい。新宿西口広場に響いた音の話と、フォークソングの「四畳半化」と

『朝日ソノラマ』創刊時の新聞広告（朝日新聞、1959年11月28日）。「音の出る雑誌」という名のもとに、従来の活字媒体ともレコードとも違う新たな方向性が目指されていた。

いう話とがいったいどのように結びつくのか、訝る向きもあるかもしれないが、実はそのカギをにぎるのが『朝日ソノラマ』というソノシート付の雑誌なのである。以下ではこの『朝日ソノラマ』という一本の補助線を引くことで、これらの問題がどのようにつながってくるのかを考えてゆくことにしよう。フォークソングについてメディアとの関わりで語るとなれば当然のことながら、URC、エレックなどのインディペンデント系レコード・レーベルの活動などについて当然触れることになるが、それもまた『朝日ソノラマ』という補助線との関わりの中で新たな光のもとにみえてくることを示したい。

『朝日ソノラマ』は、ソノシートという、塩化ビニール製のシート状レコードを付録につけた雑誌である。朝日新聞社系列の朝日ソノプレス社という子会社が制作しており、一九五九年一二月の創刊から一九七三年に休刊となるまでの間に、一七〇号以上が刊行された。本章のテーマとの関わりで特に問題

[1]

[2]
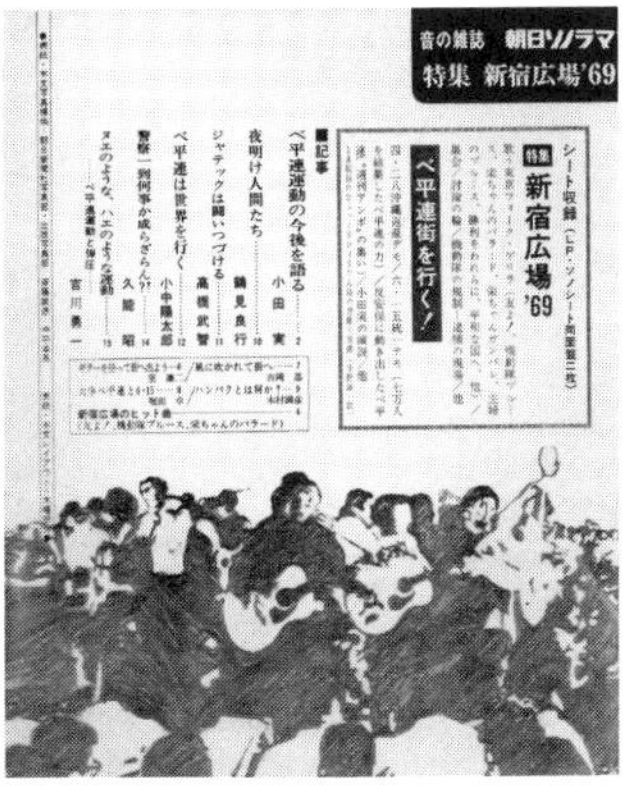

[1]「新宿広場'69」は、『朝日ソノラマ』の別冊として1969年8月に刊行された（[2]はその目次)。ベ平連の活動を論じる記事がいくつか掲載されている一方で、新宿広場でのフォークゲリラの歌声とベ平連の街頭活動の音声を収録したソノシートが一体になっており、活字媒体とレコードとの中間を狙ったソノシート雑誌の利点を遺憾なく発揮している。

になるのは、その『朝日ソノラマ』が一九六九年八月に出した「新宿広場'69」という特別号である。新宿西口地下広場でのフォークゲリラの歌声やそこで起こる警察との衝突の音を収めたシートがついているのだが、あえて「特別号」としてこのようなものを出すにいたった経緯や、その意味、位置づけなどを考えてみるために、朝日ソノラマが創刊以来そこまでにたどってきた歴史について簡単にふれておかなければならない(1)。

この時期に登場したソノシートというメディアは、音楽や語り、その他の音声データを簡便な形で配布できるメディアとして注目を浴び、商店の景品等でも数多く使われているが、出版界でもこのメディアがもたらす新たな可能性に期待が集まり、そのために子会社をつくる出版社もあった。朝日ソノプレス社(2)もそのひとつで、『朝日ソノラマ』は鳴り物入りでスタートを切った。「音の出る雑誌」「音出誌」といった言い方がさかんになされているが、これは単にレコードが付録についているということをこえて、旧来の活字という文字メディア、写真などの視覚メディアにさらに音声メディアも加わることで、旧来の書籍や雑誌にはなかった新たなあり方を開拓できるという期待がこめられた言い方であった。朝日新聞の延長線上で刊行されることになった『朝日ソノラマ』の場合には、いわば、音というディメンジョンが加わった状況の中で、報道の新しい方向性、可能性を模索することが自分たちの責務だという認識がその背景をなしていたのである。

そのような状況であったから、とりわけ創刊後、しばらくの間はいろいろの試行錯誤が行われ、既成の雑誌にもレコードにもなかったような新たな可能性がいろいろ模索された。創刊直後の一九六〇年がちょうど、安保条約の改定をめぐって国会周辺が大騒ぎになった時期であり、国会での審議や国会周辺のデモの音声などを収録したシートをつけることなどは新聞社系の雑誌としては当然の発想であったが、その他、意欲的な実験が様々な形で行われた。一九六〇年三月号に掲載された「ソノ・エディトリアル（音による社説）」で、南北に分断された朝鮮半島の状況を憂い、平和的な統一を願う内容を、山口淑子の語りと大木正夫作曲の音楽を組み合わせ、五〇年後の日本人に向けたメッセージという形で提供したことなどは、そうした実験の最たるものと言ってよいだろう。

創刊二年目にはいった一九六一年一月号から、いくつかの連載コーナーがスタートする。「自作朗読」のシートには毎月、志賀直哉、川端康成、谷崎潤一郎ら、当時の第一線級の作家の声が収録されている。また、日本の特徴的な音を集めた「日本の音」のシートもつけられ、酒造り歌、ヴァイオリン演歌といったものとならんで、物売りの声、野鳥の声といったものも加わり、さながら「サウンドスケープ」の思想を先取りしたかのようであった。もちろん他方で、純粋に音楽を収めたシートもはいっており、クラシックの日本人演奏家の紹介をはじめ、シャンソンや映画音楽、ホームソング等々、多彩なジャンルの音楽が提供された。『朝日ソノラマ』はこのように、単に時事的な音の記録を残すというだけでなく、「音」という切り口から世界を切り取ることを通じて、「音の文化」全体を視界に捉えるような方向性を目指していたと言えるだろう。

そういう中で徐々に中心的な柱になってくるのは、「ルポルタージュ」のコーナーである。「記録の時代」などとも言われる一九五〇年代から六〇年代にかけては、社会批判的な要素が強くなっていた時代の空気も相まって、社会問題に深く斬りこんだり、社会の暗部を照らし出したりする志向をともなって現場に赴く「ルポ」が一種のトレンドになっていたが、音に関しても、録音機器の発達でスタジオ外での録音が手軽にできるようになったことも手伝って、ラジオでも「録音構成」などの名で呼ばれる手法が発達した。『朝日ソノラマ』も新聞としての社会問題の取材の蓄積を生かし、それに音というディメンジョンを加えることで、立体的な記事を作り出すことに力を入れるようになった(3)。

一九六五年頃からは国際的な政情不安定な状況を反映して、それに関連した特集が増える。とりわけベトナム戦争については、「ベトナムの戦乱」(一九六五年五月号)にはじまり、「ベトナム戦争音の記録」(一九六八年四月号)にいたるまで、再三にわたって特集が組まれており、ベ平連の活動への着目を準備する伏線にもなった。

一方、学生運動などをターゲットにした特集は、「実音特報　激動する学生運動」(一九六八年一二月号)が最初だが、一九六九年に入ると、「録音　激動の東大」(二月号)など、このテーマの特集がかなり頻繁に顔を出すようになる。注目すべきことは、当初はいわば「音の記録」として、大学での演説やデモ、団体交渉の音声など、その月に起こった出来事に関するものが収録されていただけであったのに対し、一九六九年秋からは、海外のものや歴史的なものなど、政治運動や革命に関わるかなり多様な音源が登場するということである。九月号では「ゲバラ」特集が組まれ、キューバのゲリラ指導者チェ・ゲバラが一九六四年に国連で行った演説の音声などが収録されているが、続く一〇月号では「五月のパリ　バリケードの歌声」と題して、パリの学生運動で歌われた歌をデモや演説の声と一緒に収録したシートが付されている。さらに一二月号ではベトナムのホー・チ・ミン大統領の演説が続き、翌一九七〇年にはいると、一月号、二月号の二号にわたって、「激動と

1

2

3

4

初期には、音と文字とを組み合わせたメディアの可能性をかなり広範にわたって試していた『朝日ソノラマ』は、1960年代後半になると政治的な題材、とりわけベトナム反戦や学生運動、市民運動などの政治活動に寄り添った展開をみせるようになる。1は何度か組まれたベトナム戦争に関係する特集の最後のもの1（1968年4月号）。1968年から69年にかけては、2「録音・激動の東大」（1969年2月号）、3「70年への市民運動」（1969年4月号）、4「山本義隆・東大全共闘議長　大学を告発する!」（1969年7月号）といった特集が立て続けに組まれている。

変革の声」と題された特集が組まれている。これは、革命や変革をなしとげた様々な指導者の演説が、それらをめぐる加藤秀俊となだいなだの対談とともに収録されているもので、レーニンやルーズベルト、ドゴール、それにキング牧師といった人物とともに、ヒットラーや東条英機の演説が収録されているかと思えば、山本義隆東大全共闘代表やべ平連の指導者小田実の声も聴くことができる。こうした流れをみると、学生運動に向けられたまなざしが、そこにとどまることなく「激動や変革」をめぐる音や声という形で一般化される方向に展開していることをみてとることができるだろう。

興味深いのは、一九六九年一二月に単行本として刊行された『疎外の構造　討論＝羽仁五郎』という、八枚のシートのついた書籍である。学生運動の理論的支柱となっていた羽仁五郎を中心にした討論を収録したもので、「新しい市民運動像」、「戦後民主主義の亀裂」、「日本の裁判」、「状況からの脱皮」といった目次からおおよその方向性を理解することができるだろう。「新しい市民運動像」にはべ平連の小田実と吉川勇一、「状況からの脱皮」には竹中労と瀬戸内晴美（寂聴）が登場している。単に討論会を録音しただけのものにもみえるのだが、注目すべきことにこの本のオビには「現代史を音で……。70年安保を前にして、鋭く自らを問う前衛たちの告発!!　この本は現代史を〝音〟で証言するものです。あなたの耳で、現代の時点をとらえてください」とある。また、羽仁五郎のよせた序文には、

文字による思想は、文字が現実であるかの錯覚におちいりやすい。そして、大衆はむずかし

1

2

3

1969年後半あたりからの『朝日ソノラマ』は、反体制運動に寄り添った従来の路線の延長線上に、さらに音を扱うことのできるメディアとしての優位性を生かした展開をいろいろ試みている。パリの学生運動に取材した1「バリケードの歌声」(1969年10月号)、歴代の革命指導者たちの声を集めた2「激動と変革の声」(1970年1、2月号)。3『疎外の構造』(1969年12月)は羽仁五郎を中心にした討論を集めたものだが、これも「現代史を“音”で証言するもの」と銘打たれていた。「新宿広場'69」もこのような流れの中で制作された。

い文字にはちかづかないから、文字がどんなに現実をはなれてしまっても、そのことが大衆によって指摘されることがない。

音による思想は、文字による思想よりも、はるかに大衆にちかく、現実にちかづくことができる。……

（羽仁五郎「序文」、『疎外の構造　討論＝羽仁五郎』2）


などと書かれ、『朝日ソノラマ』という先駆的企画を通して少しでも大衆の思想の成長に寄与できることは喜ばしいということが述べられている。いささか牽強付会のように思われなくもないが、解説を書いている評論家・針生一郎によると、羽仁はかねがね、自分が死んだらソノシートによる全集を出したいと語っていたという。針生によれば羽仁は談論風発、ウィットと断言にみちた話し上手であるとともに、無類の聞き上手でもあって、とくに座談会や対談の際にはそういう面がよくあらわれるという。


相手のいだいている本質的な問題を、さぐりだし、それを自分の体系のなかに位置づけて、大きな展望や関連とともに投げかえす。生来のデモクラートであるかれは、自分と他者の自主性と対等性をふまえながら、緊密なダイアローグを成りたたせるために、たえず無意識の配慮をはたらかしているのかもしれない。

（針生一郎「激動の中の知性―羽仁五郎の生活と思想」、同書 17）

このようなまとめ方自体が、この時代の反体制運動の空気をよく反映している。これは、まさに広場（アゴラ）でなされる市民の自由な議論の理想型と言っても過言ではない。

このようにみてみると、デモの音、歌、演説、討論と局面は様々であるが、これらはいずれも社会の激動と変革のさまを、音という切り口で切り取ったものにほかならない。特定の具体的事象をこえて、言ってみれば社会の激動や変革の空気を再構成しようとしたと言い換えてもよいかもしれない。それはまた、『朝日ソノラマ』が「音の出る雑誌」として、文字媒体だけでは表現できない新たな表現の可能性に向けたこれまでの試行錯誤を通して到達したひとつの境地であったとみることもできるかもしれない。後に述べる、エレック・レコードの制作によるLPレコード《闘争の詩》（1973.6）などは、まさにこうした試みの延長線上に出てきたものとみることができる。

一九六九年に刊行された『新宿広場'69』は、『朝日ソノラマ』のそうした方向性を考える上で、結節点に位置するものである。二枚のソノシートがつけられており、一枚は「歌う東京フォーク・ゲリラ」、もう一枚は「ベ平連街を行く」と題されている。後者は、街頭デモの様子やそこでの小田実の演説などが収録されている。新宿西口広場での録音は「歌う東京フォーク・ゲリラ」の方で、表裏あわせて一五分ほどが収録されている。たしかに全体はこれまでの『朝日ソノラマ』の「ルポ」のスタイルで作られているのだが、当然のことながら楽曲を歌う場面が中心になっているため、《友よ》、《機動隊ブルース》、《栄ちゃんのバラード》など、歌われている曲を中心に構成され、そこに討論の場面や機動隊との衝突の場面の音が挟み込まれているようにもみえる。見開きページには、西口広場で歌うフォークゲリラを取り囲む大群衆の写真をバックに、これらの曲の歌詞が載せられており、普通のレコードの歌詞カードさながらである。逮捕の場面の音なども挿入されているのだが、全体として、少なくとも事件をクロノロジカルに追いかけた構成にはなっておらず、その意味では効果音的に聴かれることを意図しているようにもみえる。

全体としてこのシートは、楽曲を聴かせるという方向性と新宿西口での衝突や逮捕といった出来事の記録という方向性とが微妙に混在している。楽曲を聴くという観点からするならば、純粋に音楽を聴くのではなく、むしろそれが歌われているコンテクストとともに、そこで音楽が生きた形で機能している状況を提示している、いわば「ライブ録音」的なものとして認識されるように思われる。他方、西口広場での出来事の記録という観点からすると、当然「ドキュメンタリー・レコード」という位置づけになるが、正確な記録を提示することが目的なのではなく、むしろ状況全体をイメージとして提示することに力点が置かれている。やや強引に言ってしまうならば、こうしたあり方は、フォークゲリラの高野が言っていたような「ステージや入場料という枠で殺されかかっている音楽を、生きた日常の中に投げ込む」ことによって生じた「広場」の音の世界全体を、そっくりそのまま提示するものになっていると言ってよいだろう。それはまさに「激動と変革の音」にほかならないともいえるが、そのために、雰囲気やイメージを聞くという側面が強くなった結果として、「感性化」、「イメージ化」の方向性が強まっていることを感じさせられる。

重要なことは、こうした方向性が突然に出現したわけではなく、『朝日ソノラマ』が進めてきた「音の出る雑誌」の可能性への追求の一環として、ルポという報道の一形式の延長線上に出現してきたということである。実際、この録音には、『朝日ソノラマ』の他のルポ・シリーズと同様にナレーションがはいっており、その点ではまだ報道的な雰囲気を残したものになっているということは、おさえておく必要があろう。

5　インディーズ・レーベルと「新宿西口」　URCとエレック

この時期、『朝日ソノラマ』だけでなく、新宿西口のフォークゲリラの実況録音を題材にしたソノシートやレコードが他にもいろいろ出されている。現代社という会社からは、「実音ソノシート　しんじゅく西口広場　斗うフォークゲリラ」と題された二枚組のソノシートが出ている。この会社の正体は不明だが、ベ平連の政治的シンパと思われ、内容的にも五月一七日と二四日の衝突と逮捕の様子を生々しく記録し、その不当性をアピールするようなものになっている。

一方、URCレコードでも、一九六九年八月の新譜で《新宿1969年6月》というレコードを出している。高石友也の事務所から出発したURCレコードは、高石のほか岡林信康、高田渡らの作品を次々と世に出し、関西フォークの根城

1

2

新宿のフォークゲリラの活動を収録したレコード、ソノシートは『朝日ソノラマ』のもの以外にもいくつか作られた。1は《しんじゅく西口広場　斗うフォークゲリラ》、2は《新宿1969年6月》。特に《新宿1969年6月》は、フォークソングのインディーズ・レーベルの草分けであるURCレコードの制作であることが注目される。

であったと言ってもよいが、彼らの作品がしばしば日本レコード協会のレコード制作基準倫理委員会（レコ倫）の審査に引っかかって発禁となるため、それを逃れて日本レコード協会に加入せずに会員制度で頒布するというやり方でスタートしたという歴史をもっており、その意味でインディーズ・レーベルのはしりであった（URCという名称は、アングラ・レコード・クラブの略である）。

レコード業界はこの時期、レコード会社が独占していた原盤制作機能が外へと流出し分散してゆく動きが加速し、大手レーベルの寡占体制がくずれはじめていた。主としてフォークやロックなどの音楽を場に作り上げられた、演奏者自身やその周辺の個人事務所などが原盤を制作し、大手レーベルを通さずにそのまま流通させてしまうようなシステムはその意味でまさに、こうしたレコード制作を支えるこれまでの制度に大規模な解体・再編の動きが生じていることの典型的な現れでもあった。報道だけでなく、レコード制作もまた、この時期、大きな転換期を迎えていたのである（生明 2004, 166）。

そのURCレコードが出した《新宿1969年6月》は、衝突がエスカレートして多くの逮捕者が出た六月二八日の実況録音である。注目すべきは、このレコードが「ドキュメント69－70シリーズNo.1」と銘打たれていることで、その後同年一〇月に、さらにNo.2として《山谷の夏》という二枚組のレコードが出されている。ここには同年の「山谷夏まつり」の模様と山谷の労働者の都庁での団体交渉の様子などが収められている。

こうした「ドキュメント」をレコード会社が、商品のひとつのカテゴリーとして位置づけようとしたのである。報道という出自をもっている『朝日ソノラマ』の場合とは違い、URCの場合このレコードが、レコード音楽という文化的コンテクストの上に作られていることがひとつのポイントである。ライナーノーツを中村とうようが書いているだけでなく、制作スタッフの名前には、「録音」の項に、当時ロックバンド・ジャックスのリーダーであった早川義夫、現在でも音楽評論家として活動を続けている小倉エージなどの名前がみえる。早川は「編集」の担当にもなっている。

音楽のレコード化を本分とするレコード会社がこういう形で「ドキュメント」をシリーズ化しようとしたという事態は、一見奇異にもみえかねないが、ここからは両者に通底する音楽のあり方についての彼らの考え方が窺えるともいえる。たとえば、ＵＲＣの発売記録をみると、岡林信康の《友よ》は少なくとも四つの盤に収録されているが、デビュー・アルバムの『わたしを断罪せよ』を別にすれば、音楽祭などでの実況録音であり、岡林の語りや聴衆の笑い声、全員で歌うために出している岡林のキューなどがそっくり収められており、同じ公演中に《友よ》が複数回歌われたのを両方収めているケースもある。「ドキュメントシリーズ」も同様で、とりわけ「山谷の夏」には岡林が山谷夏まつりに出現したシーンがあり、聴いていた労働者たちから岡林にヤジがとび、岡林が「やかましい」と怒鳴り返す様子なども聞き取ることができる。こうみてくると、「ドキュメントシリーズ」もまた、そこで歌われている歌をとりまく空気全体をそっくり収めようという、共通した感覚の延長線上にあるとみることもできるだろう。

この時代のフォークソングの隆盛は、ＵＲＣだけでなく、エレック、ベルウッドといったインディーズ系の新しいレーベルが、旧来のレコード会社にない斬新な感覚で、時代の要請に応える新たな境地を切り開いてゆくのと連動することでもたらされた面があることは間違いないが、ドキュメ

[1]

[2]

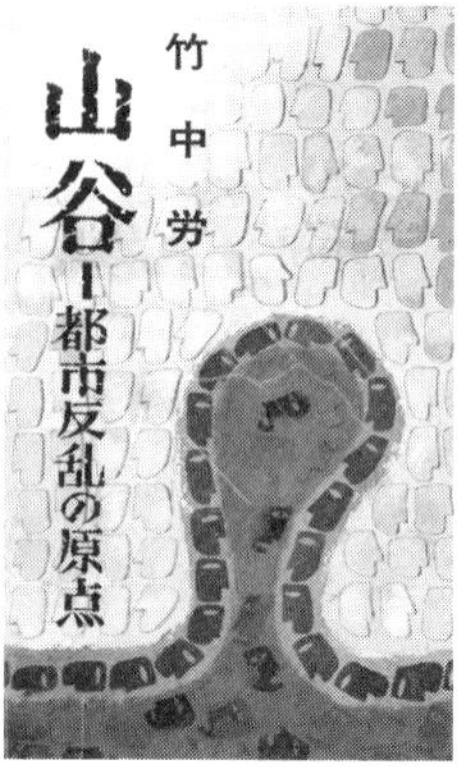

ＵＲＣレコードが「ドキュメント69～70」シリーズ」の第二弾として、《新宿１９６９年６月》に続いて制作したのは東京・山谷のドヤ街の労働者たちの活動を記録した《山谷の夏》というドキュメンタリー・レコード[1]であった。録音中に岡林信康がドヤ街の労働者たちを集めて行ったコンサートの模様が収録されているが、この山谷のドヤ街とフォークソングとの間には微妙に近しい関係がある。

この関係を前面に出す形でフォークゲリラ支援の論陣を張ったのがルポライターの竹中労であった。竹中はとりわけ近代社会の中で差別されてきた日本の底辺の民衆の芸能を掬い出す活動として《日本禁歌集》という民衆の猥歌を集めたレコード・シリーズの編纂にたずさわるかたわら、現代における差別された民衆としての山谷の労働者の実態を調査するとともにそれを支援するなど、体制からこぼれ落ちたものに着目した独特の活動を展開してきた。同じ一九六九年に刊行された『山谷―都市反乱の原点』（全国自治研修協会）[2]にはその成果がまとめられている。《山谷の夏》にも竹中が長い解説を書いている。

[3]

[4]

竹中によればフォークソングは「反体制の演歌」であり、体制からこぼれ落ちた民衆の声を代弁するものなのであり、フォークゲリラの活動は、そのような精神を、まさに歌による政治活動の形で実行に移したものとして評価されたのである。後にフォークゲリラが尖鋭化し、岡林や高石友也らの「商業主義」を糾弾するようになってくるにおよんで、その「内ゲバ」的な状況に絶望し、袂を分かつことになるのであるが、URCレコードで作っていた雑誌『うたうたうた　フォークリポート』に連載していた「フォークでいこう」という記事[3]には、そのあたりの変化も含めて竹中の考え方が忌憚なく書かれている。この連載記事は後に著書『竹中労行動論集　無頼と荊冠』（三笠書房、1973）[4]の中に「流砂の音楽革命」という一章としてまとめられた。

この時代の最先端を行くフォークソングと、演歌や猥歌などの前近代的な民衆文化とのつながりをみる竹中の思想は、この時代の人々の心性・感性の一面を端的に示している。

ント的な性格を強めることで、場から切り離されていた音楽を、そこに戻してゆこうとすることは、まさに音楽文化のコンテクストの中で求められたことであり、旧来の大手レーベルにはない、インディーズ・レーベルの新しい発想や感性ゆえに可能になったことであったと言えるかもしれない。

少し後になるが、同じインディーズ・レーベルのエレックが一九七三年六月新譜で発売した《闘争の詩》というLPレコードが出されている。このレコードには、マルチン・ルーサー・キング牧師や公民権運動の演説などの声や、フランスの五月革命の歌、ベトナムで歌われている反戦歌、沖縄のシンガーソングライター佐渡山豊の《ドゥーチュイムニイ》などの歌に加えて、コロムビア大学バリケード内コンサートと、さらに「新宿西口の模様」と題された新宿西口でのフォークゲリラの歌の録音が一五分弱にわたって収録されている。付録の写真集には、それらに関連するフランスの大学改革を求めるデモや、それに新宿西口広場でのフォークゲリラの様子、ベトナムの人々の様子などが収められており、冒頭に闘う若者たちを讃えるエピグラフが添えられている。「激動と変革の音」を一つの世界として提示するという、『朝日ソノラマ』的な理念を端的に実現しようとしたレコードと言えるかもしれない。

このようにみてみると、レコード会社のこの時期の活動も、その方向性は全体として『朝日ソノラマ』の動きにかなり寄り添っているように思われる。そこにある並

エレックから1973年6月新譜で発売された《闘争の詩》のジャケット。キング牧師の演説、アメリカやフランスの学生運動の際の録音などとともに「新宿西口の模様」の音も収録されている。

行性の背後にはいったい何があるのだろうか。単なる「時代の空気」というような話だけに終わるようなことなのだろうか。さらに考察を続けよう。

6—吉田拓郎の『朝日ソノラマ』デビュー

このエレックというレーベルは、実は吉田拓郎のデビューに深く関わったレーベルである。最初に述べたように、吉田拓郎といえば、フォークソング界のスーパースターであるが、同時に、フォークソングを、フォークゲリラ的な世界を離れてポピュラー音楽の人気レパートリーへと「脱政治化」させた張本人でもあった。実際、彼は後には、森進一が歌ってヒットした《襟裳岬》など、歌謡曲の作曲も手がけ、ＣＭの音楽などでも活躍したことはよく知られている。

このような、その後の吉田拓郎の活動などをみると、フォークゲリラや関西フォークの人々の活動とは遠く隔たっている印象を受けることは事実で、そのことを指して、フォークソングの変質が語られ、学生運動などの反体制運動の挫折やそれに由来する、「シラケ」ムードの支配、政治的無関心世代の台頭といったことが語られることも少なくない。たしかに、大きな流れとしてそのような側面があったことは否定できないが、この時期のフォークゲリラやフォークソングの流れには、そのような「政治主導」の説明では捉えきれない、文化の様々な領域で起こっている構造変化が絡んでいるように思われる。そしてここでも、仔細に調べてみると、『朝日ソノラマ』というメディアが絡んでいることが明らかになるのである。

フォークソングの挫折や変質が語られ、「脱政治化」の象徴として吉田拓郎や南こうせつの名が挙げられるとき、彼らはともすると、フォークゲリラや関西フォークに続く第二世代という形でイメージされがちである。たしかに吉田拓郎の活動の様子は、高石友也や岡林信康とはおよそ違った「非政治的」なものにみえる。

しかし吉田拓郎と岡林信康が同じ一九四六年生まれであることからわかるように、両者の活動には完全に重なり合っている部分もあり、実際にはそう簡単な話ではない。とりわけおもしろいのは、一九七〇年から七一年にかけて、彼がレコード・デビューし、その評判が全国的に広まってゆく時期の状況である。

先に述べたように、この最初期の彼の活動はURCと並ぶ代表的なインディーズ・レーベルであるエレックというレーベルを舞台に行われている。エレックのディスコグラフィでリリース順にたどってみると【巻末、表3】、デビュー盤は一九七〇年五月発売のシングル盤《イメージの詩／マークII》(EB-1004)であり、その後、同年一〇月にアルバム《青春の詩》(ELEC-2001)、翌一九七一年四月にシングル盤《青春の詩／とっぽい男のバラード》(EB-1006)、六月にアルバム《ともだちたくろうオンステージ第一集》(ELEC-2002、一九七〇年四月一八日ライブ録音)、一一月にアルバム《人間なんて》と続く。吉田はその後CBSソニーに移籍するが、一九七二年一二月には《たくろうオンステージ第二集》(ELW-3001)が出されている。(4)

しかし、このような形で吉田が全国に名声を広げてゆくのを推し進めたもう一つの重要なメディアとして『朝日ソノラマ』を忘れることはできない。『朝日ソノラマ』は一九七〇年七月号から九月号まで何と三ヶ月にわたって「真夏の青春」というタイトルのもとに吉田拓郎を取り上げ、あわせて三枚のシートに一一曲の作品を収めている。一一月には、さらにそれらをまとめた独立の商品として、三枚組の《よしだたくろうメモリアルヒット曲集　'70真夏の青春》として発売までしているのである。両者の日付を重ね合わせてみるならば、『朝日ソノラマ』の各曲はいずれも、レコード化に先立つ形で収録されたことがわかるだろう。

基本的に報道のためのメディアである『朝日ソノラマ』にこのような形で取り上げられたことは、吉田拓郎のイメージや活動の位置づけに関して、レコード会社が制作販売するレコードとして世に出るのとは違った意味合いを必然的に付加させることになる。前述したように、『朝日ソノラマ』は「音の出る雑誌」という新しいメディアの可能性を模索する中から、社会派ルポ、ドキュメンタリーを中心にする路線を確立し、とりわけ学生運動や市民運動の盛り上がりを受ける形で、「激動と変革」を音を通して描き出すという方向への展開をみせてきた。このようなコンテクストの中におかれることによって、吉田拓郎の登場もまた、そのような「改革の音」の表象の延長線上に位置づけられることになるわけである。

たしかに全曲の楽譜と歌詞が掲載されたり、ほとんどアイドルを取り上げた芸能雑誌のグラビアページのような趣のページが置かれたりしている一方で、七月号には左翼系映画評論家・松田政男やアメリカの文化事情に詳しいイラストレーター・小林泰彦がフォークソングを公民権運動や反体制運動と関係づけて論じた記事が掲載されている。八月号にはフォークソングを扱った記事はないが、もう一枚のシートにたまたま、この時期に公開された一九六九年のウッドストック・ミュージ

1

2

3

4

朝日ソノラマ INDEX no.127
シート収録 ステレオ・ソノシート両面盤
特集 真夏の青春
若者のイメージ
ニュー・フォークの旗手
吉田拓郎 作詞・作曲・ギター演奏・うた
特別企画 録音ことはじめ その3
記事
ふるさともなく、うたもなく 松田政男 2
若者たちの広場では 小林泰彦 6
若者のイメージ 吉田拓郎 8
録音ことはじめ（その3） 津守健二 11
自作自演レコードの意義 15

《朝日ソノラマ》は1970年7月から3ヶ月連続で吉田拓郎特集を行った。ここに掲載したのは3つの号の表紙1〜3のほか、7月号の目次4、8月号に収録されている「基地サ」の歌詞5（次頁）、それに9月号の別のページに掲載されている歩行者天国の誕生を取り上げた記事6（次頁）であるが、デビューした時の吉田がその後の時代とはだいぶ違った文化的コンテクストの中に置かれていたことが実感される。

ック・フェスティバルのドキュメンタリー映画にちなんだフェスティバルの音源や、六九年から七〇年にかけての反安保行動を総括した音源が収録されている。また、九月号にはすでに言及した音楽評論家・三橋一夫が「フォークにおける新しい状況」という記事をよせている。

「サウンド・ルポ'70年夏」と題されたこの号のもう一枚のシート中の「公害列島ニッポンの夏」では、光化学スモッグやヘドロ問題などに関連した音が収録されているが、おもしろいのはその一環として取り上げられている「歩行者天国」で、これが「人間解放区」として位置づけられ、新宿西口広場にたとえられていることである。大学紛争華やかなりし頃に、体制を解体して形作られる自由な空間の謂としてよく使われた、この「解放区」という言葉を新宿西口に現出した市民の広場に重ね合わせる言い方は、典型的にフォークゲリラ的な表象の仕方を引きずっている。こうしたコンテクストの中に置かれたことで、吉田拓郎の歌は明らかに、フォークゲリラ的な表象をまとわされ、「体制からの解放」を一身に背負った音楽家として位置づけられ、世に出されたのである。

5

6

こうした状況は、楽曲のありようにも関係している。巻末の表3には、この時期に出た吉田拓郎の各レコードに収められている楽曲の一覧も示している。各レコードと『朝日ソノラマ』に収録された曲目のリストを対照してみると、七、八月号に収録された曲のほとんどが、その少し後の一一月に発売されたアルバム《青春の詩》にそのまま収められており、九月号に掲載された曲はほとんどが一九七二年一二月発売の『たくろうオンステージ第2集』(一九七一年八月のライブ録音)に収められていることがわかる。《自殺の詩》だけはアルバム『人間なんて』(一九七一年一一月発売)で登場する。それに対し、八月号の《基地サ》と九月号の《自由は》は、エレックのみならず吉田拓郎の他のレコードには収録されておらず、『朝日ソノラマ』オリジナルである。

特に興味深いのは《基地サ》で、「アンタがた　どこサ　基地サ　基地　どこサ　おきなわサ　おきなわ　どこサ　日本サ　日本の中にも　アメリカが　あってサ　それを政府が用心棒にしてサ　にてサ　やいてサ　食べられたと　サッサ」という、安保体制を皮肉る思い切り政治的内容の歌詞がつけられている。熊本民謡「あんたがたどこさ」のメロディで歌います、とあり、メロディももちろん拓郎節ではない。カッコ書きで「史上最大のプロテストソング」と書かれているあたりも拓郎の他の曲とは趣を異にする感がある。どのような経緯で作られ、拓郎自身がどのように感じながら歌ったのか、よくわからないが、少なくともその後の吉田拓郎の路線を考えれば、かなり異質なものであり、『朝日ソノラマ』という媒体を強く意識したものであることはたしかであろう。

さらに注目すべきことは、何ヶ所かに、学生デモの録音などから採られた音がコラージュ風に挿入されていることである。七月号の《青春の詩》では、曲の開始に先立って、「安保反対」の学生デモの声などとならんで、一九六九年一〇月号の「五月のパリ　バリケードの歌声」特集で使われたのとおそらくは同一ソースの映画『叛乱』から取られたと思われる音も出てくる。八月号では、冒頭にその種の音が置かれ、そのあとに「基地サ」が出てくる構成になっているので、その効果は絶妙なのだが、レコードによってもたらされる吉田拓郎のイメージとは相当に異なったものになっていることはたしかである。

しかし考えてみると、音楽の合間に効果音的にデモや衝突の音を挟み込むというこのやり方は、『朝日ソノラマ』がルポの手法の延長線上にたどってきたこれまでの方向性をさらに進めたものとみることができるのではないだろうか。《新宿西口広場'69》にみられたような、西口広場での出来事の記録の一部として歌が出てくるようなあり方と、歌の間に効果音が挟み込まれているようなあり方が微妙に重なり合っている地点から、さらに歌中心の展開がはかられれば、このようなものが出てくるということになる。そして、そのことは政治的な状況がますます、具体的な記録性を失ってイメージ化された形で歌につきまとってゆく結果を招来することになる。こうした様々なイメージにつきまとわれることで、吉田拓郎の音楽活動は、脱政治化どころか、きわめて濃厚な政治性を（ただしイメージ的な形で）身にまとう形でスタートしたのである。

ところが、ここにいたる経緯を調べていると、さらにおもしろいことがいろいろわかってくる。吉田は広島の大学在学中にバンド活動をはじめ、「広島フォーク村」なる組織を立ち上げて活動しているところをスカウトされ、東京に出てきてエレックレコードからデビューしたということは知られている。その過程で、先に挙げた吉田個人名でリリースしたレコードに先立つ一九七〇年四月に、広島フォーク村の活動として作られた《古い船を今動かせるのは古い水夫じゃないだろう》というレコードがあり、吉田拓郎の《イメージの詩》はすでにこの中に収められているのである。

今ここであえてこのレコードのことを取り上げたのは、このレコードがまさに、楽曲の間に、デモや衝突の音とを交互に挟み込むというやり方を絵に描いたようなものになっているからである。レコードのジャケットに示された曲目一覧のところにも「実況録音」として「曲と曲との間には1969・10・21新宿西口広場での反戦フォーク集会の状況が収録されています」と書かれている。

広場から通路へと名を変えられた新宿西口広場－フォーク・ゲリラの若者たちの熱気は　まるで一夜の夢のごとく消え去り　いまでは　土曜日の人混みのなかにすら若者たちの熱気を感じることはできません　ぽっかりと口を開けている西口の空間が　ときには若者たちの熱気を恋しがり泣き叫んでいるように思えてきます　いま　このべそをかいている新宿西口広場の空間に　遠く　広場の地に沸きあがる若者たちのうたう声が聞こえてくるようです　フォーク村－日本フォーク発祥の地　広島にうたうことの好きな若者たちが集まるフォーク村があります。

《古い船をいま動かせるのは古い水夫じゃないだろう》のジャケット。最初期に作られたもので、左上の“STEREO”の文字の下には“Jugend”の文字の入ったロゴがある。その後、エレックから再発売されたものにはさらに“ELEC”のロゴが加わっている。

ライナーノーツにあるこの言葉と、レコード全体につけられた「若者の広場と広場にかける橋」というサブタイトルは、あたかも広島フォーク村を新宿のフォークゲリラの正統的継承者として位置づけているかのような響きを醸し出している。

この《古い船を……》というレコードの成り立ちについては、いろいろな話があって真相はよくわからないところもあるのだが、通常言われているのは、上智大学の全共闘のメンバーが資金稼ぎのためにレコードを作って売ることを思いついて、広島フォーク村の吉田拓郎らに目をつけ、最初は自主制作盤として「ユーゲント」というレーベルのものを作った、そしてその自主制作盤に、今度はエレックレコードが目をつけて買い取り販売した、という話である（山本 2009, 184）。実際、エレックから出た盤には「エレック」と「ユーゲント」という二つのレーベル名が併記してあるし、「エレック」の表記のない「ユーゲント」とだけ記載されたバージョンのものも存在しており、こちらには新宿のフォークゲリラや日大闘争の写真などを収めた数ページのブックレットも付属していることから、たしかに学生運動などのコンテクストと結びついた形で制作、販売されたようなたたずまいになっている。

ところが、一九八六年に出た『資料日本ポピュラー史研究』（黒沢 1986）に掲載されている、当時エレックレコードの社長であった永野譲へのインタビューによると、どうも事情はだいぶ違うらしい。永野によれば、エレックレコードの草創期に、自分たちが広島フォーク村の連中に目をつけ、東京に連れてきたものの、レコードの販路が十分に確保されておらず、売る自信がなかったことから、全共闘系の学生組織を利用し、彼らの資金稼ぎをかねて販売してもらうことになった。そのために、「曲と曲のつなぎにぜんぶ西口のノイズをはさんだ」というのである。それゆえ、広島フォーク村が自主制作をしてエレックがそれを買い上げたという話については「違うの。それはそういう形をとったわけ。結局、学生に渡すためには、レコード会社の小売りやってるってんじゃ格好つかないじゃない。だから自主制作みたいな顔させて。最初のやつはジャケにめちゃ金がかかってる。中にいっぱい写真集はさまっててね」というようなことになるらしい（黒沢 1986, 94）。

ありていに言えば、このレコードにある、フォークゲリラや学生運動とのつながりを示唆するような要素は、そういう雰囲気を醸し出すことで商業主義的なものを隠蔽する工作だったということになる。

永野のインタビューで明らかになるもう一つの重要なポイントは、永野が実は『朝日ソノラマ』と、その創刊時にまでさかのぼる強いつながりをもっていたということである。エレックレコードの母体となったエレック社という出版社は、もともとラジオやオーディオに関わる雑誌などを出しており、その延長線上でレコード会社を設立したわけだが、新聞社が立ち上げた会社で、レコードや音楽には強くなかった『朝日ソノラマ』のスタッフを補うような形で様々に関与していたようなのである。

それでね、ウチは朝日新聞さんとわりと昔から付き合いがあった出版社だったの。で、朝日ソノラマができる時に、俺個人が少し噛んでるんだよ。なんでかというと、あれの音の部分、つまりペラペラのソノシート、あれをフランスから持ってきた時に、それがものになるか、ならないかという品質のチェックに俺が立ち会ってたんだよね。それから、雑誌の付録にソノシートを使ったのも俺がはじめて。「ラジオ科学」っていう雑誌に、トン・ツーの練習用の音を入れたわけね。それは今までなかったから、評判になってムチャ売れたわけね。

それで、その付録の評判を見て朝日新聞が月刊朝日ソノラマの発行を決意したわけ。だから朝日ソノラマの創刊時からいろんな形で付き合ってたわけ。……

（黒沢　1986, 92）

とりわけ『朝日ソノラマ』の別冊には音楽関係のものが多かったため、その企画にからんだり制作も請け負ったり、という関係が続いていたという。《古い船……》に関しても、永野は以下のように述べている。

それで、このLP-1001ってのを録音して、曲と曲とのつなぎにぜんぶ西口のノイズをはさんだわけだ。その西口の音ってのは、俺が朝日ソノラマの取材でとった音なんだ。反戦歌を。それを効果的につかっていったわけね。

（黒沢　1986, 94）

そのような状況を考えれば、エレック・レーベルのレコードに、朝日ソノラマの考え方を濃厚に反映したようなものが出てくる背景がよくわかる。《闘争の詩》などは、そのコンセプトもさることながら、そこに使われている音源のかなりの部分が、朝日ソノラマと共通していることが想像される。そしてまた、『朝日ソノラマ』で吉田拓郎が大きく取り上げられたことも、永野が拓郎を売り出すために、言ってみれば『朝日ソノラマ』を利用した側面があることは想像に難くない。そしてそのような形をとったがゆえに、吉田拓郎のイメージには、フォークゲリラや学生運動の匂いが色濃くしみつくことになったわけである。

いささか現場の生臭い話に流れてしまった感があるが、このような話が決して個人的な人間関係のレベルだけで場当たり的に起こったことではないことに注意することが肝要である。URC、エレックなどのインディーズ・レーベルの出現が大手中心のレコード業界に起こった再編の動きを象徴するようなものであることはすでに述べたが、こうした再編の動きは決して突然始まったというわけではない。生明俊雄によれば、その核にある、レコード制作機能がレコード会社から流出し、分散してゆく動きが一九六〇年代から様々な形ではじまっており、演奏者自身やその周辺でのレコード制作という形だけでなく、楽譜出版社系音楽出版社や放送局系音楽出版社などを場に、とりわけテレビやラジオなどのメディアが介在する形で新たな形のレコード制作が行われる形になってきていた（生明 2004, 129）。

考えてみると、『朝日ソノラマ』登場の背景にあった、ソノシートという新しいメディアが出てきて、新聞社や出版社という、これまでレコード制作の経験やノウハウを全くもっていなかったところがレコード制作を行うようになった状況もまた、そうした動きの一環をなすものであることは間違いない。そうであるとすれば、レコード業界とつながりのあった永野のような人物が『朝日ソノラマ』のソノシート制作に深く関わり、いわば新聞社業界とレコード業界とを相互乗り入れさせるような形で新たな動きをつくり出してゆくにいたったことは、決して個人的な人間関係レベルの話ではなく、むしろこの時期の業界の状況から構造的に生じてきたことであると考えた方がよいだろう。いずれにせよそのような状況の中で、これらのメディアはフォークゲリラの活動を引き受ける受け皿として機能することとなったのである。

7　フォークゲリラの投げかけた問題とその着地点

以上にみてきたことから、フォークゲリラやフォークソングのあり方について、何が明らかになっただろうか。最初にも述べたように、このあたりのことに関わる問題については、われわれは知らず知らずのうちに「政治主導」のものの見方をしてきたように思われる。フォークゲリラが姿を消し、フォークソングが政治的な方向性を失って「四畳半化」してゆくような事態を、学生運動などの反体制運動の挫折と直接に結びつけ、その結果と考えるような見方は典型的にそのような発想のものであると言えるだろう。

しかし、本章でみてきたように、問題はそれほど単純ではない。べ平連やフォークゲリラの活動自体がすでに、「感性化」や「環境化」に向かう萌芽を孕んでおり、『朝日ソノラマ』やURC、エレックなどのレコード会社は、そのような新しい方向性を具体的な商品の形に仕立て上げていった存在であるとみることもできるのではないだろうか。それはちょうど、きわめてイメージ志向的なたたずまいのもとにつくられている国鉄の「ディスカバー・ジャパン」キャンペーンが実際に広まってゆくにあたって、雑誌や旅行代理店などが関与してそれを具体的な企画に落とし込んでゆく必要があったのと同様である。「四畳半化」的なあり方は、そうした様々な動きの中から生まれてきた形態のひとつであるという見方も十分可能なのである。

もちろん、その過程でいろいろな要因がはたらいていることは論を俟たない。音という新しい手段を手に入れ、それらを駆使した報道の新しい可能性を模索していた『朝日ソノラマ』をめぐる状況、大手レーベル中心のレコード制作の秩序が崩れはじめる中、音楽作りの新たな可能性を模索していたインディーズ・レーベルの状況。それらがフォークゲリラの活動と出会い、ある種の受け皿になることによって、フォークソングをめぐる一連の状況が生じたことは間違いない。

このような状況は、政治も音楽も、そして報道もレコード会社も、全てが転換期を迎えていた時代状況の結果として大づかみに総括することもできるかもしれないし、それをもって「感性化」や「イメージ化」の時代のはじまりとして位置づけることも可能だろう。ただ考えておかなければならないのは、ここで実際に展開した動きは、あくまでも数多い可能性のひとつにすぎなかったということである。時代の転換期とか、新たな時代のはじまりなどと言ってみても、それぞれの領域が直面していた状況は実際にはかなり多様であり、その間には様々なずれが存在している。それらが接合されるしかたに関しては、潜在的にはいろいろな可能性が存在していたはずであり、実際に起こったことは、ある意味では順列組み合わせ的に想定可能なそのような接合の多様な可能性の中から、結果的にある一つのものがたまたま選び取られただけであったといってもよい。

これらのレコードに収められている音の内容を考えてみても、「花束と歌によるデモ」や「新宿西口広場」の先に当初おそらく想定されていたであろう音の世界と、ここに提示されている「実音」との間に大きな落差があることはたしかである。URCやエレックのレコードを聴く限りでは、そこで提示されている新宿西口広場の音環境は、フォークゲリラの活動自体というよりは、そこでの機動隊との衝突の方に焦点が行きがちになり、そこに《インターナショナル》の響きが加われば、大学紛争などでよくみられた普通のデモ隊と機動隊の衝突の光景とさほど変わらなくなってくる。事実、《朝日ソノラマ》に収録された吉田拓郎の歌やエレックレコードの《古い船を今動かせるのは古い水夫じゃないだろう》あたりになると、曲頭や曲間に付加されたこれらの音は、もはや反体制運動一般を代表する記号以上のものとして認識しうるとは言い難い。

しかしだからといって、そこに何か必然的な「変質」があったという見方は、いささか予定調和的にすぎる一面的なものであるように思われる。フォークゲリラの運動が投げかけた、社会と音楽の関係に関する問題提起や、そこに彼らが用意した「感性化」や「環境化」という方向性にはかなり曖昧模糊としたところがあり、それが具体的に形をとってくるにあたって様々なブレが生じる可能性が内蔵されていた。あえて言うなら、「四畳半化」的なあり方もまた、そういうブレの可能性の一つであった。

新宿西口広場の状況がその後の時代に大きく変化し、彼らが投げかけた問題提起に対する回答が彼らの予想をはるかに超えるような形で戻ってきた面があることはたしかであるにせよ、それはまた、政治運動のあり方も、音楽のあり方も、また報道やレコード・メディアのあり方も、すべてが流動化しはじめている状況での様々な力学によって生まれた複合的な現象であり、単に政治的な

「挫折」の関数としてのみ理解すべきではない。しかし考えてみると、こうした「船頭多くして船山に登る」とでもいうべき事態は、既成の秩序が解体しはじめ、様々な立場の新しい担い手が登場するときにはありがちなことなのかもしれない。今の世の中で起こっていることの大半はそういうことなのではないか、とまでは言わないが……。

第４章
日本橋と高速道路
都市景観をめぐる言説史にみる感性の変容の軌跡

1　日本橋の首都高は「悪い景観」か

これまでの三つの章では、一九六四年の東京オリンピックや一九六八年前後の反体制運動といった、時代の画期となるような事象を取り上げ、そのラジオ、映画、レコードといったメディアとの関わりを中心に据えつつ、そのような局面からみえてくる人々の感性のありようとその変化を照らし出すことを試みてきた。強いて言うならば、それらをつなぐ共通の土台として想定されていたのは、感性のうちでも音に関わる部分であったと言うことができよう。第１章のラジオのスポーツ実況放送の問題は、映像を欠いた音だけの中継放送がひらく聴覚的想像力に関わるものであったし、第３章のフォークゲリラをめぐる話で問題にしたのは、新宿西口広場を包む「革命の音」の表象や、それを記録したレコードというメディアのひらく世界に関わる話だった。第２章の東京オリンピックの記録映画の問題は、ドキュメンタリーに関わる「やらせ」がテーマであり、必ずしも音の問題というわけではなかったが、そこで問題となる「作りもの」性の多くには音が関わっており、そのまま音に関わる感性のあり方の変化に直結する問題を孕んでいた。

それに対してこの第4章で取り上げようとしている日本橋の高速道路が形作る景観の話は、都市の視覚的景観を受けとめる人々の美的感性のあり方についての問題であり、音の話は出てこないし、ラジオやレコードの話とも全く関わりがないから、何でいきなりこのようなものが出てくるのか、訝る向きもあるかもしれない。しかしながら本章でこれから考えてゆくこの日本橋の首都高の景観をめぐるストーリーは、人々の感性というものが歴史的にいかにドラスティックに変化するものであるのかを見事に物語ってくれるのみならず、その変化が、これまでの三章を通じて考えてきた変化の根柢にある構造の一端を現し出すものになっていることを明らかにしてくれることになるだろう。しかし、感性文化という奥の深い問題である。あまり先を急ぐような性急な議論は慎むことにして、まずは事象に即して一歩一歩考察を進めてゆくこととしよう。

日本橋と高速道路といえば、高度成長期の日本で進んだ、美しい景観の破壊という現象の代名詞のような形でしばしば言及されてきたので、知らない人はいないだろう。高速道路が日本橋川の上にべったりと覆い被さるように建設されたために、川は完全に日陰となり、ランドマークとしてのこの橋がもっていた象徴性も、水辺の美しい景観も台無しにされてしまった、しばしばそのように表象されてきた。たしかに、高速道路建設前の写真と比較してみるならば、空に向かって広々と開かれた空間が失われたことは明白に看取できる。また、この他にも、西掘留川や東掘留川など、近隣の水路が埋め立てられたり、ドブ川同然の様相を呈するようになったりしている状況を考えると、豊かな水をたたえた東京の景観が都市化によって失われたことを嘆く、そういう感覚とともに、高速道路をそうした諸悪の根源の一つと考えるような思考が出てくることは不思議ではない。とりわけ日本橋は東海道五十三次をはじめ、全国各地の街道の基となる象徴的な橋であったから、この橋の上を高速道路が通る景観が、都市化のもたらしたそのような害悪の象徴として取り上げられたのも無理からぬことであると言えるかもしれない。

何となく共有されていたそのような感覚が一気に顕在化し、大きな話題となったのは、この諸悪の根源たる日本橋の首都高を撤去し、地下に移設することによって日本橋の空を取り戻す計画が、二〇〇六年に発表されたことによってであった。正確に言うと、この動きはすでに二〇〇一年頃からはじまっている。当時の扇千景国土交通大臣の、首都東京の顔

1

2

1は1950年代の日本橋（『日本橋―架橋80周年記念誌』、名橋「日本橋」保存会、1992）、2は高速道路が上に架かった現在の日本橋。

である日本橋の首都高の高架に覆われた景観を一新する必要があるという発言を受けて、同年四月に「東京都心における首都高速道路のあり方委員会」、さらに二〇〇三年八月には「日本橋みちと景観を考える懇談会」が立ち上げられ、首都高の移設・地下化をにらんだ具体的な議論がはじまっていたようである。二〇〇五年一二月には、その話を耳にした当時の小泉純一郎首相の「日本橋を世界で最も魅力的な場所にしてほしい。夢を持って日本橋の上を空に向かって広げてみよう」という言葉を受けて、首相の私的諮問機関「日本橋川に空をとりもどす会」が発足し、それから一年も経たない二〇〇六年九月に「日本橋地域から始まる新たな街づくりにむけて」と題された提言を発表したという経過である。(1)

後にみるように、この提言に対する反応は決して一様であったわけではない。反対の姿勢を明らかにした者も少なくなかったのだが、少なくとも、この提言を行ったご本人たちは、自らがこの景観に対して下した美的判断に論争の余地があるなどとは全く思っていなかった。この会の四名のメンバーのうち二名は、二〇〇四年に設立された「美しい景観を創る会」のメンバーでもあった。この会の運動は、「戦後日本の急速な経済発展の中で、我が国固有の美しい景観が損なわれ」てしまい、「統一感の無い街並み、空を覆う電線、乱雑な看板、さびれた中心商店街、中山間地における耕作放棄地」などが増殖してしまったという認識をふまえて日本の景観の危機を訴え、「日本独自の美しい景観」を守り育てる「国民的運動」を目指していた。そのウェブサイトには全国から選ばれた「悪い景観一〇〇景」のページがあり、たとえば「洋服の青山」の看板写真には「自己主張の強い看板からは、おしゃれな服を売っているという印象は受けない」という皮肉に満ちたコメントがつけられるなど、その舌鋒鋭い批判のトーンはネット上でもかなり話題になった。

日本橋の高速道路も「お江戸日本橋は蘇るのか」というタイトルでもちろんエントリーされており、「東海道の出立点という日本を代表する名所に、あまりといえばあまりな仕打ちではないか」とコメントされていた[2]。また、清水草一の著書『首都高速の謎』には、首都高が大友克洋の『AKIRA』や士郎正宗の『攻殻機動隊』に大きなインスピレーションを与えたと考えている彼が、この両会の中心メンバーである土木工学の権威にインタビューを試みた際に、「首都高を醜いと捉えるのではなく、大友克洋とか士郎正宗にプロデュースしてもらい、さらにシュールにドレスアップしたらどうでしょう」と提案したところ、「そんなアニメなど知らん！　汚い方がいいとは、何を言っとるんだ君は！」と怒鳴られた、という話が紹介されている（清水 2001, 47）。

このような感覚は、今、巷に広がっている「昭和ブーム」にも色濃く反映している。映画《ALWAYS 三丁目の夕日》シリーズはこの「昭和ブーム」を象徴する存在だが、その第二作《ALWAYS 続・三丁目の夕日》（二〇〇七）には、首都高建設以前の日本橋のシーンが中心的な場面の一つとして登場する。このシリーズでは、今よりはるかに貧しかった東京で人情豊かなコミュニティをつくってひたむきに生きていた市井の人々の姿が、今や失われてしまったものとしてノスタルジックな視線を伴って描かれている。第一作では、人々がつねに未来の可能性を信じて生きることのできた、今となってはうらやましい時代を象徴するものとして、建築中の東京タワーが徐々に建ち上がってゆく過程が描かれるのだが、この第二作では、今度は人々が人情豊かにつながっていた古き良き時代の象徴として、「首都高以前」の日本橋が取り上げられている。

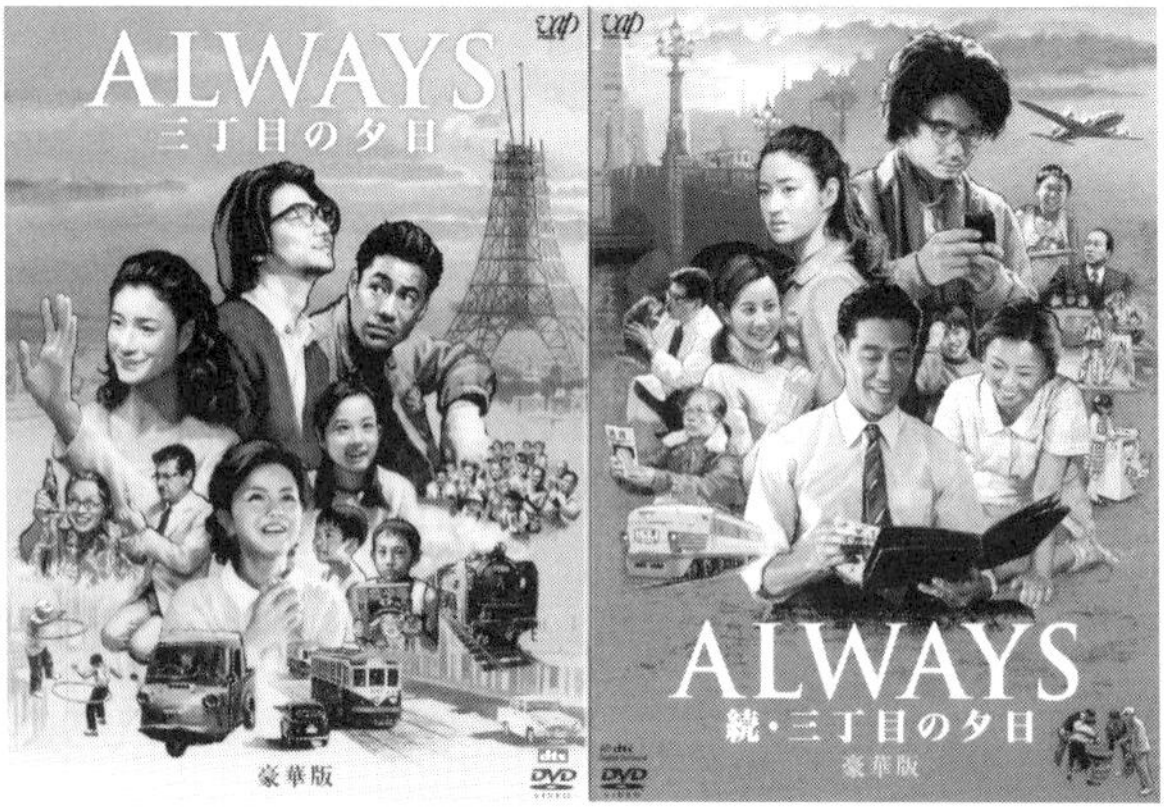

1

《ALWAYS三丁目の夕日》のDVDジャケット1・2。左が正編(2005)、右が続編(2007)のもの。表裏とも両者きわめてよく似ており、昭和30年代の古き良き時代の東京へのノスタルジーの空気に満ちているが、正編の方にあらわれている建築途上の東京タワーの姿と全く同じ位置に高速道路以前の昔の日本橋が置かれていることが、このノスタルジーのあり方を示しているようで興味深い。

2

登場人物の一人である、薬師丸ひろ子演じるトモエが日本橋の上から西方向を眺めているシーンがあり、この上に高速道路が通る、とはしゃぎながら語る子どもたちのかたわらで「どんどん変わっていくんだねえ」としみじみ述懐するシーンがある。すぐ次にこの場所で、戦争で行方のわからなくなったかつての恋人（この橋の上でよくデートしたという設定なのだが）と再会して昔を懐かしむシーンが続き、そのことによって「高速以前」の日本橋はさらにノスタルジックな存在として表象されることになるのである。

もっとも、よくよく考えてみると、このような設定はご都合主義的な相矛盾する設定とみえないこともない。第一作の東京タワーとここでの首都高はいずれも、東京が古き良き時代のあり方を捨てて、近代的に改造されてゆくという同一の方向性の産物であるはずなのだが、一方がポジティブに、他方がネガティブに位置づけられるという結果になっている。そのことはおそらく、ここで想定されている「古き良き時代」が、具体的な内実をもった特定の時代というよりは、曖昧な輪郭の中に、印象的な要素を恣意的につなぎ合わせた、実際にはありもしなかった「原風景」表象であるということを物語っているように思われる。そのような曖昧な表象のうちに、東京タワー礼讃と首都高批判という、よく考えてみれば相矛盾するような性格を具えた二つの事柄が曖昧に溶かし込まれ、同居しているのである。(3)

《ALWAYS 三丁目の夕日》はもちろんフィクションであるが、現実の歴史を相手にしている「日本橋川に空をとりもどす会」や「美しい景観を創る会」のうちにも同様の傾向が内在している。経済発展の中で失われた「日本独自の美しい景観」や日本橋川の「本来の姿」を取り戻す、ということがそこではうたわれているのであるが、そこで言われる日本が本来もっていた美しい景観とはいったい、いつのどのような景観なのだろうか。日本橋は江戸時代以来、何度も架け替えられており、現在の鋼鉄の橋は、明治四四年に妻木頼黄の設計で作られた完全に西洋の様式建築スタイルのものである。この橋の創建当時の写真をみると、まだ周囲に江戸時代の面影が残る雰囲気からはやや浮いているようにもみえる。もし、日本橋の河岸に魚市場がたち、賑わいをみせていた江戸時代の姿が「本来」のあり方であると考えるのであれば、今の橋を取り壊し、江戸時代の木橋に戻すのが「本来」だということになりはしないか。そうでないというのであれば、そこで言われる「本来」の美しい景観とは、現実の歴史的過去ではなく、一定の価値観との関わりの中で、いささかご都合主義的に設定されたものにほかならないのではなかろうか。

そのような疑問に答えるために、われわれはまず、このような日本橋表象の成り立ちやその背景にある価値観を丹念に見極めることからはじめる必要があるだろう。そのためにまずは、日本橋を取り上げた雑誌記事のリストを作成した（巻末文献表の「雑誌記事」欄を参照のこと）。それを軸にしながら、日本橋がとりわけ高速道路との関係でどのように表象されてきたか、ということの歴史を概観してみることにしよう。

2 「未来都市」の夢　建設当時の雑誌記事の言説から

東京に平面交差のない自動車専用の高速道路網を建設しようとする動きは、第二次大戦後の首都

1

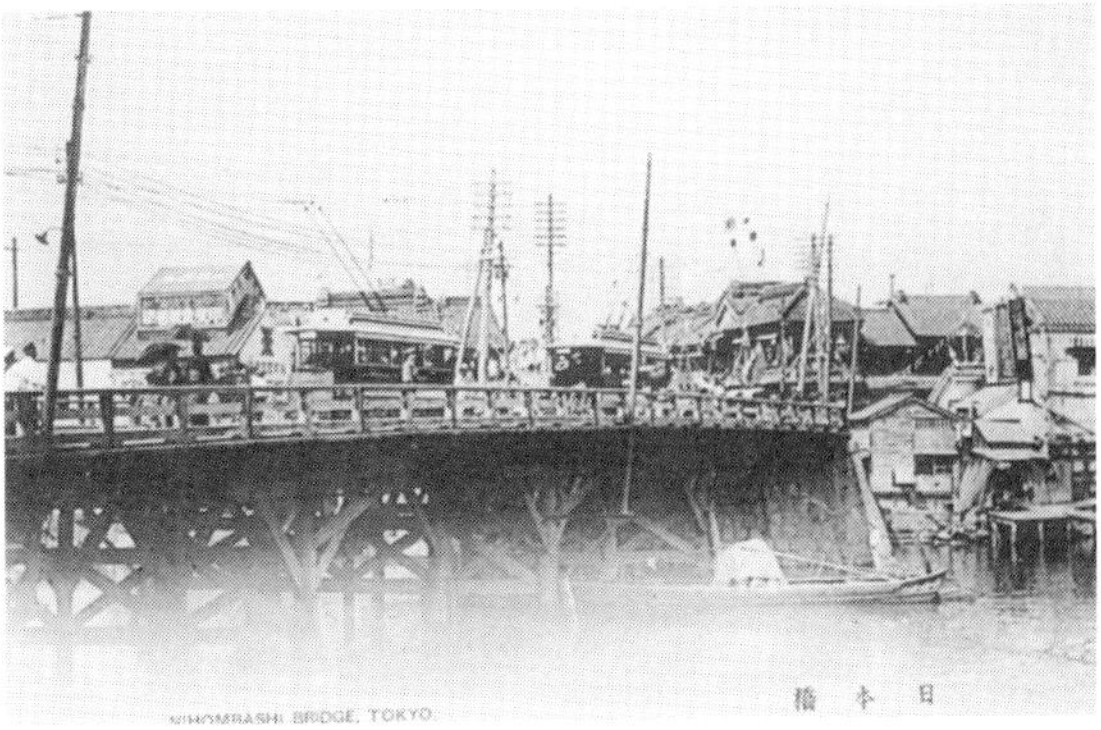

石黒敬章編『明治・大正・昭和　東京写真大集成』（新潮社、2001）には、いろいろな時代の日本橋の写真が収録されており、実に興味深いが、ここに掲げたのはそのうちの2枚である。現在の石づくりの橋になる前は木橋であり、何度も架け替えられているが、1は1911年に現在のものに架け替えられる直前のもので、すでに路面電車（1903年開業）が通っている。2は現在の橋になってからしばらくたった1918～9年頃のものであるが、周囲は古い町家がほとんどで、江戸時代の家並みさながらである。

2

復興計画の中で、実はかなり早くから出てきており、すでに一九五〇年代初頭から、様々な予備調査や計画策定が進んでいた。一九五七年に建設省によって「東京都市計画　都市高速道路に関する基本方針」が決定され、それをふまえて一九五九年には首都高速道路公団が設立される。

その計画が急速に進展することになったきっかけは、一九六四年の東京でのオリンピック開催である。その開催が決定したのは一九五九年五月のことだが、すでに様々な調査を通して、間もなく都内の道路交通需要が急増し、一九六五年前後には危機的状況に陥ることが予測されており、オリンピックを円滑に行うためには、その開催までの間に、せめて羽田空港と主要な競技会場を結ぶ道路だけでも整備することが喫緊の課題となったのである。しかし、すでに過密な状態にある都市の中に大規模なインターチェンジなどを具えた施設を建設するのであるから、用地の取得も困難を極めるし、施工法も様々な制約をともなう。それらの問題を解決するために一九六〇年四月に「首都高速道路公団技術委員会」が設立され、当時の土木技術の最大の英知を結集し、最先端の技術開発が行われたのである（首都高速道路公団編 1989, 59）。

既存の道路や川の上に、いわば「二階」を建て増しして道路を通す方法は、そのようなコンテクストの中で考案された。とりわけ、日本橋にすぐ隣接した場所に設置された江戸橋ジャンクションで、あの狭い場所に複雑な構造をもった大規模な構築物を建設するために導入された「立体ラーメン構造」なる技術は、その後、多くの場所で多用されることになる先駆的な技術として高い評価を受けた。

当時の首都高が、いわばこうした「最先端技術」の結晶として捉えられ、むしろ肯定的に評価されていたことは、当時の雑誌記事にも如実に現れている。こうした動きをいちはやく報じたとみられる『サンデー毎日』の「日本を貫く夢の高速道路―東京オリンピック年の青写真」と題された記事の冒頭では、ＳＦ小説仕立てで、羽田空港を降り立った外国人たちが都心に向けて快適に疾走する様子が描かれており、その最後には「むろん、これは今日ただいまの話ではない。昭和三九年、オリンピックの年の東京の姿である。夢のような話だ―といわれるかもしれないが、このコースの一部分は、首都高速道路公団によって、すでに工事がはじめられている」とある（『サンデー毎日』1960.1.24, 20-21）。

江戸橋ジャンクション（当時の名称は「江戸橋インターチェンジ」）は、この記事でも、冒頭にその完成模型の写真が掲載されるなど、注目の対象になっている。「とにかく、この計画が実現すれば、東京の高速道路は、かなり整備されるはずで

1

2

1は4年後に東京オリンピックを控えた『サンデー毎日』1960年1月24日号の記事。江戸橋ジャンクションの複雑な造形はこの時期からすでに「夢の高速道路」の象徴だった。オリンピック直前の東京大改造の様子を伝える2『国際写真情報』1963年11月号でもやはり、江戸橋の写真がタイトルページに使われている。

ある。あちこちに美しいカーブを描いた立体交差も出現することだろう」というような記述は、川が高速道路に覆われてしまうことへの否定的なトーンを伴っていないどころか、むしろそこにあらわれる新しい景観を「美的」なものとして称揚しているようにすら思われるのである。

こうしたトーンは、この時期の雑誌記事の多くに共通している。大判のグラフ雑誌『国際写真情報』では、首都高建設途上の一九六三年一一月に「生れかわる大東京」、さらに、ほぼ完成して供用がはじまり、オリンピック開催を待つばかりとなった一九六四年一〇月に「高速道路　東京を縫う」と、二度にわたって特集を組んでいる。当時はかなり高価で珍しかったカラー写真もふんだんに投入した大判の雑誌のもたらした「未来都市」イメージのインパクトは、おそらく相当に大きかったと思われる。江戸橋ジャンクションは、建設中の俯瞰写真が「生れかわる大東京」の扉に用いられるなど、ここでも主役になっているが、折り込みになった地図の裏には二ページ分ぶち抜きで、建設中の高速道路を日本橋の中央から見上げた地上写真が掲載されている。「日本橋の上を通る高速四号線、東京の象徴ともいえる日本橋はビルと道路にはさまれて小さくなっている」（『国際写真情報』1963.11.4）というキャプションは、今みると、昔の景観が失われてゆくことに対する否定的なコメントのように思えてしまうかもしれないが、東京の大改造をセンセーショナルに伝える誌面全体のトーンの中では、むしろ東京のそのような発展を象徴的に示す事例として取り上げられているとみた方がよさそうである。「高速道路　東京を縫う」の方でもやはり、日本橋の写真があり、「かって東京のシンボルであった日本橋も、高速道路に頭をおさえられてこの有様。クラシックな装飾が施された照明塔の頭だけが高速道路の隙間から空を仰いでいる。変転極まりない東京ではある」（『国際写真情報』1964.10,14）というキャプションがつけられているものの、その下にある江戸橋ジャンクションの写真につけられた「複雑で立体的でダイナミックな形を構成している」というコメントと並べてみると、日本橋がむしろ、こうした新時代の斬新な造形に圧倒され、時代遅れなものと位置づけられていた様子が伝わってくる。

特集「生れかわる大東京」の最後には、全体の総括として、東京都立大学教授の都市社会学者・磯村英一による「東京改造夢譚」と題されたエッセイが掲載されているのだが、そこでは、「国鉄をピンハネしよう」と題して、都心の国鉄の線路は邪魔であるから二階建てにして高速道路を走らせればよいと書かれているし、「銀座は泣いている」という見出しの節をみてみれば、銀座はこのままでは高速化の時代遅れになって置き去りにされる、といったことが書かれていたりで、最後は「東京の繁栄の夢は、道路利用のスピード化の一語につきる」と結ばれている（『国際写真情報』1963.11, 28）。そういう状況をみれば、日本橋のこのような位置づけ方は、まさにこの時代の空気を反映したものであると思われるのである。

こうした空気は、雑誌記事以外にも様々な形で見出される。東京オリンピックの記念写真集として一九六四年に読売新聞社が出版した『美と力』と題された写真集[4]には、「開催都市トウキョウ」という一章があるが、そこに取り上げられている写真の多くが高速道路の情景であることには注目しておく必要があろう。「汐留インターチェンジ」のキャプションには「ハイウェーの上をさらにハイウェーが走り、縦横無尽に立体交差して、不思議なパターンをえがき出す」とあり、橋梁で内堀を横切る千鳥ヶ淵の写真には「皇居をめぐるお堀の青い水の上を、銀色に光る高速道路が〝ニジ

東京オリンピック大会後には、新聞社各社がそれぞれに写真集を出した。読売新聞社の『美と力』では、「開催都市トウキョウ」のグラビア紹介に20ページ近くが割かれている。「科学と技術に裏づけされた、すばらしい都市の近代化・立体化」という「日本民族のエネルギーがもたらした金メダル的成果」の証明として、モノレール、新幹線、ホテル建築などとともに首都高が紹介されている。「高速駐車場」などと揶揄される今日の首都高を知る者にとっては、そこに映し出されている、車のほとんどない道路の描き出す「近代的」な造形美はなかなか衝撃的である。(1は汐留インターチェンジ、2は千鳥ヶ淵)

1

2

のかけ橋〟のように横切る。数あるハイウェーのなかでも、最も美しい場所の一つである」というキャプションがつけられている。江戸橋ジャンクションも取り上げられており、そこには「お江戸日本橋も変ぼうしたものである。廣重えがく江戸情緒は、いまやどこを捜しても見当たるまい。左に伸びる高速四号線、右に走る同一号線が近代的な曲線をえがき、この下にかつての日本橋が取り残されたように、ひっそりと川をまたいでかかっている」と書かれている。

旧ソ連で一九七二年に制作された、タルコフスキー監督の映画《惑星ソラリス》の近未来都市のシーンのロケに日本の首都高が使われたという事実も、このようなコンテクストの上で理解することができるだろう。今のわれわれからみると、未来都市のシーンで、いきなり知っている街の、しかもだいぶ前の時代の景色や車が出てくるので、いささか鼻白む感があるのだが、当時の首都高はおそらく、外国人にとってもこれまでにない未来的な雰囲気や新しい美的な体験を提供してくれる存在だったのだろう。多くの人々がそのようなものに惹かれ、未来を夢見たことは、ある意味ではごく自然なことだったと言ってもよいのかもしれない。

もちろん、誰もがそのように考えていたわけではない。同じ時代の記事でも、たとえば週刊朝日に開高健の寄稿した記事は「空も水も詩もない日本橋─高層ビルと高速道路に情緒を失いつつある老舗街」と題され、高速道路の建設と並行して、この由緒ある橋やその周辺の地域が変貌し、かつての活気を失いつつある状況を描き出している。

しかし、今の東京の日本橋をわたって心の解放をおぼえる人があるだろうか。ここには

1

1タルコフスキーの《惑星ソラリス》(1972)で、未来都市という設定で登場する首都高の風景は、今のわれわれには、高層化以前の東京のノスタルジックな映像にもみえかねないが、あらためて見直してみると、いきなりトンネルに入ってその中で道路が分岐したかと思えば、地上に出ると何層もの道路が絡み合い、折り重なった風景が現れるといった状況は、当時の人々にとっては十分に未来をイメージさせる刺激的なものだったのだろうと思わされる。

2士郎正宗のコミックを原作としたテレビ・アニメ《攻殻機動隊S.A.C.》(2002)に登場する首都高もその延長線上にあると言って良い。ここで「首都高」という名前で登場する道路は、東京が壊滅した後につくられた海上都市・新浜市にあるという設定であり、飛躍的に発達した科学技術によって作られた「タチコマ」などの思考力をもった多脚戦車が縦横無尽に行き交うなど、およそ現実離れした未来都市そのものなのだが、首都高のたたずまいには今でも、そういうイメージを喚起する一面があるということだろう。

2

〝空〟も〝水〟もない。広大さもなければ流転もない。あるのは、よどんだまっ黒の廃液と、頭の上からのしかかってくる鉄骨むきだしの高速道路である。都市の必要のためにこの橋は橋ではなくなったようである、東京の膨張力のためにどぶをまたいでいた、かすかな詩は完全に窒息させられてしまった。そこを通るとき、私たちは、こちらからあちらへ〝渡る〟というよりは、〝潜る〟という言葉を味わう。鋼鉄の高速道路で空をさえぎられたこの橋は昼なお薄暗き影の十何メートルかになってしまったのである。橋を渡るのではない。ガード下をくぐるのである。（『週刊朝日』1963.10.4, 36）

また、少し後になるが、『週刊言論』には「江戸から東京へ　近代日本史への回り舞台　東京歴史の激動を象徴する日本橋」という記事がある。これは「革命風土記」という連載記事の一環で、幕末から明治にかけて全国で起こった様々な動きの跡をたずねてまわるルポルタージュ企画なのだが、東京に関しては、その後の大きな変化の中で、こうした歴史の跡がどんどん失われてゆくことや、その背景にある東京の土地風物に対する愛情の欠如を嘆くトーンがことさら強く、日本橋についても、

あの、美も統一もなく東京じゅうをのたくっている高速道路の真下に、みるも無残にぺしゃんと押しつぶされている姿はどうだろう。あれが、首都・東京の中心、わが国通路の元標のありかただろうか。（『週刊言論』1967.3.8, 50）

と述べられる。

これらの言説は、その後の時代に主流になってゆく、古き良き時代の歴史の跡や雰囲気を破壊した高速道路、という負のイメージの原型が、すでに明らかに形成されていたことを示している。二つの記事の性格は必ずしも同一ではないが、この地域の歴史や由来という観点をもった知識人の言説であるという点では共通している。つまり、この時代には高速道路絶賛の時代の空気があり、それがやがて高速道路批判の空気に取って代わられるというストーリーは大筋では正しいとしても、より正確に言うなら、高速道路批判の議論は、歴史的な関心をもつ一部の知識人の間では起こっていたが、メジャーな存在にはならず、高速道路建設の是非をめぐる論争にはいたらなかった、ということなのである。そのようなマイナーな存在であった見方がまもなく、メジャーな位置に躍り出ることになったのはなぜなのか、そのような動きがいかなる力学によって引き起こされたのか、次節以下ではそのことを考えてみよう。

3 「首都高批判」の定着と「水の都・東京」の表象

一九六〇年代後半から一九七〇年代中頃まで、日本橋やそこでの高速道路の景観について言及しているような記事はほとんどない。実を言うと、高速道路関連の記事はかなりあるのだが、そのほとんどは料金問題や渋滞の問題についての記事である。高速道路のもっている矛盾や問題点が現れてきたという意味では、都市問題の深刻化と連動した動きであるとも言える。そして、一九八〇年前後から、再び日本橋関連の記事が現れてくるようになるのだが、それは一九六〇年代の未来都市礼讃的な空気とはかなり趣の異なるものになっている。

とはいえ、正面から景観の問題そのものを取り上げて批判するような記事は実は意外に少ない。もちろんそのことは、そのような批判がなかったということを意味するわけではない。雑誌は、時事ネタを扱うことを本分とするから、そのことがあらためて問題化されるような特別の機会がなければ記事にならないというのはむしろ自然なことだったろう。そして実際、冒頭に触れた首都高地下化計画が現実に動き出した二〇〇四年あたりからそれを取り上げた記事が出はじめ、正式に発表された二〇〇六年には大量の記事が登場している。それらについては後に触れることにして、まずはこの間の状況について、雑誌以外のメディアに目を向けつつ考えてみることにしよう。

景観問題を正面から論じた記事は少ないとはいえ、日本橋について触れたこの間の記事の多くが、その前提に、高速道路に対する批判的なスタンスを伴っていた。そして一九九五年には、「日本橋の上に高速道路　どういう感性してんだ！」という怒りに満ちた記事が登場する（『自由時間』1995.9.21, 45）。これは単独の記事ではなく、「このヤッローッ！　オレは怒った」という特集の中の一つとして出てくるもので、「役所は二四時間営業しろ」「あたらないでなにが競馬評論家だァ」など、他にも様々な怒りが炸裂しているのだが、そういう中で、日本橋の上に高速道路をかぶせたことは、もはや議論の余地もない愚行として取り上げられている。こうした流れが定着するにいたった背景には何があったのだろうか。

まず指摘しておかなければならないのが、この一九八〇年前後は都市論全盛の時代であり、とりわけ東京に関しては「江戸／東京論ブーム」と呼ばれるような状態が生じていたということである。たとえば文学論の世界では、奥野健男の『文学における原風景』（一九七二）にはじまり、磯田光一の『思想としての東京』（一九七八）、前田愛の『都市空間のなかの文学』（一九八二）、『幻景の街』（一九八六）などが次々と出版された。とりわけ都市の景観や町並みに関する見直しの動きが顕著となり活況をきわめ、槇文彦の『見えがくれする都市』（一九八〇）、鈴木博之の『東京の地霊』（一九九〇）など建築家、建築史家の著作も相次いだ。第Ⅱ部の最初でも触れた、「建築探偵団」を名乗って都内に残る近代建築の再発見と見直しを目指した藤森照信らの活動が『建築探偵の冒険東京編』（一九八六）にはじまる一連の著作を生み出し、さらに「路上観察学」のような都市への視線のあり方の根本的な変化を内包した様々な実践活動へと展開してゆくのも、このようなコンテクストにおいてであった。森まゆみらによる「谷根千」再発見の活動が始まり、雑誌『谷根千』が創刊されたのも一九八四年のことである。東京を描いた文学、東京の建築物や古い町並みなど、対象は様々であるが、共通するのは、東京という都市の刻んできた歴史、とりわけ、近年の急速な都市化の高まりに先立つ「古き良き時代」に関心を寄せ、いまや急速に消えつつあるその残滓、痕跡を探し求めようとする、そういう志向であった。

こうした「過去志向」的な性格の由来については、また後に触れることにするが、日本橋との関連で特に重要なのは、こうした「古き良き東京」の表象にとって、路地や坂道と並ぶ核として、川や水路への関心が高まり、その中で「水の都・東京」という表象が前景化してきたということである。東京の、とりわけ下町は、江戸時代には多くの川や堀割が張りめぐらされており、ヴェネツィアにもたとえられるほどの魅力に富んだ「水の都」だったが、大規模かつ急速な都市化の流れの中で、それらが次々と消えてゆき、水辺に営まれた豊かな文化が失われていった、そういうイメージである。東京の下町に多くの川や堀割があったという話自体は、何もこの時代にはじめて出てきたものではないが、それが「水辺都市東京」というようなイメージに収束し、クローズアップされるようになったのは一九八〇年代のことなのである。

「水の都・東京」のイメージを集約的な形で提示した中心人物は陣内秀信であった。陣内は建築史の畑の出身で、まさに水の都ヴェネツィアなど、イタリアの都市論を研究対象としてきた経歴をもつが、その後、この蓄積を生かして東京論を展開するようになった。一九八五年の著書『東京の空間人類学』は、「巨大で複雑な都市、東京をひとつの〈テクスト〉として読み解く」（陣内 1985, 301）ものとして、大きな話題を呼んだ。太古の地形の名残を今に残す土地利用や、その上に作り上げられた「山の手」と「下町」の関係性、富士山や筑波山をランドマークとして利用しながら作り上げられた江戸の町割が下敷きになっている東京のまちづくり等々、魅力的なテーマ満載であるが、その第二章は「『水の都』のコスモロジー」と題されている。

陣内は、江戸期や明治初期においては、「下町における都市の営みは、あらゆる意味で、堀割・河川を軸として成り立っていた。都市の経済・社会・文化のすべての活動が、水との強い関わりをもちながら展開した」（陣内 1985, 101）と述べ、交通機能はもとより、広場や名所、劇場の立地までが水辺を志向しており、この水の存在が、江戸・東京の下町空間を組み立てる明快なストーリーの基盤になっていたと主張している。同時に彼は、この「水の都」の構造は、それがすっかり失われたかにみえる今でも、船を漕ぎ出して、隅田川を上下し、神田川から外濠、日本橋川、亀島川と一巡してみるならば、その成り立ちを読み取ることができると言い、自らがそのような体験を通して「水の都・東京」の再発見に至った経緯も含めて語っている。

この章の各節につけられた「堀割の流通機能」、「河岸と市」、「水辺の名所」、「広小路の盛り場」といったタイトルは、それ自体、内容を語り出して魅力的だが、日本橋界隈も多くの節で中心的な事例として取り上げられており、単なる景観の美しさということ以上に、水との結びつきの中でこの地域の都市形成が行われてきた歴史があることが明らかにされている。とりわけ、日本橋河岸に立ち並ぶ倉庫群や、橋近くの河岸につくられ、関東大震災後に移転するまで機能していた魚市場など、経済活動もまた水辺を中心に成り立っており、橋のたもとの広場は人が集まる空間ともなっていたこと、明治になると今度は、この日本橋の橋詰めには河川に面していることを利用した個性的な洋風建築が次々と建てられ、独特の景観を形成してきたことなどが指摘されている。陣内はその後も、自らが組織した「法政大学・東京のまち研究会」のメンバーたちとともに『水辺都市　江戸東京のウォーターフロント探検』（一九八九）、『水の東京』（一九九三）といった本を次々と出し、そのような流れの中で、「水の都・東京」のイメージが占める位置はますます大きくなってゆくことになるのだが、このような類似の題名をもった本が次々と出されている状況からは、このイメージがいかに人々にアピールしたかということが窺えるのである。

これらの本の中で、その日本橋川の上を通る首都高にはどのような評価が与えられているであろうか。『水の東京』には次のような記述があり、「水辺の破壊と喪失」と銘打たれている。

一九六〇年代の高度成長は、日本の繁栄をつくった反面、機能性・経済性の追求のあまり、都市の歴史や自然環境をとことん破壊した。東京の中で、その影響を最も強く受けたのが、都心における堀割や河川の水辺空間であった。……東京随一の水景を誇った日本橋の上にも、高速道路がかかり、その象徴性を台無しにした。……実際には、まだ残された水路が都心を巡っているが、水運にはほとんど使われず、浚渫も行われないで、ヘドロの溜まったドブ川のようになっている。(陣内編 1993, 67)

他方、それに続く「水辺復権の兆し」と題されたページには、「東京全体で水辺環境の再評価が進むなか、都心でも、わずかずつだが、堀や川の空間を見直し、また橋に注目する動きが高まっている」という記述がある。日本橋のイメージも少しずつ復権してきていることが述べられ、最近、橋のたもとに水辺をみながら休息のできるパーゴラや、滝の落ちるランドスケープ・デザインを施した綺麗な橋詰広

陣内秀信編『Process Architecture 72　東京―エスニック伝説』(プロセスアーキテクチュア、一九八七)では、近代主義や近代のシステムを、「かつての堀割を高速道路の橋脚のための場所へと変え、水辺の質の高い空間を破壊してしまった」元凶として位置づけている。

場が実現したことなどが紹介されている。そしてそれらは、二〇年以上続く「名橋・日本橋を清めるイベント」とあわせ、「地元の人々の粘り強い努力」のたまものとして評価されているのである（陣内編 1993, 68-9）。

4 懐かしい日本の私　藤岡和賀夫の「夢」

このようにみてみると、この時期の「東京再発見」の気運が、高速道路の是非をめぐる世の中の論調を大きく変えることに関与していたように思われるのだが、その周辺の状況について、さらにもう少し考えてみよう。そもそもこの時期に東京論が隆盛をきわめ、しかも、もっぱら失われた古き良き時代を志向するような方向性が前面に出たことの背景には何があったのだろうか。

そのことをよく示しているのが、藤岡和賀夫のケースである。藤岡は、かつて一九七〇年代から八〇年代にかけて旧国鉄のプロジェクト「ディスカバー・ジャパン」、「いい日旅立ち」などの仕掛け人として名を馳せた電通の敏腕プロデューサーであり、今でも広告業界では神話的な存在であるが、その彼が近年、首都高速道路の撤去を、自らのライフワークの総仕上げとして位置づけようとしているのである。藤岡は自らの現在の活動を「レッドブック運動」と名づけている。この名称は、絶滅のおそれのある野生動物などのデータベースに付けられた呼び名である「レッドデータブック」にヒントを得たもので、藤岡は消えゆく日本の古き良き文化や景観を保護しようとする自らの活動をそのようなキャッチフレーズで呼んだのである。

最初に出された『懐かしい日本の言葉ミニ辞典』（二〇〇三）では、「ごきげんよう」、「お天道様に申し訳ない」といった、消えゆく言葉への哀惜が古き良き日本社会の美徳の消失と重ね合わせつつ語られている。続く『残したいね　日本の風景』（二〇〇六）と『忘れがたき東京』（二〇〇八）は景観に関わるシリーズとなり、前者は東北六県に残る古い町並みや里山、棚田などの風景を取り上げているが、後者は東京にターゲットをあわせ、路地、長屋等々、まさに失われゆく古き良き東京の名残を何とか保存するよう訴えており、陣内の提唱した「水辺都市東京」のイメージはその重要な要素となっている。これらの「残すべき風景」と対比させられる形で、高速道路、歩道橋などが取り上げられており、日本橋は「恥さらし首都高」というページに景観破壊の元凶として取り上げられている。ここでは、「日本橋に空を取り戻す会」の主張とは異なり、地下に高速道路を通すのではなく、外環道を活用することによって都心の通過車両を減らし、都心の高速道路は廃止するという案が提唱されている。藤岡はこの考えにかなりご執心のようで、翌二〇〇九年には『私には夢がある　二〇一六年、東京が変わる』という単行本を出し、この都心からの首都高の撤去を「一〇〇年に一度の大プロジェクト」として推進することを声高に提唱している。

すでに述べたように、藤岡は一九七〇年代における「ディスカバー・ジャパン」の成功で広く知られるが、今なおしばしば言及されるこのプロジェクトは、名所旧跡をめぐるものであったそれまでの旅行という概念にかわり、名もない田舎の埃にまみれた一本の道と出会い、そこに長い歴史や文化を発見するとともに、自分自身を見つめ直すことにつながる、そんな新しい旅のあり方を提示し、いわば新たな生き方を提唱するものとして、大きな影響力をもつものとなった。藤岡は、「デ

[2]

[1]

[1]「ディスカバー・ジャパン」という国鉄のプロジェクトは電通の敏腕プロデューサーであった藤岡和賀夫の代表的な仕事として、これまでにもたびたび取り上げられてきた。
[2]2014年に東京ステーションギャラリーで行われた展覧会「ディスカバー、ディスカバー・ジャパン」の図録。藤岡の企画をなぞるだけでなく、それを受けて旅行会社などの様々なエイジェントがこのアイデアを具体的な形に落とし込んでゆく役割を担っていったプロセスの解明や、並行して人気を集めたテレビ番組《遠くへ行きたい》の再検証など、きわめて多角的な展覧会となった。

[3]

[3]古き良き東京の良さを絶滅から救い出そうとする藤岡の近年の情熱は、「懐かしい日本の言葉」、「残したい日本の風景」などとともに、「ディスカバー・ジャパン」の根柢にあった日本の原風景への志向の延長線上にあると言えるだろう。

ィスカバー・ジャパン」のサブタイトルであった「美しい日本と私」にひっかけて、今度は「懐かしい日本と私」であり、「最後のディスカバー・ジャパン」という思いをこめたと述べているが（藤岡 2006, 4）、そのことがよく示しているように、近年の藤岡のこの一連の試みは、一九七〇年代の彼の活動の帰結という面をもっており、もっと言うなら、この時代の価値観やものの見方を色濃く引きずっているともいえるのである。

「ディスカバー・ジャパン」には様々な側面があるが、一九五〇～六〇年代の高度経済成長によって引き起こされた日本社会、とりわけ都市文化の歪みに対するアンチテーゼ的な性格を色濃くもっていた。それが日々の生活に疲れた都会人や故郷を離れて都会暮らしをしている地方出身者などに受けとめられたのか、当時の女性週刊誌などをみると、これまでの旅とはひと味違う「心の旅」的なスタイルを唱導する一人旅マニュアル的な記事がしばしばみられる(5)。

藤岡はこれまた当時大きな話題を呼んだ富士ゼロックスのコマーシャル「モーレツからビューティフルへ」の発案者でもあった。このコマーシャルもまた、高度成長からの脱却を前面に出し、新たなライフスタイルを提案するものであったが、その映像で“beutiful”と大きく書かれた紙を掲げながら銀座通りを歩く加藤和彦が、当時反体制の象徴といってもよかったジーンズをまとっていることからもわかるように、そこには若者のサブカルチャーとしての性格が色濃くまとわされている。都会の喧噪を離れて田舎に行き、自らの原点を探すべく誘う「ディスカバー・ジャパン」もまた、その延長線上に構想された新世代向けの企画だったと言ってよいだろう。

「ディスカバー・ジャパン」が大阪万博終了後の国鉄の減収をカバーする目的で、新たな集客策として提案されたという事実は示唆的である。戦後復興から高度経済成長へと右肩上がりに成長を続け、東京オリンピック（一九六四）、大阪万博（一九七〇）で一応の到達点にいたった日本が、ふとわれに帰って、その間に見失った何かを取り戻そうとする、そんな時代の空気をこの企画は見事に捉えたと言った方がよいかもしれない。そしてそれを、「本来の」日本の景観、「原風景」といった語によって曖昧にくるみ込んだところに「ディスカバー・ジャパン」は成り立っていた。

「ディスカバー・ジャパン」の登場に少し先立つ一九六八年には日本は「明治百年」の年を迎えている。「明治百年」は、「建国記念の日」の制定、国葬の復活といった、この時期の政府の「反動」的な動きの一環として左翼陣営の大きな批判を呼び起こし、国論を二分するような論戦となったことから、もっぱらこうした政治的コンテクストでばかり捉えられがちなのだが、当時の状況をよくみてみると、この

「ディスカバー・ジャパン」はイメージが先行するきらいがあり、ポスター写真の風景に魅せられて現地に行ってみると幻滅させられるというようなことがしばしばあったようである。『週刊朝日』の1973年6月22日号には「『ディスカバー・ジャパン』その幻想と現実」と題されたグラビア特集でその種の例がいくつも紹介されている。写真は、徳島県の「祖谷のかずら橋」だが、ポスターではあたかも天空にぽっかり浮かんでいるかのようにみえるのに、実際に行ってみるとすぐ隣にコンクリート製の近代的な橋がかかっていたのであった。現実は実際には多面的だが、イメージはしばしば、その一面だけを恣意的に取り出し、それが全てであるかのように錯覚させることで成り立つ。ノスタルジックに回想される日本橋のイメージにもまたそのような面があることは否定できない。

機会にいわば「便乗」したともいえる様々な民間の企画が行われ、出版物などの様々な媒体を通じて、明治期の写真や映像、音などが大々的に復刻され、見直される動きが生じていることが看取できる。(6)「原風景」志向がことさら「古き良き時代」への希求と結びついていった一つの要因とみることができるだろう。東京の代表的な観光バス会社である「はとバス」では、明治百年の年に先立って「東京百年記念明治コース」なるコースをスタートさせており、東京に残る過去の遺産を見直す上でも「明治百年」が大きな機会となったことが窺われる。

東京という都市に残る、今や急速に消え去ろうとしている古い時代の痕跡への関心は、交通問題や公害問題など、様々な問題が噴出する都市環境への批判から出てきている点で、「ディスカバー・ジャパン」的な田舎へのあこがれと表裏一体の関係にあることは、まさに藤岡の活動のたどった軌跡が如実に示している通りである。しかし、ここで表象されている「かつての東京」や、破壊された古き良き日本の「原風景」の姿は、実際にはありもしなかったユートピア的な状況を志向するノスタルジックなまなざしの所産であり、藤岡の語っている高速道路撤去の「夢」も、まさにその線上に出てきたものにほかならない。「ディスカバー・ジャパン」というコンセプトの含む矛盾が旅行客の行き先各地で露呈したように、藤岡のこの「夢」もまた、きわめて一面的で矛盾含みのものであったことは、後に、この高速道路の景観についての真っ向から対立する判断について検討する中から明らかになってくることになる。

その話に入る前に、一つだけ補足的なことを述べておこう。陣内の「水辺都市」論の影響力がいかに大きかったとはいえ、それだけの力で、日本橋の高速道路撤去論が取り沙汰されるようになる

東京遊覧ニュース

・消える東京の明治・

建築物に偲ぶ明治・大正

東京百年記念 明治コース

東京百年 明治コース に ちなんで

いよいよ 10月1日 明治コース運行

数少ない東京の明治を訪ねて

「明治百年」を前にした1966年に、はとバスに「明治コース」が設けられた。はとバスで出していたPR紙『東京遊覧ニュース』には関係記事が何度か出ているが、1968年には「消える東京の明治　建築物に偲ぶ明治・大正」と題された記事が二回にわたって掲載され、東京に残る古い建築物を多数紹介している。すでに触れたように、「明治百年」は建築物や町並みの保存への関心が一般に広がる大きな機会になったが、国や建築学会といったものだけでなく、はとバスのような存在もまたその担い手になっていたことを、あらためて認識させられる。

などということは当然あり得ない。また、高速道路批判が、必ずしもこの時代にはじめて登場したというわけではなかったということについても、すでに述べた。こうした論が社会的にそれなりの力をもつにいたるためには、さらに何らかの要素が関わることが必要であった。

その点で見逃すことのできないのは、一九六八年に地元の商店、企業などを中心に結成された「名橋『日本橋』保存会」という団体の存在である。設立時の趣意書では、名橋日本橋が「時代のスピード化の影響を受け、高速道路の蔭となり、全くその存在は世人から忘れられようとして」いることを嘆くとともに、斜陽化しつつある「都心商業地区を往時のように発展させる」という責務を果たすことの重要性をうたっており、日本橋という象徴的な橋を核とした地域活性化が目指されていた（名橋「日本橋」保存会 1977, 317）。当初から、橋の清掃事業や橋周辺の環境整備だけでなく、日本橋・京橋まつりの実施、ＰＲ誌『月刊日本橋』や記念誌の刊行など、幅広い取り組みを進めてきたが、一九八三年という相当に早い段階で、将来の首都高の大規模改修をにらみ、地下への移設という方法なども視野に入れながら日本橋をよみがえらせるという運動方針を決めていた[7]。

日本橋は古くからの商業地で、江戸期から続く多くの老舗商店があり、この会の会長も歴代、三越の社長が務めている。また、橋のたもとにある野村證券をはじめ、関与する大企業も多く、会発足時の発起人にも、江戸英雄（当時三井不動産社長）、瀬川美能留（同野村證券社長）など、財界の大物が名を連ねていたから、政府や財界に働きかける力もかなり大きかった。首都高移設という大がかりな話が、「夢」であることをこえて、現実の政策課題の中に位置づけられていったことは、このような団体の存在なしには考えることができないだろう。

地元団体にとっては、陣内らの「水辺都市」論は、橋の問題と地域振興の問題とをセットにして根拠づけることのできる論として、渡りに船のような形で機能したことは想像に難くない。すでに述べたように、陣内自身もこの団体を中心とする地元の活動に高い評価を下している。また、二〇〇六年には陣内は中央区立郷土天文館（タイムドーム明石）の館長に就任している。架橋一〇〇周年にあたる二〇一一年にはこの博物館で「日本橋―人をつなぐ・時代をつなぐ」と題する特別展が行われ、連動企画として講演会、現地見学会などが催されているが、その一環として、陣内の司会のもと、保存会の事務局長や『月刊日本橋』の元発行人をパネリストに招いた「名橋日本橋　架橋一〇〇年記念　記憶をつなぐ日本橋」というシンポジウムが行われたりもしている。このようにみてみると、この「名橋『日本橋』保存会は、一方で陣内のような歴史研究者と結びつき、他方で政界や財界と結びつくことによって、「水の都・東京論」を首都高の地下化という具体的な動きと結びつけてゆく上で欠くことのできない媒介者としての機能を果たしたと言えよう。

5　首都高地下移設計画をめぐる賛否両論

小泉政権下の二〇〇六年に発表された「日本橋川に空を取り戻す会」の提言は大きな反響を呼び起こした。国土交通省の音頭でこの問題が議論されるようになったあたりから、すでに、『読売ウイークリー』や『Forbes』が、長年の懸案がようやく実現したとばかりに、この提言を絶賛する論調の記事を掲載しており、そうしたトーンの記事は提言が出された以後にも引き続き出てきている。

『都政研究』には「ＮＰＯ道づくり・川づくり・街づくり研究会」の佐藤一夫が、日本橋付近だけでは生ぬるい、首都高の都心環状線を全廃せよ、という論陣を張っている。また、『週刊東洋経済』では、「日本橋ルネッサンス」というタイトルのもとに、この地域全体の再活性化をテーマとした記事を掲載しており、このようなものをみると、ほとんど「名橋『日本橋』保存会」と一体化しているのではないかと思ってしまうくらいである。

しかし他方で、この提言を批判、否定するような記事も少なからず見られる。吉田春樹（『世界週報』）、猪瀬直樹（『週刊文春』）、五十嵐太郎（『論座』、『エコノミスト』）らがそのような論陣を張っているが、そこでの批判の中心的な論点は財政上の問題である。今の日本の財政状況がこのようなことに金を使えるような状況にないことを指摘し、このような事業自体が巨大なハコモノ事業であって、道路族に対するガス抜き的な性格のものにほかならないことが糾弾されている。景観に関しての立場には、これらの論者の間でも若干の違いがある。吉田の議論はもっぱら財政に関わる問題に向けられているが、「この川のある街の景観を美しくしたいという気持ちは筆者も同じだ」という論述からもわかるように、景観自体の評価については「空を取り戻す会」の価値観に異議をとなえている

「日本橋川に空を取り戻す会」の開設したウエブサイト。高速道路が撤去され、広大な水辺の空間が広がっている図がまず目に飛び込んでくる。

わけではない。猪瀬はここでの論をタルコフスキーの《惑星ソラリス》の話からはじめている。それについてさらに突っ込んだ話はないものの、多くの新聞がこの提言を好意的に評価していることを批判し、「貧しい日本が東京オリンピックに間に合わせるため、できるだけ安い費用と短い期間と優れた技術でつくった斬新なモダンワールド、その誇りを粗末に扱うな」（『週刊文春』2006.4.13, 64）と述べており、高速道路のある景観を無批判的に悪いと決めつける風潮に異議をはさもうとしていることが感じられる。

それに対して五十嵐は建築史の専門家として、高速道路の地下化によって美しい景観が取り戻せるという考え自体に疑問を投げかけ、「何の恥じらいもなく、「美しい」と堂々と言い切ってしまう言説に、筆者は真っ先に気持ち悪さを感じてしまう」（『論座』2006.4, 201）と述べる。ほとんど無条件の前提として、首都高を悪い景観のシンボルとしてきた、これまでのあり方に対して五十嵐は、西洋の近代建築の縮小コピーのような日本橋に対し、「暴力的なスケールで挿入された首都高の方にダイナミックな都市の風景を感じる人もいるだろう」（同 204）と述べ、とりわけ若い世代の建築家にはそのような感覚をもっている人も多いようであり、それはこの世代が、首都高が覆いかぶさった日本橋の景観しか知らないからかもしれない、というコメントを加えている。五十嵐もまた《惑星ソラリス》の例を引いているが、首都高に都市のダイナミズムを見出すこうした感覚を共有し、サイバーパンクの世界や映画《ブレードランナー》に共感を寄せる人々にとっては、首都高のある東京は「悪い景観」どころか、カッコいい物語の舞台になりうる、といった議論を展開している。

多少なりとも美術史や建築史の素養があれば、美が時代や地域によって変化する相対的なものであることは自明のことであるにもかかわらず、首都高移設の推進者のように、美が絶対的なものであるかのようにふるまい、美を掲げながら悪を排除するというような態度が過激化してゆくことになれば、美しい都市を実現するためにホームレスの段ボールを一掃する、スラムや不良住宅を排除する、といった動きに移行することは容易だろう、そういう社会がいかに危険であるか、と五十嵐は警鐘を鳴らすのである。

日本橋の首都高の景観自体を肯定的に捉え、美的判断自体に関わるレベルで具体的に論じているものは、雑誌記事の中には他にあまり見ることができないのだが、他の出版物に目を転じて、そこに見出されるその種の言説を取り上げて論じる前に、一つだけユニークな雑誌記事を紹介しておこう。

『散歩の達人』に掲載された「高架下の幸せ　首都高の下は、灰色のパラダイスだ！」と題された記事で、筆者は中野純という人物である。

　首都高は、その真上を無神経に通る邪魔モノだ。だが、無神経さというのは、度肝を抜く大胆さでもあって、正直、カッコいい。日本橋は、首都高と二段橋になっているからこそいいのだ。そうじゃないと、鈍重で偉そうで、結構イヤな橋だと思う。（『散歩の達人』2006.6, 76）

と書く中野は、江戸橋のジャンクションに道路が集まっていく感じが、「ハイジャック中の飛行機のドアが飛んでる最中に開いちゃって乗客や荷物がウワーッとドアに集まってく感じみたいで、すつごくいい」といった具合に、首都高の景観をいろいろ取り上げて評価しているのだが、日本橋については以下のように述べている。

さすがは日本橋エリア。そんじょそこらの高架下とは違う、一流の高架下だ。ここの高架の魅力は、やはり、カーブとアップダウンの大胆さにある。一帯はジャンクションやランプだらけだから、ビルの合間を高架が上下左右に自在にうねって、景色がダイナミック。首都高は、無限に長い竜のように、頭上を果てしなくうねる。その果てしなさが、閉ざされた解放感という、へんてこりんな心地よさを生む。そんな高架下を散歩してると、ホームレスの寝床にばかり出くわす。「ここはいいな」と思う場所に、必ず寝床がある。「ここはどうだ」と隙間を覗くと、また寝床。
夜、江戸橋から日本橋を望むと、首都高のオレンジ色の道路灯が川面を照らし、それが高架の腹に乱反射してオレンジに揺らめいて、オーロラみたいだ。オーロラの下で、ホームレスたちが静かに眠る。高架下は、とても安らかな無法地帯。なんだか、ものすごくかけがえのない場所かもしれない。（同　77）

この記事の背景については後に論ずるが、ここにあるのは五十嵐が危惧した「美を掲げながら悪を排除する」方向性の対極にあるようなスタンスであると言えるだろう。

6 水面からみる高速道路

川や橋の上に設置された高速道路の景観を肯定的に捉える見方は、雑誌記事には必ずしも多くないが、他の出版物をみるといくつも見つけることができる。その多くが陣内同様の、「水の都・東京」の表象から出発し、水面からの視点に根拠をおいているように思われることが大変興味深い。

その典型的な例は、石坂善久の『東京水路をゆく』（二〇一〇）という本にみられる。「水路愛好家」を名乗る石坂は、自らの所有するモーターボートで東京の様々な川や水路をめぐり、そのおもしろさを描き出している。橋や水門などの独特の施設を鑑賞することのおもしろさに加え、石坂が強調しているのは、同じ橋にしても、低いところにある水面から仰向けに見上げるという、陸上からでは普通ありえない目線をとることによって、様々な部材によって支えられている橋の裏側の様々なディテールなど、思ってもみなかったような鑑賞体験ができるということである。

そのような観点から石坂は、高速道路に対しても肯定的な反応を示している。モーターボートでのクルーズの際に、夏でも日陰になるとか、雨が降っても大丈夫、といった実益は措くとして、モーターボートにのって水上からみることによって川の上に高速道路がかぶっている景観を批判する「世間様のご意見」とは、また違った見方ができるようになったと彼は言う。

橋の裏側の写真を撮って喜んでいたりする、土木構造物好きな輩として見ると、首都高の裏側を仰ぎつつ艇を進めるのは、実に楽しいものなのです。桁裏に露出する構造の面白さ、限られたスペースを最大限活用して詰め込まれた、ジャンクションがおりなす複雑な造形。

よく昭和三〇年代後半のあの短期間で、これだけの交通インフラを造り上げたものだ（しかも、こうして半世紀経っても、十分使用に耐えるものを！）と、先人の偉大さに頭が下がる思いになることもしばしばでした。（石坂 2010, 50）

この本では、都内の様々な水路が地域ごとに写真とともに紹介されており、実際、その中のかなり多くが高速道路がらみの写真であるのだが、このような形で並べてみてみると、高速道路の下になっている部分だけが薄暗く汚らしいというような印象はたしかにあまりない。多少大袈裟な言い方をするなら、むしろ、高速道路が造られることによって、水面からの景色は変化を増し、新たな美しさを獲得した、とみることも可能かもしれないのである。

川や水路に焦点をあて、そこから東京を見直そうとする本がこのところ数多く出版されている。実際に水の流れている川だけでなく、かつて川だった場所や、暗渠化され、今はみたところ普通の道路に過ぎないような場所の歴史をたどるようなものも多く、その関心はテレビ番組『ブラタモリ』の人気に代表される、都市の微細な高低差への関心などにもつながっていよう。都市の表層の機能によって覆い隠されてしまった、見えない何かを発見することの快楽がそのような動きをリードしているように思える。

このような石坂の見方には、たしかに「水面からの視点」という点では陣内と共通するところがあるにしても、そこに何を見ているかという点においてはかなりの違いがあり、そこには陣内とは根本的なところで異なる景観へのまなざしや感性の存在を感じとることができよう。その由来を探ってみるために、次には、首都高をテーマにしたムック本に収録されている大山顕へのインタビュー記事「高架下の世界」をみてみることにしよう。大山は、やはり川からの高速道路の景観を高く評価するのだが、そこには川や水路自体への関心とはまた少し違った視点をみることができる。

『首都高をゆく』という、この本のタイトル自体、全体的に高速道路に対する好意的な評価がベースにあることは容易に想像されるが、とりわけ大山が登場する「高架下の世界」というコラムは、「〝首都高フリーク〟が語る！　ここが『首都高』の萌えポイント」という企画の中で八つの「萌えポイント」の一つとして位置づけられており、日本橋の景観についても、そのようなコンテクストで語られている。

首都高の高架橋に覆われた川の下を、一度船に乗って通ったことがあるんです。真上には高架橋、左右にはビルが立ち並んでいて、間に見える空から光が差し込んでくる……東京を一番底から見ているような感じで、とても面白い景色でした。川の上に道路を造ったことが悪いことのように言われていますが、ホントにこういう景色をよーく見ているんですかねぇ。良い景観として「川の上は空が開けているべきだ」というのも、結局きっと固定観念なんですよ。高架橋の下を通っている橋から、上を見上げるだけでも十分面白いので、通ったときは試してみてほしいですね。

（『首都高をゆく』2009, 78）

大山は、首都高を撤去して日本橋を元に戻そうとする動きについて、「良い景観を取り戻そう」というスローガンは「懐古趣味」を覆いかくすための大義名分であるとし、日本橋についても次のように言う。

僕が生まれたときには首都高はもうできていたし、日本橋の上も高架橋で覆われていました。首都高がない状態を知っている人が「昔はよかった」と感じるのはいいんですが、今の風景しか知らない自分たちに、その価値観を押し付けるのはちょっとねぇ。日本橋が素晴らしい橋にみえるのも、実は上に首都高が走っているからだと僕は思っているんですけれども。

（同 79）

大山は、高速道路の高架下を楽しむポイントは、とにかく高架橋の下に入っていろんな角度から見上げることだとしており、日本橋川のような「川の上の高架下」を第三位に挙げている。ちなみに第一位は「ジャンクションの下」である。

特にジャンクションは、真下から見上げるとダイナミックです。大黒は単純にスゴいとしか言いようがないし、複雑に路線がクロスする高架橋の下に、駐車場が入っている箱崎も面白

②

①

2009年に刊行された『首都高をゆく』と題されたムック本①。
②は大山が日本橋の景観について述べている「高架下の世界」のページ。

③

③大山が刊行した「ジャンクション」をテーマにした写真集。単なる写真集ではなく、ジャンクションの形式を分類した記事や「ジャンクション鑑賞法」などの実用的（？）記事なども含まれており、そのような見方の面白さを実感させてくれる。

い。……（同 79）

大山はジャンクションの写真集も刊行しており（大山 2007）、このインタビューでも触れられている大黒、箱崎とともに、江戸橋ジャンクションも取り上げている。そのキャプションには「上空から見ると『咲き誇る』とでも表現したくなる線形が生み出した、ほかのT型では得られない曲線美」とある。また、ジャンクションではないにもかかわらず、日本橋もあえて「日本橋ジャンクション」という命名のもとに言及されており、今と昔、江戸の交通の要衝と現代の交通の要衝がここで「結ばれている」と述べて、その景観に肯定的な評価を与えている。

大山が高速道路を美しいというとき、一つのポイントになっているのは、下から見上げるという、通常とは違ったアングルの取り方である。それによって、何層にも重なり合った美しい曲線が見えてきたりするわけであるが、とりわけ日本橋のような「川の上の高架下」の場合には、その視点をとるためには船の上から見る必要があるということであって、必ずしも川や水路自体に関心があるというわけではない。また、そこで取り上げられている「高架下」の評価ポイントはジャンクションの曲線美のようなものだけではなく、小松川線の高架下にある薄暗い公園などについての言及もある。ここでポイントになっているのは、もう少し大きなレベルでの感性のあり方の全体的な変化であり、「川」や「曲線美」といったものは、そのような新しい感性の中で再編成されることによって、個別的な要素として新たに浮かび上がってきたと見た方がよいように思われる。

大山は、工場萌え、団地マニアといったテーマで、出版物のみならず、テレビやネットでも活躍しており、新しい感性で都市を見直す最近の一連の動きをリードしている存在であると言ってもよい（石井・大山 2007／大山 2008）。彼は『高架下建築』と題された写真集も出しており（大山 2009）、そこでは中央線や山手線など鉄道の高架下に焦点をあわせ、そこに広がっている多様な世界を見事に描き出しているが、ここでも元来鉄道のために造られた高架線について、あえて目線を下げ、その下側に注目することによって、これまで目に入ってこなかった世界のおもしろさを再発見するというスタンスをみることができる。首都高の高架に対する見方も基本的にはその延長上に出てきたことは間違いない。

すでに述べたように、日本橋の高速道路の景観を評価する石坂や大山と、批判する陣内らは、一方で全く逆の判断を下しつつも、その視点が微妙に交叉しているように思われることは何とも興味深い。船に乗り、水面からの視点をもつという斬新な体験により、地上からの視点では見えなかったものが見えてきて、これまで忘れられたり捨てられたりしていたものに着目する機会となる、そんなあり方も共通しているし、そこで具体的に見えてくるものについても意外なところに接点があったりする。大山の高架下への関心などは、陣内の関心の持ち方とは相当にずれているようにも思えるのだが、陣内は、自らが再発見した古くからの路地や裏通りの猥雑な空間の秩序を引き継いだものとして、雑居ビルや地下街のあり方をポジティブに評価しており、大山が着目した高架下のワンダーランド的なおもしろさとの距離はほとんど紙一重のニアミス的な関係と言ってよい。

しかし他方で、この両者にかなり決定的なズレがあることもまたたしかである。雑誌『ランドスケープデザイン』が行った「東京と大阪に見る水辺都市の復活」という特集の中に陣内は「水都東京を巡る――隅田川－日本橋川－神田川」と題するレポートをよせている（『ランドスケープデザイン』第80号 10-17）。その中には神田川に沿って御茶ノ水から神田に向かうJR中央線昌平橋際の高架下にあった倉庫跡を再利用して作られたレストランを川の側からみた写真が掲載されている。しかしこの写真につけられたキャプションには、「神田川を周遊するクルーズから望む、御茶ノ水駅から秋葉原駅に向かう途中の昌平橋のたもとの高架下の倉庫を転用したレストラン。小さいテラス席があり、水辺を楽しむことができる」とだけあり、その関心が大山的な高架下ワンダーランドへと広がってゆくことはない。このようにみてくると、この両者は、共通の背景から生まれ、ある種の共通の関心をもちながらも、正反対と言ってよいくらいの異なった感性に支えられているために、同じ対象についても全く違った反応をみせるようになり、高速道路の景観についても逆の判断を下す結果になっている、ということではないかという気がしてくる。

同じ水辺の空間への関心から出つつも、陣内と正反対の反応を示している人は他にもいる。二〇〇三年に、六本木ヒルズのオープニングイヴェントとして開催された「世界都市展」で上映された、野田真外監督（押井守監修）による映像作品《東京静脈》は神田川と日本橋川の水面を船で航行する映像を、ひたすら流し続ける作品であったが、ここでも高速道路の下を進んでゆく時間が中心と言っても過言ではない。中野正貴の写真集『TOKYO FLOAT』（二〇〇八）も水面からみた東京の姿をこれでもかとばかりに提供するものだが、これまたその多くが高速道路がらみの写真であることには驚かされる。また、水道橋分水路のような「水路愛好家」にとっての定番スポットが登場しているのもおもしろい。中野にはその前に『TOKYO NOBODY』（二〇〇〇）と題された、都心でありながら人気の全くない写真ばかりを集めた写真集も出しているのだが、ここでも車の姿が全く見られない高速道路の写真がかなりはいっており、首都高開通時にその曲線美などをアピールすべく発表された写真を彷彿とさせるようなものになっている。《東京静脈》のＤＶＤには「普段見ることのない角度からの都市・東京」、『TOKYO FLOAT』のオビには「ひたすら川を下り、水上から向けた写真家のレンズは見た事もない『東京の本性』を切り取る」というコピーがおどる。

　視点や見方を変えることによって、いつも見ていたはずなのに見落としていた、あるいは捨ててしまっていた何かを再発見する、そういう姿勢の中から、日常生活の中ではどうでもよいとされていた、あるいは否定的にしか捉えられていなかった高速道路の美しさやおもしろさが浮かび上がってくる。そこには明らかに共通した感性がある。別の言い方をすると、視点を変えることによって、ふだん見えていなかったものが見えてくる、という点までは陣内と同じなのだが、そこで見えてくるのが、陣内の場合には今や

『中野正貴写真集TOKYO FLOAT』

消えてしまった水辺都市東京の秩序であるのに対し、彼らの場合には、下から見上げる高速道路の不思議な形、あやしい輝き、水に浮遊している妙な物体、そんなものを捉える独特の感性を発揮している、そういうことなのである。

7　路上観察学的感性の系譜　「空間派」と「物件派」

このような感性のあり方には「路上観察学的感性」という語が一番ぴったりするのではないかと思う。「路上観察学」については第II部の冒頭でも簡単に触れたように、一九八六年に、赤瀬川原平、藤森照信らが「路上観察学会」を立ち上げたことをきっかけに一気に広まった概念である。建築史家の藤森は、街を歩き、今に残る近代建築の遺産をリストアップする作業を重ねる中から、従来の建築史研究の網からもれてしまったヘンなものを次々と発見し、「看板建築」、「動物ウォッチング」などの形で提示したわけであるが、前衛アーティストという全く違ったコンテクストからこの動きに関わった赤瀬川は、芸術の周囲にまとわりついている因習的な制度や、そこに関与する人間の意図的な表現を削ぎ落としてゆく中から、街を歩き、あらゆる機能や意味か

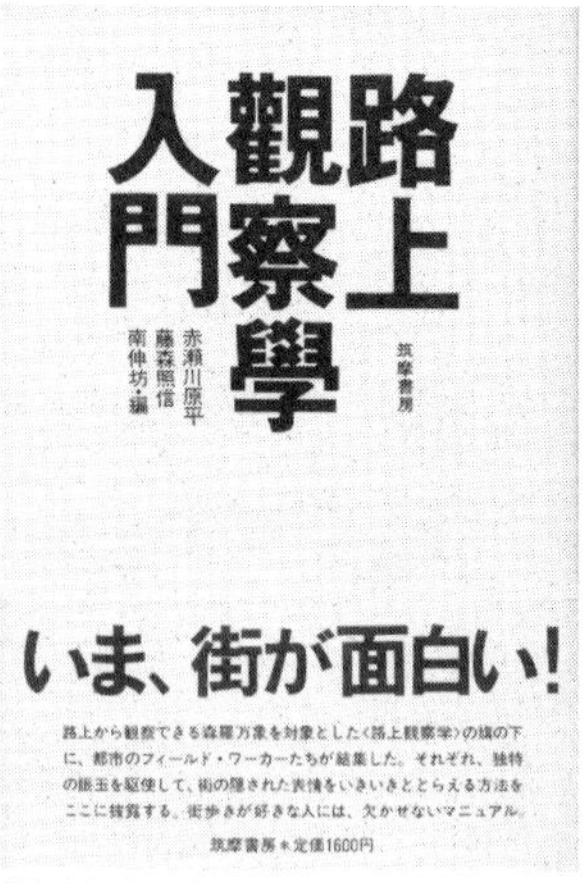

「路上観察学会」の発足に合わせて刊行された『路上観察学入門』は、そこでのものの見方を世に広める恰好のバイブル的存在となった。

ら解放されたかのようにひっそり残る無用の長物を「超芸術トマソン」と命名し、そのようなものを見つけ出しては記録収集することに、自らの制作活動の行き着くべき先を見出したのであった。その他、マンホールの蓋の模様の記録収集をしていた林丈二、どこかずれているヘンな貼り紙を見つけ出してはイラストにしていた南伸坊などが、この「学会」に集った。それぞれ対象は違うが、視点を変えることによって、都市の中にある、これまでは誰も注目しておらず、どうでもよいと思われていたようなものにスポットをあて、浮かび上がらせる、そんな共通項を言い表す核になる概念として据えたのが「路上観察」だった（赤瀬川・藤森・南編 1986）。そのような志向はまさに、石坂、大山らの方向性とも共通するだろう。

この両者の結びつきは単なるアナロジーではなく、系譜としてのつながりをもっているということが重要である。そのつながりは、媒介項としてタモリという人物をおいてみることによって明瞭になる。今日、タモリは「ブラタモリ」、「タモリ倶楽部」などのテレビ番組において、まさにこの視点の転換によって見慣れた都市から意外なものを鮮やかに浮かび上がらせる術を駆使して人気を博している。「タモリ倶楽部」の放送記録をみてみると、首都高、水路、工場、団地等々が頻繁に登場し、石坂や大山が出演した回もあったことがわかる。ここに出てくるタイトルを並べてみただけでも、陣内らとは正反対のその感性のありようが伝わってくるだろう。(8)

他方、タモリには「路上観察学」の直接的な継承者ともいうべき側面がある。初期の「タモリ倶楽部」には、「世の中にある不思議な物、常識では考えられない物、それらを白日のもとにさらし、その原因を追究するこのコーナー」という口上で始まる「東京トワイライトゾーン」というコーナーがあった。(9) 要するに、東京近郊で見つけたヘンなものが次々紹介されるのだが、そこに出てくるのはほとんどが、「高所ドア」、「純粋非常階段」等、赤瀬川原平の「超芸術トマソン」のパクリと言ってもよいようなものである。このようにみてみるならば、タモリが、赤瀬川らの「路上観察学」をテレビのバラエティ番組という形で普及させる伝道者として活動する中から、特に川跡、水路、高速道路といった方向に新たな展開の可能性を見出してきた、その軌跡を理解することができるだろう。この周辺には他にも、階段、スリバチ地形、暗渠など、関連するテーマがいろいろあり、それらをテーマにした単行本などもこのところ急増している（松本 2007／皆川 2012／本田編著 2012）。石坂や大山は、いわばそのような「路上観察学的感性」の一角を形作る存在として位置づけることができるのである。

ついでに付け加えておくと、さきに雑誌記事として紹介した「高架下の幸せ　首都高の下は、灰色のパラダイスだ！」（『散歩の達人』2006.6）は中野純という人物によるものだが、この中野がその少し前まで同じ『散歩の達人』に連載した記事が単行本になっている（中野純 2008）。『東京サイハテ観光』というタイトルのもとに、ここでも新橋のガード下、京葉道路の橋の下などが「再発見」されているのだが、この本のオビにもまた、「この散歩視力は『路上観察学会』以来の衝撃である」というコピーが書かれている。

「路上観察学」が登場し、赤瀬川や藤森が脚光を浴びたのは一九八〇年代のことで、陣内が『東京の空間人類学』で脚光を浴びたのとほぼ同時期である。ただ、こうした方向性が大きなムーブメントとしてはっきり形に表れてくるのは八〇年代であるにしても、そのルーツが、本書で一貫して

2「四谷純粋階段」

1

新しい見方の「伝道者」としてのタモリの役割をよく示している「東京トワイライトゾーン」の事例。「東京トワイライトゾーン」の「純粋非常階段」を、赤瀬川の「トマソン」の代表的事例として有名な「純粋階段」と並べてみるならば、この番組の中で、深夜番組の独特の空気をうまく利用しつつ、「トマソン」的な感性を共有する人々の共同体が作られ、大きく広がっていった状況を感じ取ることができるだろう。

4「東京トワイライトゾーン純粋階段」

純粋非情階段

南伸坊さんの家は非常時には見離されてしまうのか!?　非情な話だ!

お役所

118

119

3

問題にしている、一九六〇年代末から七〇年代にかけての感性のあり方の大きな転換にあることは、第II部冒頭の部分で述べた藤森の軌跡などをみれば納得されるであろう。そのことはまた、すでにディスカバー・ジャパンとの関連で指摘したように、ここでの動きの中心にも、戦後復興や高度経済成長の中でもたらされた極度の都市化の進展による都市の環境問題の悪化へのリアクションという要素があったことを示唆している。

こうした状況の中で、若い世代を中心に、これまでの都市のあり方からの脱却への志向や、これまでの固定観念を排した新しいライフスタイルを求める動きが表面化し、一種のサブカルチャーが形作られていったのである。東京論、都市論のブームはもちろんその所産であると言って間違いないが、ここでぜひ指摘しておきたいのは、陣内らの「水の都・東京」の発見と藤森や赤瀬川の「路上観察学」という、一見正反対に見えるこの二つの動きが、いずれもこの同じルーツに由来した、いわば兄弟関係にあるような存在であるということだ。陣内らの「水の都・東京」の発見が、生産性や効率ばかりを求めて東京の都市環境が悪化する状況の中で、既成の都市の論理やあり方を見直そうとする一つの反応であることはもちろんであるが、路上観察学もまた、そのような状況に対する別の形の反応であったとみることができる。赤瀬川の「トマソン」に端的にみられるように、彼らもまた、機能や効率性ばかりを求め、意味のないもの、役に立たないものはどんどん捨てられて、壊されてゆくような、これまでの都市のあり方からの脱却を求め、その中の因果連関から外れてしまったもの、機能や効率性という観点から価値がないとして捨てられたようなものを探し求めた。「路上観察」は、まさに視点を切り替えることによって、自らのまなざしを、そういうものを発見できるモードに変えることであった。これまでに述べてきた、陣内的なあり方と石坂、大山的な「路上観察学的」なあり方とが、最終的な方向性は異なるにもかかわらず、共通の由来をもつ一種の兄弟関係にあるということの内実は、そのようなことである。別の言い方をするなら、この両者は、都市のあり方に対する同じ問題意識から出発し、展開していったのであるが、そこでの視点、感性の違いゆえに、日本橋と高速道路についての見方は正反対のものになったのである。

藤森は、この二つの方向性の関係を当時から見事に捉えていた。「路上観察学会」のマニフェストともいうべき『路上観察学入門』の中で藤森は、自らを「物件派」と呼び、「空間派」と名づけられた陣内らの立場に対比させている。そしてまさに、掘割や川、水などに対するスタンスの違いを例に出し、一緒にそのようなところを歩いてみれば、その違いははっきりすると言う。

空間派は、掘割にならぶ倉や護岸の石垣や石段、

徳島県のJR牟岐線・海部駅近くにある「純粋トンネル」は典型的な「トマソン」物件だが、藤森も「物件派」的な感性を示す典型的な事例として言及している。藤森曰く、物体が「物件」として姿をあらわすようになるのは、全体の秩序からズレてしまった時に限られる。この「純粋トンネル」も、「実用性というこの世で一番強力な秩序からズレてしまった」ケースで、「ちゃんとした鉄道のトンネルなのに、トンネルの上には山も丘もなくて、ただ空気を支えているだけ」になっている。

そうしたものが水の流れと一つになってかもす水辺の空間に注目する。そうした空間には視覚的印象を一つにまとめあげる秩序が隠されているから、その秩序を読み解こうとする。「都市を読む」とか「コードを読む」というのが空間派の必殺技で、方法的には記号論に近い。そして、読んだ結果何が見えてくるかというと、きまって古き良き秩序が見えてくる。江戸の町の水辺は活きていた、とか、下町の路地裏は良かったとか、そんな話になる。そうした秩序ある空間を混乱させ破壊した近代という時代を槍玉にあげ、その上で新しい秩序の再建を言う。

（赤瀬川・藤森・南編 1986, 16）

それに対して、藤森によると、

ところが、何が哀しゅうてか、われらの目玉はそうじゃない。堀割を歩くと、そこにただよう空間よりはまず先に、水面をただよう壊れた人形や木片やビンの類に目がいってしまう。なんともみっともないが、空間よりは物件の方に敏感なのである。……物件に気をとられてしまうと、次々に目に入る物件の個別の面白さの方が印象に残って、全体を貫く秩序の方は網膜に跡を残してくれない。……このオブジェ感覚の立場からいうと、近代以前の全面秩序、全面空間の時代というのは、個別の物件が全体の中に埋没してしまっていてあまり面白くない。刺激がうすい。

（同）

「空間派」が、調和ある全体性への回帰願望を心に秘めているのに対し、物件派は、予定調和的な全体からの逸脱に、最後の自由を賭けている」（同 18）というのが藤森の考えである。もちろん、藤森もただただ個物をおもしろがっているだけというわけではない。

路上観察者は、物件をもっぱら対象としているが、実は、目玉の裏では、いつも事件を意識している。裏に事件の存在を感じさせるような物件を好んで観察している、といってもいいだろう。事件を扱うのが専門の探偵の目で物件を探しているわけだ。水辺の例でいうと、岸辺に立って空間を感じても、空間は調和状態の産物だから、そこに事件の影はないが、一方、流れ下るビンや人形や胎児に目を注ぐと事件のニオイがいっぱい詰まっている。（同 21）

8――二分法的議論のゆくえ

ここまで見てきたように、日本橋の首都高の景観をめぐる議論の歴史を考察することで、景観の美しさをめぐる感性のありようがかくもドラスティックに変化するものであること、そして、今われわれが感じるような感じ方自体、様々な文化的コンテクストの中で歴史的に形作られてきたものにほかならないことが明らかになった。

以上の考察から描き出せるのは、おおよそ以下のようなストーリーである。一九六四年の首都高の建設前後の時期には、その造形の未来都市的な美しさを評価する立場が主流であった。歴史的関心をもつ知識人を中心に、景観の悪化を嘆く声もあったが、一部にとどまり主流とはならなかった。高度成長が一段落し、都市の環境悪化が問題化されるようになると、失われた古き良き時代を志向するまなざしが生じるようになり、高速道路は景観破壊の元凶のような存在として捉えられるようになった。明治百年を機にはじまる歴史的建築物の見直しや、若い世代による都市論ブームの高まりの中で「空間派」の人々を中心に「水の都・東京」の表象が生み出され、そこに絡んでゆく。他方、「名橋『日本橋』保存会」に代表される地元経済団体の活動もほぼ同時期からはじまっており、その動きと結びつくことによって、橋の景観の問題は周辺の地域文化の活性化策と結びついた形で議論されるようになってきていたが、その流れは二〇〇〇年代に入ると、今度は政府主導での高速道路地下化計画へと展開してゆく。

そういう中で、首都高以前の景観は、ノスタルジックな「原風景」志向の中で、無批判的に「日本の本来の景観」として表象されることになるが、小泉首相の肝煎りで地下移設計画が形を取り始めると、日本の財政事情の悪さも手伝って、逆に批判的に受け止められ、そのような表象の独善性を指摘する声も強くなりはじめる。他方で、一九八〇年代の「路上観察学会」からはじまる「物件派」の系譜の中で水路や高速道路への違った感性が形作られてきており、その中で日本橋の上の首都高をポジティブに評価するような表象が急速に大きな位置を占めるようになってきている、そんなところであろうか。

大雑把に括ってしまえば、当初のポジティブな評価からネガティブな評価へ、そして再度ポジティブな評価が現れつつある、というような形で総括できそうにも思われるが、過度の単純化は禁物である。いくつか考えるべき点を補足しておこう。

まず、具体的な考察の中ですでにみたことであるが、このような評価の交代は直線的に起こっているわけではない。首都高を景観破壊とみるような視点は、「空間派」とともに突然に出てきたわけではなく、その前からすでに存在していた。「物件派」的な見方をしていた人々も、石坂や大山のような存在によって顕在化する以前にも、おそらくは存在していたのであり、単にマイナーな勢力であったということにすぎない。極端に言えば、どの時代にも多様な判断、評価が並存していた。その中で、どのような判断、評価のあり方が主流になるかということは、きわめて多様な要素が関与する力学のなかで決まってゆくのであり、一つの要素に還元して議論できるものではない。

地元の経済団体と結びついたり、首相の一言が話題を席巻したりすることでメジャーな存在になるといったことももちろんあろうが、たとえば「物件派」の場合には、それが一定の存在感をもつようになるまでには、赤瀬川原平や藤森照信のようなアピール力のある書き手が、新しい見方、新しい感性のおもしろさをうまい言葉にして伝える、というよりも、ほとんど言葉を通して新しい感性を造形してゆくような形で人々を引っ張ってゆくことが必要であったろう。タモリのような存在が、あえて深夜のテレビ番組という枠組みの中でアングラ感を漂わせつつ、それらを紹介し、普及させてゆくという形をとることによって、独特な社会的位置取りを与えられたというような面もあるだろう（それゆえ、週刊誌などの記事だけみていると、「物件派」的な方向の話はほとんど出てこない）。こうした多様な要素の働き合いの中で、複数の判断、評価がたえずその関係性を変容させながら推移しているのであり、可能な限りそれをまるごと捉えるような視点が求められるのである。

次に考えるべきことは、評価の異なる判断をする複数のグループがあるという際に、われわれはとかく、固定した複数の集団の対立関係としてイメージしてしまい、たとえば「空間派」と「物件派」という対立関係を首都高の景観への賛否にそのまま重ね合わせてしまうようなことになりがちなのだが、問題は実はそんなに単純ではない。ここでの集団は決して一枚岩ではない。「路上観察学会」のような、かなり明瞭な輪郭をもった集団にみえるようなケースでも、実際には様々な温度差を含んでおり、同じ「物件」への関心といっても、アーティストである赤瀬川と建築史家として関わった藤森とでは「物件」を出発点に何をどのように掘り下げてゆくかということに関しては相当に異なった面をもっている。逆に、「空間派」と「物件派」も、必ずしも、そんなにくっきりと二分された形の対抗勢力として位置づけられるかどうかはわからない。この概念を使って両者の違いを鮮やかに説明した藤森自身、たいていの人は両者が入り交じっており、その混合比が問題だ、というような言い方をしている。

これらは言ってみれば、人間が周囲の環境に対して振る舞う際の二つの基本的なあり方を示すプロトタイプ的なものであり、それがそのまま現実の人間の区分に適用できるわけではないと考えるべきである。もちろん、こうした区分がそのまま明瞭な対立軸を形成するということは当然ありうることだ。まして、ここで取り上げている日本橋の首都高の是非のような問題は、それだけ取り出してみればたしかに、両者の間をとって半分残すというような中間的な解決を許さない性質の問題であるから、問題としては比較的このような類型論的な議論を適用しやすいものではあろう。

しかし仮にそうであるとしても、そこにいたる様々な動きをきめ細かく捉えてゆこうとすればするほど、「空間派」と「物件派」が一八〇度対立してぶつかりあっているというような粗っぽい固定図式は使い物にならなくなってくる。「空間派」の陣内らと、名橋「日本橋」保存会につどう地元経済界の人々とが、いわば手を組むような形で一つの動きを形成したように、このような動きの中では、時には全く違う背景から出た人々が接近することによって新しい動きを形成するというようなことが容易に起こりうる。「空間派」と「物件派」についても、その関係が、必ずしもくっきりと二分される対抗勢力という面ばかりでないとするならば、その両者の重なり合うところから新たな展開が生じるというような可能性も当然考えに入れるべきなのである。

さきにも取り上げた、雑誌『ランドスケープデザイン』の「水辺都市の復活」特集号（二〇一一）に掲載されている日本橋川・神田川クルーズについての陣内によるレポート記事は、たしかに全体としては「空間派」的なトーンで書かれているとはいえ、微妙な変化の兆しも感じ取れる。江戸橋ジャンクションの下をゆくクルーズ船の写真や、日本橋のたもとの水辺につくられたレストランの写真には次のようなキャプションがつけられている。

> 日本橋船着場から出発したクルーズは、高架橋の下を潜り抜けて進む。普段目にすることのできない、東京の〝裏〟の一面を見ることができる。高架橋を撤去する運動が盛んになる一方で、東京の現代の都市景観としてファンも多く、首都高の形は残しつつ用途変換する案なども議論されている。
>
> （『ランドスケープデザイン』第80号 12）

日本橋を挟んで日本橋船着場と反対側のたもとには、川辺にテラスを張り出したレストランが出店、テラスに座って辺りを眺めれば、圧倒的な高架橋の柱と、日本橋川の水面に揺れる灯りという独特な都市景観を楽しむことができる。(同 13)

日本橋のたもとには、二〇一一年に、現在の日本橋の架橋一〇〇年を記念する事業として、船着場が設けられ、様々なクルーズ船が運航されるようになっている。もちろん、名橋「日本橋」保存会の肝煎りであり、「空間派」的な「水の都・東京」の復権を目指しての動きではあるが、水路クルーズのニーズが高まってこのような動きになること自体、水路に対する「物件派」的な関心の高まりと連動している面も、実際にはかなりあるように思われる。こういう形で川めぐり、水路めぐりが広がりをみせてゆく中で、首都高の景観をめぐって対立関係にあったはずの両者は接合され、新しい価値観が醸成されてゆく。

そのような動きは当然、首都高についても、保存か撤去かという二分法的な問題設定とは違った議論の可能性がひらかれてきていることを意味するのではないだろうか。そしてわれわれは、この日本橋の景観をめぐる美的判断の問題自体、高速道路の是非の二分法に還元されるべきものではなく、むしろそれを超えたところに展開される無数の可能性を射程に入れるべき問題であったことを知るのである。

註

（1）ただし《オリンピック讃歌》に関しては、現地の言葉で歌うこと自体は必ずしも珍しいことではない。一九九二年のバルセロナ大会のときにはカタルーニャ語で歌われるなど、様々な政治的力学を反映する形で使われたことも少なくない。また、開閉会式でこの《オリンピック讃歌》を必ず使うようにということ自体、実は一九五八年に東京で開かれたＩＯＣ総会におけるオリンピック憲章改定で決まったことであった。この曲の楽譜は、最初のアテネ大会に使われた後に行方不明になっており、このＩＯＣ総会の直前に発見された。ただし発見された楽譜がピアノ伴奏譜だけであったため、この総会のホスト国であった日本が、作曲家の古関裕而（彼は開会式の行進で使われたあの《オリンピック・マーチ》の作曲者でもある）にオーケストラ編曲を依頼し、総会席上で一種の「サプライズ」として披露したのであった。当時のアヴェリー・ブランデージ会長をはじめとするＩＯＣ幹部はこれに感激し、この古関によるオーケストラ編曲版を、発見されたピアノ版とともにＩＯＣの公式譜として認定したのである。それゆえ、ずっとギリシャ語や英語で歌われてきた「由緒ある」曲を日本語にして歌った、というのとは少し事情が異なるということは認識しておく必要があるだろう。初回大会用に作られ、忘れられていたこの《オリンピック讃歌》が後世に「由緒ある」曲として位置づけられ、使われるようになっていった過程自体、ある種の「伝統の創出」として、オリンピックに働いた様々な力学を検証するための興味深いテーマとなろう。

■第1章 「実況中継」の精神史

(1) NHKが所蔵しているオリンピック録音をもとに一九七六年に発売された『オリンピック栄光の記録』という五枚組のレコードにも、鈴木の担当した一九五六年メルボルン・オリンピックの閉会式、それに一九六八年メキシコ五輪の開会式、サッカー、バレーボールでのアナウンスの一部が収められており、それを聴けば、その美文調のスタイルはほぼ一貫していたことがわかる。

(2) この聖火リレーの最終走者を務めた坂井義則(1945–2014)は、一九四五年八月六日という、まさに原爆が投下された当日に広島に生まれた「原爆っ子」であるが、選考の中心となった陸連の青木半治理事長はその選考理由について、「日本の未来を背負う若い人」であるという条件に加え、「日本に平和をもたらすきっかけとなった広島原爆の日に生まれた広島県出身」であり、「われわれの平和への願いをこめ、最終走者としてオリンピックの成果をうまく運んでくれると思う」と述べている(朝日新聞 1964.8.10)。ここでの鈴木のストーリーは、そのような背景のもとに理解されるべきであろう。

(3) これはどうやら鈴木の得意技だったらしく、選手団入場シーンの方でも、各国の主要な選手を列挙して紹介するところでほとんど同様なやり方をとっている。また、一九六八年のメキシコ・オリンピックの開会式のアナウンスを担当した際には、第一回のアテネからはじまり、第一八回の東京を経て最後のメキシコ・シティにいたるまでのすべての開催都市の名前を同じようなしかたで列挙している。

(4) NHKのスポーツ・アナウンサーであった山本浩もこの点に注目しているが(山本 2015, 49)、彼によれば、昭和五〇年代くらいまでのラジオ放送の現場では、色を表現せよということがずいぶんしつこく言われていたとのことである。ラジオの場合、視覚映像がない分だけ、見ていない人にもわかるように情景を言葉で説明する「即時描写力」とよばれる手法が重要であると考えられており、当時使われていた『アナウンス読本』などでも、「スポーツ実況」の項の大半のページがその部分にあてられている（日本放送協会編 1962, 436）。色の表現はその代表的なものであると言えるだろう。その意味では、北出のこの手法は、ラジオの時代の情景描写の基本的なやり方にしたがったものであるとみることができるであろう。

（5） その後、一九八三年にリバイバルのような形で新作と旧作を抱き合わせにしたものが二作放送され、あわせて三〇作となった。このシリーズで使われた台本のいくつかは、後に作者西澤實の手によって出版されており、そこに全放送リストも掲載されている（西澤 1990）。本書に掲載している放送リスト（巻末表1－2）はそれにもとづいているが、新聞のラジオ欄のデータと照合の結果、いくつか誤りが発見されたため、その部分は訂正している。

（6） もちろん三〇回の放送中にはいろいろなものがあった。第一五回の「大仏開眼」などは、式典の模様や巷の声をアナウンサーが伝え、「現地の東大寺で録音した読経の声や大仏殿の雑踏の効果音をバックに、時の政治の権力者橘諸兄の政治的、社会的背景についての話や、街頭録音のちまたの声には大仏建立の意義に疑問をはさむ修行僧の声などがきかれる」（朝日新聞 1961.1.1）という。また第九回「ベートーベン」は、その葬儀会場からの中継で、訪れる友人や知人へのインタビューを通して、故人の生前の想い出をつづるという趣向のものであるが、「聴取者のイメージをこわすのを恐れて、ベートーベンを登場させないところがミソ」（毎日新聞 1958.11.2）というから、なかなか考え抜かれている（ここでも解説者として音楽評論家の属啓成が起用されている）。しかし少し考えてみれば、このような「式典モデル」も、戦死した将校の葬儀中継など、戦時体制下ではかなり頻繁にあったものであり、その意味ではこれらも、「昔取った杵柄」的な部分があったのかもしれない。

（7）　これとは別に、一九六三年八月から日本テレビで《あなたは目撃者》というシリーズ番組がはじまり、同月二二日に第一回の「ノルマンジー上陸作戦」が放映されるが、八月一三日の読売新聞で予告紹介された時点では仮題として「架空実況中継」と銘打たれていた。こちらはアメリカCBSが制作した"You Are There"という元番組の日本語版であった。このアメリカCBSの"You are There"も、もともとは一九四七年から一九五〇年まで同タイトルのラジオ番組として放送されていたものが、一九五三年に「テレビ化」されて再登場したものであったが、こちらの場合、進行役はスタジオでニュースを司会するニュースキャスターであり、テレビ版で進行役をつとめたのも、アメリカのテレビ・ニュースにおける「アンカーマン」のモデルを確立した立役者とも言われるウォルター・クロンカイト（1916–2009）であったから、スポーツ実況中継をモデルにしたNHKの「架空実況中継」とはかなり性格を異にしていた。しかし、この番組が日本で放映される際、当初「架空実況中継」という仮題が付けられていたという事実は、この語がひとつの番組カテゴリーを示す語としてまだ十分に機能していたということを示していると言ってよいであろう。

（8）　もっとも、その後「架空実況中継」的な試み自体が全くなくなったわけではないこともまたたしかである。たとえば、プロ野球読売巨人軍が六〇周年を迎えた一九九四年には、《巨人軍60周年記念　架空実況中継 GIANTS vs. Tigers ドリームゲーム》なるCDが作られているが（企画制作・ソニービル、GT-1994)、これは、沢村栄治、藤村富美男ら創立以来の両軍の歴代スター選手が一同に会するというあり得ない試合を徳光和夫アナが「実況中継」するというコンセプトのものであった。また、映像を伴う「架空実況中継」ということでいえば、二〇〇四年に真島理一郎によって制作された《Ski Jumping Pairs》(エイベックスAVBD34160)というDVDが興味深い。スキーのジャンプ競技に、二人で飛ぶペアという種目が誕生したという想定の、思い切り「架空」路線に突っ走った、ほとんど「抱腹絶倒」的なもので、実在する歴史的事件などの再現とはだいぶ違う方向にいっているが、付録に選手名鑑などを収録した「公式ガイドブック」がつけられており、「横田博士の『のけぞり理論』」などというもっともらしい技術解説が掲載されているなど、あくまでも実在する競技のリアリティにこだわったあり方には、「架空実況放送」的心性が溢れているようにもみえる。その意味では「架空実況放送」のある種の部分はその後の時代に受け継がれ、新たなメディア状況に合った形で展開していったとみるほうがよいのかもしれない。

■第2章　「テレビ的感性」前夜の記録映画

(1)「河野氏、五輪映画にプンプン」(朝日新聞「記者席」欄 1965.3.9)。翌三月一〇日の読売新聞紙面には、この映画とは別に記録中心の映画をもう一本新しく作らせることを河野が表明した旨が報じられているが(「五輪映画作り直し　河野国務相談〝記録を重点に〟」(読売新聞 1965.3.10)、これ以降も、三月末にほぼ事態が終息するまで、その経過がほぼ毎日のように各紙紙面を賑わせた。

週刊誌でも、『週刊朝日』がさっそく三月一九日号で、「オリンピック映画は記録か芸術か　市川崑演出をめぐって賛否さまざま」と題された八ページの記事を掲載したのを皮切りに、多くの週刊誌で取り上げられている。

（2）「『文部省推薦』にできぬ　愛知文相が語る」（朝日新聞 1965.3.16）

（3）「オリンピック映画　『決定版』再編集きめる　市川作品は『予告版』」（毎日新聞 1965.3.24）

（4）実を言うと、こうした音楽の連続性が断絶しているところが一ヶ所だけある。表2－1に示したように、ガーナの入場のシーンで、《オリンピック・マーチ》のD部分に続くつなぎ二の部分が六小節目で突然断ち切られ、C部分の第七小節につなぎ合せられており、その結果、楽曲が少し後戻りして繰り返されるような形になっている。おそらくはそのあとのアメリカや日本の入場部分に音楽の頭をうまく合わせるための尺合わせと思われるが、映像の継ぎ目の部分に合わせて音楽の方も切り替えるというのではなく、ガーナの行進映像のど真ん中のところでちょん切ってつないでいるところも、今のわれわれの感覚とはずいぶんと違っている。映像を繋ぎ合わせればそれに伴って音楽が切り替わるのが自然だという感覚はなく、むしろ、映像が連続しているところに切り替えをそっと忍び込ませる感じになっており、そちらの方が自然だと考えたのだろう。

（5）たとえば、ドキュメンタリー番組の放送作家として活躍する石井彰は、「近年のテレビドキュメンタリーに、過剰でベタベタのナレーション、曲調もテンポもバラバラな音楽、映像中心による細切れブツブツの編集＝つまり音を大事にしない番組が増えているのは、ラジオドキュメンタリーの制作体験がなく、テレビしか作ったことがない制作者が増えていることと、軌を一にしているだろう」と書いている（石井 2010, 234）。

(6) このチャドの選手のシーンについては、岡本博のように、その効果を「東京大会に関するジャーナリスティックな記録の最もすぐれた一例」として絶讃する批評もあれば(岡本 1965, 21)、「案外さえない」(「映画《東京オリンピック》を見て」(読売新聞記者座談会、読売新聞 1965.3.13))とするものもあり、評価は二分していた。市川自身もこれについては納得がいっていなかったようで、後にDVD発売の際に添付された「ディレクターズ・カット版」ではこのシーンを削除している(DVD《東京オリンピック》2004)。

(7) 当初、この映画は黒澤明に委嘱することが決まっていた。ローマ大会を控えた一九六〇年七月の段階で黒澤も受諾し、ローマに視察にも行っていたが、様々な条件が折りあわず、東京大会まで一年を切った一九六三年一一月に辞退、その後、新藤兼人、今井正、今村昌平らの名前が挙がったが、一九六四年一月になってようやく市川への委嘱が決まったのであった。

(8) 『映画作家黒木和雄の全貌』には、黒木自身がこの映画の制作経緯について書いた文章が収められている(阿部・日向寺 1997, 38-40)。また、この映画に関わった若手スタッフが編んだ『あるマラソンランナーの記録事件の真実』(真実編集委員会 1964)というパンフレットも残されている。

(9) 佐藤忠男は、この論争の参加者たちがいたずらに記録とか芸術とかフィクションという抽象概念の解釈や定義にこだわりつづけたために、作品についての論議ではなくなってしまい、言葉についての論議の迷路にはいりこんでしまったとし、この論争は不毛に終わったと総括している(佐藤 1977, 311-312)。

(10) 「教育映画作家協会」という団体がたどった経緯にはそのことがよくあらわれている。この団体は一九五二年に設立された「記録教育映画製作協議会」を母体に一九五五年に発足し、一九五八年に機関誌の発行をはじめるが、そのタイトルは『記録映画』というものであった。団体名から「教育」の字がとれて「日本記録映画作家協会」に改称されるのは一九六〇年のことである。そして、すでに触れた黒木の《あるマラソンランナーの記録》をめぐる対立をきっかけに分裂し、一九六四年には黒木のほか、土本典昭、小川紳介、松本俊夫、野田真吉らが離脱して「映像芸術の会」という団体を結成している。一九五〇年代から六〇年代にかけてのこうした動きから浮かび上がってくるのは、「教育映画」という括りから何とか身をもぎ離し、「記録映画」というジャンルを自律的なものとして確立したいという、とりわけ若手の記録映画作家たちの悲願と言ってもよいような心情である。

(11) この経緯は、沼尾俊幸「PR映画『ある機関助士』」(沼尾 1963.5)に書かれている。椎橋俊之『「SL甲組」の肖像 3』には沼尾の論考の抜粋とともにこの作品の「完成台本」の一部のファクシミリが再録されている。

(12) 北原弘行という人物の正体はよくわからないが、後の座談会の中で今村が「僕は興味ないからね、北原という会員に渡してね」(堀場・原・津川・今村 1966.11, 11)と述べているところからみると、今村の周辺にいた若手の関係者であろう。この座談会で、さらに今村は、「で、あれはやっぱり真向から叩いている。急所をね。あの精神で、つまり劇映画のフィクションでなければ芸術にならないんだということを堂々と宣言してシナリオは出発している。ところが、そこが結局あの映画の一ばん弱点になってるわけだ」と付け加えているところからみると、ここでの北原の市川批判は、ほとんど今村の主張を代弁しているとみてもよいように思われる。

(13) 市川の《東京オリンピック》への批判が、すべてこの今村の批判に還元されるわけではないが、市川が勝負と関係のないような部分にばかり注目して執拗に描いているという認識とそれに対する批判の論調は、他の多くの市川批判にも共通する要素であったように思われる。「ハンマー投げで、芝生にめりこんだハンマーを引っぱり出すのを面白がっているような人に、オリンピック映画を作ってもらいたくなかった」と書いた清水晶（清水 1965.6）に代表される、市川がスポーツの素人であるがゆえに観戦のポイントをはずしているという批判は多い。競技団体などのスポーツの専門家からの批判も多くはそういう問題が絡んでいるし、部分的な映像ばかりで肝心の競技の結果がわからず、記録としてなっていないという河野一郎流の批判もそれと軌を一にしていると言ってよいかもしれない。

(14) 撮影現場の具体的な状況については、大会直後の雑誌『映画技術』に掲載された現場カメラマンたちの座談会（「記録映画《東京オリンピック》の製作技術」、『映画技術』第 149 号、日本映画技術協会 1965.1, 7-40）に詳しい。

(15) 陸上競技男子一〇〇メートルのレースを一貫して高速度撮影で撮った部分なども同様だが、今村などはこれには否定的で、「まあ今度の一〇〇メートルなんか実に不満だったナ。その意味で。全部高速度だしね。だから実際にあった一〇〇の緊張や速度感が出ていない。実際に見る一〇〇メートルの早さで撮ってほしかったね」と述べている（堀場・原・津川・今村 1966.11, 13）。この部分については本論の最後の部分で、そこに付けられている音声との関連も含め、再び言及する。

(16) 実際、市川は一九五〇年代の「記録芸術」をめぐる運動に一定の関わりをみせていた。一九五八年に安部公房を中心に「記録芸術の会」が結成されているが、市川崑はこの会の機関誌として創刊された『季刊現代芸術』の創刊号に、三島由紀夫の『金閣寺』に題材をとった自らの映画《炎上》の制作経緯についての論をよせている（市川 1958.10）。会の中心メンバーであったというわけではなさそうだが、この事実は市川が必ずしも劇映画オンリーで「記録」への関心と無縁であったわけではないということを証している。同時にまた、「記録芸術」をめぐる状況がかなり多様化する方向を示しているこの時期の状況の中においてみると、市川の試みが、こうした「記録芸術」の新しい動きとして位置づけられても決して不思議ではないこともわかってくる。「記録」の時代としての一九五〇年代は、サークル詩、生活記録などの文学運動を起点に展開したが、一九六〇年代に入るあたりにはかなり多様な展開を示すようになっていた。文学の世界では一九五二年に「現在の会」を組織した安部公房が一九五七年には「記録芸術の会」の結成へと向かい、分野横断的な運動展開の中心になっていったが、こうした動きが必ずしも記録映画の動きとそのままパラレルであったわけではなく、同じ「記録」といってもかなり多様な方向性を孕んだ呉越同舟的な状況になっていた。映像の世界で「記録芸術の会」の動きに最も寄り添った活動を示したのは勅使河原宏であったが、機関誌『季刊現代芸術』の執筆者には勅使河原の他、羽仁進、佐々木基一、佐藤忠男らの名前がみられ、市川もその一角を占めていたのである。

(17) それにもかかわらず、市川が今村のような方向性との差異化をはかる際に、「作りもの」という旗印を掲げるにいたったのは、自らのもっている従来の「記録映画」に対する疑問や不満をうまく定位させるための言葉を未だもっていなかったために、彼の考える「単なる記録」に風穴を開けるような新たな表現を、手元にあった「つくりもの」という括りでしか考えられなかったためではないかという気がしてくる。森のインタビューが行われた一九九四年という段階には、その言説は、森の引きだし方の巧みさもあり、かなり整理されているような印象があるが、制作直後に市川が書き残した記事などをみても（市川 1965.8）、状況に振り回されている様子が伝わってくるばかりで、彼の意図が十分に伝わるようなものになりえているとはとても言えないのである。

（18） 音響効果のこうした使い方は劇映画特有のものという面があることは事実で、実際、記録映画畑出身であった録音スタッフの大橋鉄矢などは当初はいささか当惑したようであるが、仕上げ段階では砧のスタジオで丸二日かけて必要な音をアフレコで揃えるなど、全面的に協力している（サウンドトラックＣＤ《東京オリンピック》解説）。

（19） 一九七二年のミュンヘン・オリンピックの際には、世界の八人の映画監督に委嘱し、オムニバス形式の記録映画 "Visions of Eight"（日本公開タイトル《時よとまれ、君は美しい／ミュンヘンの17日》1973）が企画されたが、市川はその八人の一人に選ばれ、男子一〇〇メートルを題材にした映像を制作した。ここでも選手の走る姿を東京の時と同じく高速度撮影で撮影しているが、今回は正面からのカメラ・ポジションで捉えている。市川によれば、東京オリンピックの時にはこのポジションでの撮影が認められず、仕方なく横からのポジションで撮ったのだという（市川・森 1994, 365）。

（20） この座談会の三回目はタイトルにも「映画とテレビ」とうたわれており（堀場・原・津川・今村 1967.11, 11）、ＣＭ映像の最近のあり方や、「芸術」という概念の縛りとは別のところにある映像の可能性にまで議論は及んでいる。

（1）そこに記載されている説明によれば、このリストづくりは日本建築学会内部では一九六〇年頃からはじまっていた。『建築雑誌』一九六三年一月号の「明治建築」特集に際して、その一環としてはじめて公刊されたが、これはまだかなり大雑把なものであった。この第三回改訂版が作られた一九六九年時点では、学会内に「明治建築小委員会」が設置され、明治村からの寄付を得て大規模な調査が実施されており、それまでのものとは比較にならないくらい多くの件数を収録する充実したものになった。

（2）ちなみに、藤森がこの概念をはじめて提唱したのは一九七五年一〇月の日本建築学会の大会での発表においてであり（藤森 1975.10）、その反響がじわじわと広まるなか、一九八八年に『看板建築』という単行本として結実した（藤森 1988）。これは三省堂から刊行されていた「都市のジャーナリズム」と題された叢書の一冊であるが、このシリーズにはほかにも町並みや建築に関わる著作がいくつも入っており、とりわけ、『ナショナル・トラスト』（木原啓吉）、『文化遺産をどう受け継ぐか』（稲垣栄三）、『野鳥の公園奮闘記：わが町東京』（加藤幸子）など、歴史や環境の保存に関わるような著作の存在が目を引く。

（3）小樽のまちづくりと映画のロケ地巡りとの関連については、すでに他のところで論じているので（渡辺 2012）、参照されたい。

（4）この建物はその後、一九八七年に市に寄贈・移築され、「金沢市老舗記念館」として公開されている。

（5）《日本発見》については、東京大学情報学環を中心に行われている「記録映画アーカイブ」のプロジェクトで、その見直しが行われている（丹羽美之・吉見俊哉編 2014）。特に、クレームがついて作り直しの行われた群馬県と東京都の回については、両者を比較する詳細な分析が行われており、付録DVDにもそれぞれ両版の映像が収められている。
(6)その一因が、一貫してビデオテープを用いず、フィルム収録で行われたことにあったことはたしかであるが、それでも後になると、同時に録音された音声を積極的に使うようになるなどの変化が明らかに生じている。
(7)同じうたごえ喫茶の録音でも、一九九九年にキング・レコードから出た《みんなで歌える歌声喫茶》(一九八一年にともしび吉祥寺店で録音した旨の記載がある)では、歌唱指導の青柳常雄や日高孝が曲を指示する声や途中で歌詞を教える声、手拍子などがそっくり収められており、まさに「ドキュメント」になっている。

■第3章　新宿西口広場「フォークゲリラ」の音の空間

(1)ただしそれ以外に、「別冊」などと銘打たれたものが本冊以上にたくさん作られている。朝日ソノラマやソノシートというメディアについては、これまでほとんど顧みられることがなかったが、その略史やメディア論の観点からみたその歴史的意義などについては、すでに他のところで論じているので参照されたい(渡辺 2013)。
(2)一九六六年一一月号より、記載されている社名も「朝日ソノラマ」と改称されている。
(3)一九六一年一一月号の「ルポルタージュ自衛隊」にはじまり、「酔っ払い天国」、「悲劇の岬ノサップ」など、一九六二年一二月号まで、同様の企画が毎号一本ずつ掲載されているが、警察に収容された酔っ払いの声が延々と収録されていたり、霧笛の音がもの悲しげに鳴り響く中で、北方領土海域で操業中に拿捕され、戻ってこない父親を呼ぶ幼い子供達の声が聞こえてきたり、実際の音を収めた効果が確実に発揮されている一方で、全体がナレーションによって進行してゆく基本的なスタイルはほぼ一定している。このあたりの様子は、その後の「フォークゲリラ」のドキュメンタリーとはだいぶ違っている。なお、この時期の各号に掲載された「ルポルタージュ」のリストや、この後で述べるベトナム戦争、学生運動等に関わる各号の特集テーマの一覧表などについては、巻末の音源リストに記載しているので参照されたい。

(4) これは吉田に無許可で出されたため、吉田が激怒し、ちょっとしたトラブルになったことが知られている(山本 2009, 296)。

■第4章　日本橋と高速道路

(1) この提言は、「日本橋川に空を取り戻す会」のＷＥＢサイト(http://www.nihonbashi-michikaigi.jp/)より全文を読むことができる。ここにいたる経過についても、このＷＥＢサイトの記述を参照した。

(2) 「美しい景観を創る会」は最初から二年間という期間を定めて活動を行い、二〇〇六年末に、その間に行ったセミナーの成果を『美しい日本を創る』という本(美しい景観を創る会編著 2006)

にまとめ、解散した。現在ではそのＷＥＢサイトも閉鎖されてしまったが、二〇〇五年一二月二六日時点での「悪い景観一〇〇景」を記録したキャッシュをもとに、第三者がそれを再現したサイトが存在している（http://keikan100.blog48.fc2.com/）。

（３）もっとも、この映画自体にそのような批判をすることは的外れである。この映画の監督である山崎貴は、もともと《ジュブナイル》などの特撮映画を得意としており、《ALWAYS 三丁目の夕日》においても、首都高のない日本橋のシーンを、ＣＧとミニチュアセットだけで作り出したのをはじめ、ほとんどＳＦ的な感覚で世界を作り出していると言った方がよいくらいであり、監督自身も、そもそも現実の歴史に即した再現を目指したわけではないということを明言している。それにもかかわらず、見る側の方は、それが現実の昭和三〇年代であるとして受け取るようなつくりになっているために、歴史表象というレベルではまた別の問題が生じてしまうのが、映画と現実の関係の厄介なところである。

（４）この写真集の存在については、二〇〇八年一二月に、筆者もその一員である、東京大学大学院人文社会系研究科文化資源学研究室の主催で行われた「第八回文化資源学フォーラム　つくる、えらぶ、のこす、こわす——高度経済成長期の東京景観考」の際、同研究室の同僚である木下直之の教示によって知った。このフォーラムでは、日本橋と首都高との関連を中心にした写真などを集めた展示会の後、最終日には、本論でも後に言及する建築史家の五十嵐太郎をゲストに招き、講演会が行われた。その概要は「記録集」として残されている（『つくる、えらぶ、のこす、こわす』2009）。『美と力』の存在を知る機会となったのみならず、筆者の本論の問題意識自体も、このフォーラムに参加することなしにはおそらく生まれることはなかった。ここにあらためて関係者に感謝の意を表しておきたい。

（5）　たとえば、『女性セブン』は、一九七四年一〇月二三日号で「ひとり旅——晩秋に心を見つめて歩く……」という特集を組んでいるが、そのリード文には「愛を知った人も、愛に破れた人も、孤独を道づれにしてみませんか？　夜汽車の窓から、あるいは見知らぬ街の小さな喫茶店からながめる秋は、新しい一瞬をあなたの心に刻んでくれるかもしれないのです」と書かれている。このあたりのことも含め、「ディスカバー・ジャパン」については、筆者自身、前著『サウンドとメディアの文化資源学——境界線上の音楽』の中で、この時期における感性の変化に関わる問題としてかなり詳しく考察しているので、関心のある向きは参照されたい（渡辺 2013）。

（6）　政府は『明治百年記念行事等記録』という報告書を翌一九六九年に出し、地方自治体や民間を含め、この年に行われた記念事業の総括を行っているが、その中にある「明治百年記念レコード」という項目には、「明治・大正演歌の調べ」、「明治百年記念旧制高校寮歌集」、「明治風物詩〈明治物売りの声〉」等、その幅が政府の思惑をこえて相当に広がっていたことを窺わせる（『明治百年記念行事等記録』1969, 421）。他方、政府が大々的に歌詞を一般公募し、外山雄三の作曲によって世に送り出した「明治百年頌歌のぞみあらたに」は七レコード会社の競作で発売されたが、あまり売れなかったとみえ、今日ではほとんど名前を聞くこともない。

（7）　そのことは、週刊誌記事でも報じられている（『週刊新潮』1983.11.10）。

（8）　最近の放送記録の中から、本章に関係のありそうなものをいくつかあげておく。「団地探訪」（2007.5.11）、「東京名階段ツァー」（2008.4.11）、「玉川上水跡を川下り」（2008.5.2）、「国分寺崖線をゆく」（2009.2.27）、「三田用水の痕跡を巡る」（2009.5.15）、「大橋ジャンクション完全踏破」

（2009.8.7）、「水道橋分水路を行く」（2010.4.16）、「首都高作りかけ大賞」（2011.5.6）、「最低橋リンボー」（2011.7.8）。

（9）このコーナーは、一九八七年二月から一九八九年三月まで放映されたもので、好評だったとみえ、単行本化もされている（久住・滝本 1989）。

あとがき

何年か前から、プロフィールなどで専門分野を書くときに「聴覚文化論・音楽社会史」と書くことにしている。それまではずっと「音楽学」と書いていたのだが、自分の扱う領域が「音楽」の枠におさまらないことが多くなってきて、「音楽学」という括り方に不自由を感じるようになってきたというのが最大の理由である。英語でも、"auditory culture studies", "sound studies" といった言葉がかなり一般化し、音楽という枠にとらわれない「音の文化」の研究がそれなりに市民権を獲得してきていることも大きな要因だった。

四年前に出した前著『サウンドとメディアの文化資源学——境界線上の音楽』は、それまでの一〇年くらいの間に私が進めてきた研究を、そのような問題意識をふまえてまとめたもので、その時点での私の研究の集大成とも言えるものだった（あまり「集大成」すぎて、大きな本になりすぎてしまい、その分、多くの方に手にとっていただきにくくなってしまったのは、申し訳ないことであったが）。本書は、その後に私が進めてきた研究をまとめたものである。最初から一つの方向性をもって一冊にまとめようと思って書いたというよりは、これはおもしろいテーマだと思うと飛びついて一気に資料集めをし、論文にまとめるということを繰り返してきたというのが正直なところで、読者の方にも、ひとつのテーマにそってまとまった本として通読していただくというよりは、それぞれの章で完結しているという感覚で読んでいただいた方が、あるいは自然に受けとめていただけるかもしれない。

とはいえ、一冊にまとめる段になって、ほとんど三題噺くらいに離れている各論文のテーマがどのようにつながっているのかということを一生懸命考える作業は、自分の頭の中にある、自分でも気づかなかったつながりを次々と発見してゆく旅のようで、それはそれでおもしろかったし、それなりに見えてきたことも多かった。本書のテーマに直接関わる部分については、序論や第一部と第二部冒頭に書かれている総括をお読みいただきたいが、それとはべつにあらためて痛感したのは、「音楽学」では狭いと感じて使うようになった「聴覚文化論」という括りもまた、もはや狭すぎるということであった。

英語で「聴覚文化（auditory culture）」という概念が使われるようになったのは明らかに、ひとつの領域として確立した「視覚文化（visual culture）」研究の「音バージョン」を意識してのことであろうが、そこには同時に、これまで文化に関わる議論のパラダイムが「視覚帝国主義」的に作られてきていたことを反省し、それに対抗する形で、ともすると置き去りにされがちな「聴覚」を中心にして文化の歴史や現状を捉え直そうとする目論見が込められていた。もちろん、そのことの重要性を否定するものではないし、本書で論じている、テレビが登場する以前のラジオしかなかった時代の「ラジオ的感性」に関わる問題意識なども、そのような「聴覚文化研究」によってもたらされた視点なしには考えられなかったものに違いない。

ただ、いろいろ考えてゆく中で、あまり「聴覚中心」にものを考えすぎてしまうことは、逆に「聴覚帝国主義」的な弊害をもたらすことにつながるのではないかということも感じるようになってきている。視覚であれ聴覚であれ、ひとつの感覚がそれだけで自立しているなどと考えるべきではなく、感覚というものは常に「マルチモーダル」であるということ、何かを体験するということのうちにはつねにマルチメディア体験的な要素が含まれているということこそがすべての出発点であるべきなのではないか、「聴覚中心」にはしるあまり「聴覚の特性」、「聴覚の本質」などという議論にあまり深入りしすぎると、何か本末転倒なことになってしまうのではないか、そんなことを感じるのである（その点に関しては「音楽」でも「音楽以外の音」でも状況に大差はない、というより、むしろ狭義の「音楽学」で、音楽体験が実は音だけ聴く体験ではなく、その中で視覚情報や文字情報がどれほど大きな役割を果たしているかというようなことが盛んに議論されるようになっているなど、かえって「進んで」いるように見えたりするのは、なかなか皮肉である）。

本書での議論は、たしかに「フォークゲリラ」をはじめ、「音」に関わる要素がかなりの部分を占めることは事実であるし、トピックとして必ずしも音が前面に出ていなくても、音楽や音をテーマに研究を重ねてきた私の「素性」や「生まれ育ち」がはからずもあらわれ、そのような切り口の議論になっているところなどもあるだろう。ただその一方で、音に関することが全く出てこない第4章の日本橋の高速道路の景観の話などに端的にみられるように、あまり「音」にこだわらずに問題設定をし、議論を展開してゆくことで話が広がり、おもしろくなっているところもあるのではないかと思われたりもするのである。

もちろん、「聴覚文化」では狭すぎるので「感性文化」を名乗ろうなどと言い出せば、「感性」だけを純粋に特権化して切り出すのも違うのではないかという話になってくるのは必定である（本書にしばしば出てくる「心性・感性」などという書き方は、そういう苦悩の末のことである）。そんなことを言い出すと学問の領域区分などというものはそもそも成り立たなくなってしまうし、音や音楽ということから出てくる問題意識が全く消えてしまえば、本書のもつ切り口のおもしろさの大半は失われることになってしまうだろう。それゆえ、自分の専門分野名をこれ以上書き換えようなどとは思わないが、そういう視野の広がりや議論の自由度は、これからも大切にしてゆきたいと思っている。

そんなわけで、六〇歳の声をきくとともにますます勝手気ままになって、放っておくとどんどん外へ外へと向かってしまい、もといたところにもどってこられなくなる、というようなことを繰り返しているこの私なのだが、春秋社は最初の著書である『聴衆の誕生』（一九八八九年）以来、ずっと私をつなぎとめておいてくれたという感じがしている。考えてみると、単に分量的に多くの本をこの出版社から出したというだけでなく、本書も含め、常に自分の仕事をその節目となるようなタイミングで本にしてもらっており、ここを「母港」にすることで、安心してあちこち自由な航海を楽しんできたような感覚をもっている。『聴衆の誕生』のときから何と三〇年近くにわたってずっと担当を続けてくださった高梨公明さんにはあらためて感謝申し上げたいが、それに加えて本書は、フレッシュな新戦力である中川航さんにご担当いただき、もはや大ベテランになった高梨さんとはまた違った新たな可能性を感じさせられ、刺激をうけることも多かった。謝意をあらわすとともに、今後の新たな展開に向けてのエールを送る次第である。

また、本書は日本学術振興会科学研究費助成事業による研究成果でもある（二〇一三―二〇一六年度基盤研究（B）課題番号25284036「聴覚文化・視覚文化の歴史からみた「一九六八年」：日本戦後史再考」）。このプロジェクトは私の他、佐藤守弘（京都精華大学）、輪島裕介（大阪大学）、高野光平（茨城大学）の計四名による共同研究プロジェクトであった。本書はそこでの成果のうち私個人に関わる部分だけをまとめたものであるが、言うまでもなく、この三人の共同研究者たちから得られた様々な示唆やヒントがあってはじめて可能になったものである。この場を借りてあらためて謝意を表しておきたい。

二〇一七年二月

渡辺　裕

表

文献・資料

譜例　《オリンピック讃歌》

OLYMPIC HYMN

Poem K. PAIAMA

Translated by AKIRA NOGAMI

Chorus
4
5
いきあふれて不滅の栄光に
かがやく

表1-1 東京オリンピック開会式におけるアナウンスの比較（1） ➡

■ 聖火最終走者入場シーン　　ラジオ中継（鈴木文弥）

静まりかえったマンモススタジアム。75,000の瞳が一箇所に集中されております。見えた、見えました。白い煙が。聖火が入ってまいりました。赤々と燃え上がるオレンジ色の炎、かすかに尾を引く白い煙。選ばれた最終ランナー坂井義則君が、さっそうと入ってまいりました。

この一瞬をどんなに待ちわびたことでありましょう。右手に聖火をかかげ、流れるようなロングストライドでトラック中央を走る坂井義則君。戦後の日本とともに育ち、戦後の日本とともにたくましく、明るく成長してきた19歳の坂井義則君、その恵まれた身体、すらりと伸びた足、広い肩幅、わずかに頬をくれないに染め、感激にふくらむ胸をいっぱいに張って美しいフォームで、間もなく第二コーナーにかかります。選手団の列が崩れました。

かすかな白煙の尾をトラックに残し、新しい日本の若さ、日本の将来を象徴するかのような19歳の青年が、この一瞬に力と美を集結して、胸を張って堂々と走ります。

いまバックスタンドの中央の聖火台下に到着しました。見上げるばかりの聖火台、一本の帯のように続く163段の階段。跳ぶように、そして力強く、リズミカルに、白い煙を下に残しながらぐんぐん階段を上がってゆく聖火。

思えば8月21日、遠くオリンピック発祥の地、ギリシャ、オリンピアのクロノス丘のふもと、ヘラの神殿跡で、太陽の光から採火され、イスタンブール、ベイルート、テヘラン、ラホール、ニューデリー、ラングーン、バンコク、クアラルンプール、マニラ、香港、台北、沖縄と、東南アジア12ヶ国、アジアの同胞たちの手によって引き継がれ、海を渡り、山を越え、野を突っ走り、谷を横切り、延々27,000キロ、運び続けられた平和の火、聖火はいま、東京の空の下、あかあかと燃え上がろうとしております。

一気に階段を駆け上がった坂井義則君、高さ2メートル10の聖火台、いま左側に姿を現しました。右手に、高々とかかげる聖火、昭和39年10月10日、午後3時9分30秒、世界の目と耳が、この一瞬に集まります。いよいよ点火であります。

いま点火されました。燃える、燃える、燃える。赤々と燃える聖火、オリンピアの聖なる火は、いま初めてアジアの国、日本の東京の空の下、新しい生命を得て燃え上がりました。聖火を取り巻く参加94ヶ国の色とりどりの国旗、フィールド一杯の7,060人の役員選手団、スタンドを埋め尽くした75,000の大観衆、この聖火のもと、五輪が輝くオリンピックの旗のもと、ひとつに融け合い結ばれております。

➡ 〃

■聖火最終走者入場シーン　　テレビ中継（北出清五郎）

拍手が起こります。聖火の入場であります。オレンジの炎、白煙をなびかせて、聖火が入場してまいりました。栄光の最終走者は、昭和20年8月6日生まれ、無限の未来と可能性を持った19歳の若者、坂井義則君です。

ギリシャのオリンピアで点火されてから26,000キロ、100,000人の若人に受け継がれ、引き継がれて、聖火はいま、日本の東京、オリンピックのメインスタジアムに到着したのであります。

力強く走ります坂井君、今第一コーナーから第二コーナーを回りまして、いよいよバックストレッチへ、その中央にあります聖火台への階段に、今さしかかるところであります。

これより高さ32メートルの聖火台まで、のぼる階段は163段、勾配は28度、菊の花が香る花道であります。坂井君のぼりはじめました。緑の絨毯を踏んで力強くのぼってゆきます。未来へ向かって限りなき前進を象徴するかのように、速く、高く、力強くのぼってゆきます。オリンピックの理想を高らかにうたいあげて、聖火は、秋空へ、秋空へとのぼってゆきます。

ついに坂井君は、聖火台に立ちます。日本の秋の大空を背景に、すっくと立った坂井義則君。

燃えよ、オリンピックの聖なる火。フェアプレーの精神で、競え世界の若人。

表1-1　東京オリンピック開会式におけるアナウンスの比較（2）➡

■ 選手団入場行進シーン　　ラジオ中継（鈴木文弥）

［アメリカ］
ひときわ拍手がわきあがりました。思わずはっと息をのむ瞬間、鮮やかな星条旗が目に飛び込んでまいりました。女子は純白のタートルネックのワンピースに紺のブレザー、ブルーのジャケット、男子は上が紺、下が白のユニホーム、そして白いウエスタンハット。480人という大デレゲーションであります。アメリカ選手団が迫力をもってぐんぐん近づいてまいります。アメリカが誇る金メダルの顔、世界の顔、世界の足が今、日本の土をしっかりと踏みしめております。旗手は砲丸投げのオブライエン選手、オリンピック史上数々のエピソードをつづりながら、実に479という最高にして最大の金メダルをものにしたアメリカ、世界のスポーツ界が注目する陸上のヘイズ、ヘンリー・カー、走り幅跳びの世界記録ホルダー、ボストン、さらに砲丸投げのロング、棒高跳びのハンセン、ペネル、水泳のショランダー、サーリ、ジャストレムスキー、女子のストーダー、デュンケル、ファーガソン、ラムノフスキー、レデルなど、とどまることを知らない記録への挑戦が続くことでありましょう。そしてまたオリンピック史上不敗を誇るバスケットボールなど、走る、投げる、跳ぶ、人類の限界に対決する最高の力と技のおりなす美しさはオリンピック史上に輝かしい一ページを書き加えることでありましょう。

［ソ連］
アメリカに次いで、これまた470人という大デレゲーション、クリーム色のブレザーに身を包んだソビエト選手団の入場であります。女子選手が赤いハンカチを出しまして正面スタンド前を通過しております。国境をこえ、言葉の違いをこえ、一つの目的に集まったスポーツマン、まさにこれがオリンピック、そんな感じがいたします。先頭を行く旗手はソビエト最大のスポーツマン、ウェイトリフティングのウラソフ選手、東京大会50の金メダルをねらうソビエト選手団、走り幅跳びのテルオバネシアン、走り高跳びのブルメル、胸を張って歩く女子選手団、ずらりと並んだ世界記録保持者、シェルカノワ、タマラ・プレス、イリナ・プレス、イトキナ、オゾリナ、新しい世界記録でこのスタジアムを華やかに飾ってくれることでありましょう。金メダルの顔、世界の足が日本のトラックを堂々と行進、いずれをとりあげてみても、すばらしい力と技と美の集結であります。

■選手団入場行進シーン　テレビ中継(北出清五郎)

[アメリカ]
さてその次に場を圧しまして、世界のスポーツ王国アメリカ入場してまいりました。361人は今大会第二のデレゲーションであります。アメリカは落ち着いた紺のカーディガンをまといまして、そして白のワンピースを着ております女子選手、そして手にいたしました赤いバッグがくっきりと映えております。アメリカであります。男子選手はグレイの帽子、そしてグレイのズボン、アメリカの大選手団の中には、ヘイズ、カー、ロング、ハンセン、あるいはマラソンのエデレン、走り幅跳びのボストン、水泳はショランダー、サーリ、こういった強豪がおりまして、圧倒的な隆盛を誇っております。アメリカであります。旗手はオリンピック4回連続出場のオブライエンでございます。

[ソ連]
さて、90番目。アメリカとともに世界のスポーツ界を二分いたします大勢力ソビエト、旗手はユーリー・ウラソフであります。ソビエト最大のスポーツマンと言われますユーリー・ウラソフ、そして女子選手団は明るいムードで行進をしてまいりました。手にいたしました赤いスカーフを振っております。男子選手団は枯草色のブレザーであります。場を圧しますアメリカ、続いてソビエト大選手団の入場、ソビエトは332人、今回は日本に続きまして4番目の大選手団を送ってまいりました。

表1-2　NHKラジオ「架空実況放送」放送リスト ➡

年	月	日		タイトル	サブタイトル・備考
1957	3	21		関ヶ原の戦	
	5	3		早慶第一回戦	
	7	16		桶狭間	
	9	23		タイタニックの悲劇	
1958	1	15		ゲッティスバーグのリンカーン	
	3	22		決戦川中島	
	7	14		7月14日	フランス革命
	8	15		海戦壇の浦	
	11	2		ベートーベン	葬儀の実況中継
1959	3	21		汽笛一声	新橋駅からの中継
	5	3		君腹を切れ	昭和12年帝国議会から
	8	15	?	ジャンヌダーク	処刑のシーン
1960	1	2		江戸の初春	め組の喧嘩
	5	3		シーメンス事件	
1961	1	2		大仏開眼	
	3	22		決戦設楽原	長篠の戦
	5	3		白雪を汚すもの	二・二六事件
1962	1	2		富士の巻狩	
	5	5		宇宙放送時代	ルナNHK開局す
1963	1	3		咸臨丸	
	3	21		松の廊下	
	5	5		江戸城総攻撃	
	9	24		井戸の子を救え	
1964	1	2		マラトンの勇士	
	3	20		白瀬南極探検隊	
1965	1	2		翼よ、羽ばたけ	日本飛行始め
	3	21		百年前の今日	
1966	3	22		キリシタン少年使節ローマに入る	
1983	3	25		関ヶ原前夜	「関ヶ原の戦」含む
	8	10	?	古代オリンピック	「マラトンの勇士」含む

出演アナウンサー	他の出演者
北出清五郎、福島幸雄、中神定衛	村上元三、山岡荘八、尾崎士郎
志村正順	小西得郎、桜井弥一郎、泉谷祐勝
北出清五郎、野瀬四郎	
宍甘照子、須田忠児、篠田英之介	
小沢寅三、斎藤政男	滝沢修
斎藤政男、北出清五郎、石田銕郎	
和田、須田忠児、金田	仲谷昇、岸田今日子
北出清五郎、石田吾郎、後藤美代子	
小沢寅三、南原彦太郎、金田、初見弘	属啓成
	鷹司平通、大森義夫、江藤勇、馬生
	永田靖、三島雅夫
宍甘照子、野瀬四郎、土門正夫	大山親方、藤島親方、出羽錦、木村庄之助、都家かつ江
	小沢栄太郎、永井智雄、浜田寅彦、松本克平
木島則夫、小沢寅三、酒井和雄	三島雅夫、小沢栄太郎、浜田寅彦
	高橋昌也、北村和夫、若山弦蔵
4名	鈴木瑞穂、佐藤英夫、池田弥三郎、中島健蔵、美濃部亮吉
中村茂、田中惣五郎	市村羽左衛門、東野英治郎、小沢栄太郎
	浪花千栄子、藤山寛美、泉田行夫、宮本正太郎
	市川八百蔵、山田清、池田弥三郎
	小沢栄太郎、平幹二朗、松本克平、永田靖、浜田寅彦
	松本克平、稲葉義男
石田武、高島多恵子	
鈴木文弥、水越洋、土門正夫	鈴木良徳、遠藤剛、三島雅夫
	北村和夫、若山弦蔵、西国成男
北出清五郎、永田健支、鈴木泰雄、藤井チズ子	高橋昌也、名古屋章、松本克平
	花柳喜章、北村和夫、仲谷昇、ヒューズ
	東野英治郎、阿部洋子
	二木謙一、水野晴郎、須永宏、堀勝之祐

（備考）朝日、毎日、読売各新聞のラジオ欄により作成
出演アナウンサー欄が空欄になっているのは、アナウンサーが出演しなかったのではなく、ラジオ欄に記載されていないことを意味している

表2-1　行進曲順序表 ➡

行進順	国名	曲名	作曲者名
1	ギリシャ	オリンピック・マーチ	古関裕而 (1909-1989)
2	アフガニスタン		
3	アルジェリア		
4	アルゼンチン		
5	オーストラリア		
6	オーストリア		
7	バハマ		
8	ベルギー		
9	バミューダ		
10	ボリビア		
11	ブラジル	旧友 Alte Kameraden	タイケ Carl Albert Hermann Teike (1864-1922)
12	ギアナ		
13	ブルガリア		
14	ビルマ		
15	カンボジア		
16	カメルーン		
17	カナダ		
18	セイロン		
19	チャド		
20	チリ		
21	コロンビア		
22	コンゴ		
23	コスタリカ		
24	キューバ	後甲板にて On the Quarter Deck	アルフォード Kenneth Joseph Alford (1881-1945)
25	チェコスロバキア		
26	デンマーク		
27	ドミニカ		
28	エチオピア		
29	フィンランド		
30	フランス	海を越える握手 Hands across the Sea	スーザ John Philip Sousa (1854-1932)
31	ドイツ		
32	ガーナ		

➡

行進順	国名	曲名	作曲者名
33	イギリス	サンブル・エ・ミューズ連隊 Le Régiment de Sambre et Meuse	プランケット Jean Robert Planquette (1848-1903)
34	香港		
35	ハンガリー		
36	アイスランド		
37	インド		
38	イラン	祝典行進曲	団伊玖磨 (1924-2001)
39	イラク		
40	エール		
41	イスラエル		
42	イタリア		
43	コートジボアール		
44	ジャマイカ		
45	ケニア		
46	韓国		
47	レバノン		
48	リベリア		
49	リビア		
50	リヒテンシュタイン	剣と槍 Mit Schwert und Lanze	シュタルケ Hermann Starke (1870-1920)
51	ルクセンブルグ		
52	マダガスカル		
53	マレーシア		
54	マリ		
55	メキシコ		
56	モナコ		
57	モンゴル		
58	モロッコ	カピタン El Capitan	スーザ John Philip Sousa (1854-1932)
59	ネパール		
60	オランダ		
61	アンチル		
62	ニュージーランド		
63	ニジェール		

行進順	国名	曲名	作曲者名
64	ナイジェリア	ツェッペリン	タイケ
65	北ローデシア	Graf Zeppelin	Carl Albert Hermann Teike
66	ノルウェー		(1864-1922)
67	パキスタン		
68	パナマ		
69	ペルー		
70	フィリピン		
71	ポーランド		
72	ポルトガル	われらの先駆者	ビゲロー
73	プエルトリコ	Our Director	Frederick Ellsworth Bigelow
74	ローデシア		(1873-1929)
75	ルーマニア		
76	セネガル		
77	スペイン	連隊行進曲	モルネー
78	スウェーデン	56th Brigade March	A. J. Mornay
79	スイス		(生没年不詳)
80	台湾		
81	タンガニーカ		
82	タイ		
83	トリニダードトバゴ	ブラビューラ行進曲	ドゥーブル
84	チュニジア	(花やかな行進曲)	Charles E. Duble
85	トルコ	Bravura	(1884-1960)
86	アラブ連合		
87	ウガンダ	オリンピック・マーチ	古関裕而
88	ウルグアイ		
89	アメリカ		
90	ソビエト		
91	ベネズエラ		
92	ベトナム		
93	ユーゴスラビア		
94	日本		

表2-2　楽曲構成対応表

《東京オリンピック》

《オリンピック・マーチ》	
前奏	
A	ギリシャ
B	
A	オーストラリア
B	カナダ、キューバ
C	エチオピア、カメルーン
C	コンゴ、フランス
つなぎ1	
D	ドイツ
つなぎ2（6小節目まで）／C(7小節目から)	ガーナ
つなぎ1	イギリス
D	インド、イタリア
つなぎ2	ケニア
D'	韓国、メキシコ、モンゴル
(ダ・カーポ)	
前奏	ネパール
A	オランダ、ニジェール
B	ポーランド
C	スウェーデン、台湾
太鼓打奏6小節分	アラブ連合
《旧友》	
主部（A）	アメリカ
トリオ（B）	ソビエト
太鼓打奏4小節分	ベトナム
《オリンピック・マーチ》	
前奏　A-B-A-(フェイドアウト)	日本

《オリンピック・マーチ》原曲の構成	
前奏	4
A	8
B	8
A	8
B	8
C	10
C	10
つなぎ1	4
D	18
D	18
つなぎ2	8
D'	18
(ダ・カーポ)	
A+B+A+B+C	
コーダ	4

《世紀の感動 オリンピック東京大会》

《オリンピック・マーチ》	
前奏	
A	ギリシャ
B	
A	オーストラリア
B	
C	ボリビア
C	カメルーン
つなぎ1	
D	カナダ、チャド、コンゴ、キューバ
D	エチオピア、フランス、ドイツ
つなぎ2	
D'	ガーナ、イギリス
(ダ・カーポ)	
前奏	
A	インド
B	イタリア
C	韓国
つなぎ2	メキシコ
D'	モンゴル、ネパール、オランダ、ニジェール
(ダ・カーポ)	
前奏	ノルウェー
A	ポーランド
B	スウェーデン
C	台湾
太鼓打奏6小節分	アラブ連合
《旧友》	
主部（A）	アメリカ
主部変奏（A'）	ソビエト
太鼓打奏10小節分	ベトナム
《オリンピック・マーチ》	
前奏　A-B-A-B-C（フェイドアウト）	日本

表2-3　東京オリンピック開会式各国アナウンス（1）➡

《東京オリンピック》(市川)		
ギリシャ	0:00	1964年10月10日午後二時、いよいよ選手団入場行進開始であります。先頭はオリンピックを生んだ栄光の国ギリシャ。紺地に白く十字が浮かび上がったギリシャ国旗が、今日本の東京のメインスタジアムのトラックの煉瓦色に鮮やかなコントラストをみせております。参加94ヶ国、7060人の世界の若人の力と美のパレード。
カメルーン	1:25	オリンピック初参加。ひときわ高く沸きあがる拍手。小さな国に大きな拍手。アフリカ大陸西南カメルーンであります。たった二人の堂々たる行進、健気であります。まったく健気であります。
コンゴ	1:43	これも二人。オリンピック初参加、コンゴ。感動です。
ドイツ	2:01	統一ドイツ国旗。東西の対立をこえ、思想の違いをこえ、今ここにゲーテとベートーヴェンの国ドイツ、一丸となって力強く行進してまいります。感動的な風景です。
ガーナ	2:42	ドイツにつづいてはアフリカ、ガーナ選手団がはいってまいりました。見事な民族服、手織りの民族服。強烈な原色、すばらしい。まったくすばらしい。

➡

NHKラジオ中継
参加94ヶ国、7060人、世界の若人の力と美のパレード、いよいよ選手団の入場行進開始であります。 選手団の先頭はオリンピック発祥の地ギリシャであります。紺地に白く十字が浮かび上がったギリシャ国旗が今、日本の東京のメインスタジアムのトラックの煉瓦色に鮮やかなコントラストをみせて、シルエットをおとしております。旗手は聖火リレーの第一走者ジョージ・マルセロス選手、オリンピックを生んだ国の誇りと明るく燃える南ヨーロッパの太陽、青く深いエーゲ海の水を象徴するかのような国旗を先頭にギリシャ選手団27人の入場です。
16番目、これも初参加。ひときわ高く沸きあがる拍手。アフリカ大陸の西南、ギニア湾にのぞむカメルーンであります。わずか二人の参加ではありますが、新しい国の誇りを体一杯に漲らせての力強い足取りであります。黒い皮膚も白い皮膚も、一歩一歩胸を張って歩いております。
22番目、オリンピック初参加、はるばるアフリカから参加のコンゴであります。人口わずか79万5千人、選ばれた役員選手二人が今、東京の土をしっかりと踏みしめております。
31番目、これはまた見事な色彩であります。女子はピンク、男子は全部白、純白のブレザーをつけました今大会最大のデレゲーション、510人を送り込みましたドイツチームの入場であります。先頭を行くドイツ国旗、中央に描かれている白い五輪のマーク。旗手はローマの女子飛び込みゴールドメダリストの金髪に輝きますイングリット・エンガー夫人であります。統一ドイツ国旗が倒されました。天皇陛下にご挨拶であります。素晴らしい色彩です。人間の作り出す美しさの最高であります。ズラリと並んだドイツの一流のアスリート、陸上では10種競技で台湾の楊伝広に次ぐホルドルフ、女子80メートルハードルのバルツァー、ディール、水泳にはヘッツ、さらにはボートのエイトでの金メダルが期待されますラッツェブルグのクルーと、世界の顔が、世界の一流が胸を張ってスタンドの拍手を浴びております。
ドイツにつづいてはアフリカ、ガーナ選手団がはいってまいりました。赤、白、緑の三色旗の中央に黒く描かれた星は、アフリカ人の自由を示す国旗であります。これまた見事な民族服、手織りの民族服ケンテをまとっての入場であります。ガーナ注目のサッカーは、サッカー王国にふさわしく、ブラックスターと呼ばれ、今日まで26戦全勝、東京大会での活躍が見物であります。正面スタンド前を通過しますガーナ選手団であります。お国柄を十分にあらわしております。

表2-3　東京オリンピック開会式各国アナウンス（2）　➡

《東京オリンピック》（市川）		
メキシコ	4:08	次のオリンピック開催国メキシコ選手団 135 人の入場であります。4 年後のメキシコ大会がさらにさらに発展されんことを祈っています。
モンゴル	4:31	アジアの友人たちも続々と参加しております。初参加ジンギスカンの国モンゴル選手団。
ニジェール	4:52	森と砂漠と太陽の国から、ようこそニジェール。
アメリカ	5:50	ひるがえる星条旗、その数、完全に圧倒されます。巨大な国アメリカ。

➡

NHKラジオ中継
押し寄せる拍手の波、次いで、次のオリンピック開催国、メキシコ選手団135人の入場であります。スカーレットのユニフォーム、白いズボンであります。希望と平和と団結を示す緑、白、赤の三色旗、旗手はメキシコの英雄と言われますマラソンのフィデル・ネグレテ選手であります。今、世紀の大パレードを続けている世界の若人のうち、4年後、メキシコシティのメインスタジアムのトラックを歩く数多くの選手がいることでありましょう。15競技に参加するメキシコは特に、水泳1500メートル自由形、22歳の新鋭ヘチャバリエの力泳を期待しております。
57番目アジア、モンゴル選手団33人の入場であります。先頭の女子選手は純白のベールという蒙古服を身につけております。その昔13世紀、ジンギスカンの時代に大帝国を建設したモンゴルは今アジアの一員としてアジアで初めて開かれる東京オリンピックに初参加、伝統のレスリングでどういうテクニックをみせてくれますか。
ニュージーランドに続いては、これまたフレッシュな初参加、アフリカ、ニジェール選手であります。役員一人、選手二人、ボクシングのイサカ・ダボレ選手が旗手であります。森と砂漠と太陽の国から、はるばるアジアの国、日本、東京にやってまいりました。
ひときわ拍手がわきあがりました。思わずはっと息をのむ瞬間、鮮やかな星条旗が目に飛び込んでまいりました。女子は純白のタートルネックのワンピースに紺のブレザー、ブルーのジャケット、男子は上が紺、下が白のユニホーム、そして白いウエスタンハット。480人という大デレゲーションであります。アメリカ選手団が迫力をもってぐんぐん近づいてまいります。アメリカが誇る金メダルの顔、世界の顔、世界の足が今、日本の土をしっかりと踏みしめております。旗手は砲丸投げのオブライエン選手、オリンピック史上数々のエピソードをつづりながら、実に479という最高にして最大の金メダルをものにしたアメリカ、世界のスポーツ界が注目する陸上のヘイズ、ヘンリー・カー、走り幅跳びの世界記録ホルダー、ボストン、さらに砲丸投げのロング、棒高跳びのハンセン、ペネル、水泳のショランダー、サーリ、ジャストレムスキー、女子のストーダー、デュンケル、ファーガソン、ラムノフスキー、レデルなど、とどまることを知らない記録への挑戦が続くことでありましょう。そしてまたオリンピック史上不敗を誇るバスケットボールなど、走る、投げる、跳ぶ、人類の限界に対決する最高の力と技のおりなす美しさはオリンピック史上に輝かしい一ページを書き加えることでありましょう。

表2-3　東京オリンピック開会式各国アナウンス（3）➡

《東京オリンピック》(市川)		
ソ連	6:24	続いて 470 人という大デレゲーション、ソビエト。入場行進はいまや最高潮に達しました。
ベトナム	7:04	ベトナムであります。
日本	7:08	いよいよ最後、日本選手団の入場であります。栄光への道を求めて苦しい試練にたえぬき、今堂々と胸を張って歩く日本の若者。思えば昭和15 年、オリンピック東京誘致が決まりましたが、戦いの火にその夢は流され、5 年前、東京大会が正式に決まり、それから 5 年、日本人のひとりひとりのすべての努力は今日この日のためにはらわれた感じがいたします。アジアではじめて開かれた世紀の祭典。平和と、人間愛、勇気の第 18 回オリンピック東京大会。この日を迎えるその道はまことに長く、本当に険しくさえあったのであります。

NHKラジオ中継
アメリカに次いで、これまた470人という大デレゲーション、クリーム色のブレザーに身を包んだソビエト選手団の入場であります。女子選手が赤いハンカチを出しまして正面スタンド前を通過しております。国境をこえ、言葉の違いをこえ、一つの目的に集まったスポーツマン、まさにこれがオリンピック、そんな感じがいたします。先頭を行く旗手はソビエト最大のスポーツマン、ウェイトリフティングのウラソフ選手、東京大会50の金メダルをねらうソビエト選手団、走り幅跳びのテルオバネシアン、走り高跳びのブルメル、胸を張って歩く女子選手団、ずらりと並んだ世界記録保持者、シェルカノワ、タマラ・プレス、イリナ・プレス、イトキナ、オゾリナ、新しい世界記録でこのスタジアムを華やかに飾ってくれることでありましょう。金メダルの顔、世界の足が日本のトラックを堂々と行進、いずれをとりあげてみても、すばらしい力と技と美の集結であります。
続いて92番目、アジアの国ベトナム選手団31人の入場であります。陸上競技など4つの競技に参加します。
ひときわ高く沸きあがる拍手、7万5千の瞳が集まります。いよいよ最後、94番目、日本選手団410人、行進に参加する378人の入場であります。防衛大学学生のもつJAPAN（日本）のプラカードが目に入ります。水泳の福井選手のもつ大日章旗が目にうつります。そして選手団のスカーレットのブレザーと白いズボンが目に飛び込んでまいります。見事な色彩感です。栄光への道を求めて苦しい試練にたえぬき、今堂々と胸を張って歩く日本の若者、選ばれた378人、正面スタンド前にかかりました。勇壮なオリンピック・マーチにのって行進を続ける選手諸君の胸の底には、アジアではじめて開かれる史上最大のオリンピックの主催国としての日本の誇りと感激が燃え続けていることでありましょう。ドイツ、アメリカ、ソビエトに次いでの大選手団。陸に水にコートにグラウンドに、日本を代表する精鋭たち、今日は行進には参加しておりませんが、陸上では100メートル10秒1の記録をもつホープ飯島、800メートルの勝負強い森本、さらに日本の悲願ともいうべきマラソンの優勝を狙います君原、円谷、寺沢のトリオ、大日章旗を夢見る三段跳びの岡崎、女子80メートルハードルの依田選手が世界の強豪、バルサー、キルボーン、イリナ・プレスとどんな激しいレースをみせてくれますか。また水泳ではアメリカ、オーストラリア、ソビエトに次いで伝統を守ろうとする福島、松本、女子の田中、木原の各選手、4階級制覇をめざす柔道では神永、猪熊、岡野の各選手の妙技は新装なった武道館のファンを魅了することでありましょう。堂々たる日本選手団の入場は今第一コーナーにかかりました。[以下略]

表3　吉田拓郎の「朝日ソノラマ」登場とディスク　➡

1970.4.25	LP-1001	古い船を今動かせるのは古い水夫じゃないだろう（広島フォーク村）	イメージの詩
1970.5.20	EB-1004	イメージの詩／マークⅡ（シングル）	イメージの詩、マークⅡ
1970.7		真夏の青春　若者のイメージ	青春の詩、野良犬のブルース、灰色の世界
1970.8		真夏の青春第2弾　ニュー・フォークの旗手　吉田拓郎	基地サ、こうき心、自殺の詩、兄ちゃんが赤くなった
1970.9		真夏の青春第3弾　ニュー・フォークの旗手　よしだたくろう	自由は、静、恋の歌、僕ひとり
1970.11.1	ELEC-2001	青春の詩（アルバム）	青春の詩、やせっぽちのブルース、男の子女の娘、とっぽい男のバラード、のら犬のブルース、今日までそして明日から、雪、灰色の世界、俺、こうき心、兄ちゃんが赤くなった、イメージの詩
1970.11.21		メモリアル真夏の青春	青春の詩、野良犬のブルース、灰色の世界、基地サ、こうき心、自殺の詩、兄ちゃんが赤くなった、自由は、静、恋の歌、僕ひとり
1971.4.25	EB-1006	青春の詩／とっぽい男のバラード（シングル）	青春の詩、とっぽい男のバラード
1971.6.7	ELEC-2002	ともだち　たくろうオンステージ第1集（アルバム、ライブ録音、1970.4）	おろかなる一人言、マークⅡ、もう寝ます、老人の詩、私は狂っている、何もないのです、やせっぽっちの人生、されど私の人生、わっちゃいせい、夏休み、面影橋、イメージの詩、ともだち
1971.11.20	ELEC-2003	人間なんて（アルバム）	笑え悟りしものよ、ふるさと、やっと気づいて、川の流れのごとく、ワシらのフォーク村、どうしてこんなに悲しいんだろう、花嫁になる君に、結婚しようよ、人間なんて、ある雨の日の情景、たくろうちゃん、自殺の詩
1972.12.25	ELW-3001	たくろうオンステージ第2集（アルバム、ライブ録音、1971.8）	準ちゃんが吉田拓郎に与えた偉大なる影響、なんとかならないか女の娘、プロポーズ、静、トランプ、大きな夜、僕一人、雨、七万五千円の右手、来てみた、腹がへった、ゆうべの夢、日本人になりたい、ボーの歌、恋の歌、もうお帰り、かくれましょう、人間なんて

エレックレコード：□　　朝日ソノラマ：□（網掛け）

（参考）

1970.3 頃	FSL-443-5027	古い船を今動かせるのは古い水夫じゃないだろう（広島フォーク村）	（ユーゲント・レコード）

文献・資料

＊各章ごとに、使用した文献および諸資料を種類別にまとめ、本文中から参照できるようにした。

第１章

■文　献（単行本・論文）

NHK アナウンサー史編集委員会編 1992、『アナウンサーたちの 70 年』、講談社
北出清五郎 1976、『栄光のドキュメント：私の見たオリンピック』、日本放送出版協会
鈴木文弥 1982、『ホップ・ステップ・ジャンプ!!：鈴木文弥のスポーツ放送・ウルトラC』、講談社
総務省編 2014、『ICT がもたらすパラダイムシフト（情報通信白書　平成二六年版）』、総務省
竹山昭子 2002、『ラジオの時代：ラジオは茶の間の主役だった』、世界思想社
西澤實 1990、『富士怒る：架空実況放送脚本集』、沖積社
西澤實 2002、『ラジオドラマの黄金時代』、河出書房新社
日本放送協会業務局告知課編 1941、『アナウンス読本』、日本放送協会
日本放送協会編 1950、『アナウンス読本（1950 年版）』、日本放送協会
日本放送協会編 1962、『テレビラジオ 新アナウンス読本』、日本放送出版協会
日本放送協会編 1968、『放送夜話：座談会による放送史』、日本放送出版協会
日本放送協会編 1970、『続放送夜話：座談会による放送史』、日本放送出版協会
橋本一夫 1992、『日本スポーツ放送史』、大修館書店
南利明 1982-1983、「早慶戦と松内則三：初期野球放送発達史」、『文研月報』（NHK 放送文化研究所）1982.11: 68-73, 1982.12: 41-44,1983.2: 53-58, 1983.3: 57-62
山口誠 2003、「スポーツ実況のオラリティ：初期放送における野球放送の話法について」、『社会学部紀要』（関西大学）第 34 巻第 3 号：181-204
山本浩 2015、『スポーツアナウンサー：実況の真髄』（岩波新書）、岩波書店
渡辺裕 2013、『サウンドとメディアの文化資源学：境界線上の音楽』、春秋社、第六章「『語り』のメディアとしてのレコード：『映画説明』レコードとその週辺」、329-368、第七章「『ソノシート』のひらいた文化：文字メディアと音声メディアのはざまで」、369-410
George Lakoff & Mark Johnson 1980, Metaphors We Live By, University of Chicago Press、邦訳：ジョージ・レイコフ、マーク・ジョンソン『レトリックと人生』（渡部昇一、楠瀬淳三、下谷和幸訳）、大修館書店、1986

［同時代雑誌記事］

松内則三 1931.8、「野球放送 早慶大決勝戦記」、『文藝春秋 オール読物号』、470-501
島浦精二 1931.10、「全国中等学校野球大会 甲子園決勝戦放送実記」、『文藝春秋 オール読

物号』、488-501
松内則三 1931.11、「早慶戦大放送録」、『新青年　決戦野球号』、66-95
河西三省 1931.11、「慶明戦大放送録」、『新青年　決戦野球号』、172-200
松内則三 1931.12、「早慶大野球戦放送記」、『文藝春秋　オール読物号』、470-501
松内則三ほか 1950.9、「先輩に訊く　近頃のスポーツ放送（座談会）」、『放送文化』、22-27

［同時代新聞記事］
（典拠は本文内参照）

■音　源

《運動スケッチ　早慶大野球戦》（松内則三）、ポリドール 474/5、1930
《運動描写　早慶野球争覇戦》（松内則三）、ビクター 52014/5、1931
《早慶野球戦》（柳家金語楼）、日本コロムビア 27555、1933
《早慶戦》（横山エンタツ・花菱アチャコ）、ニットー 6376、1934
《スケッチ　早慶狂》（中村声波）、ビクター 51149、1930
《スケッチ　女給チーム》（西村楽天）、ビクター 51719、1931
《お伽スケッチ　お伽野球放送》（石橋恒男）、ニットー S1238、1936
《ナンセンス　カフェー実況放送・待合実況放送》（井口静波）、ビクター J10043、1933
《ニュース・レコード　第 11 回国際オリムピック大会水上競技実況放送（二百米平泳決勝、女子二百米平泳決勝）》（山本照・河西三省）、ポリドール 8516、1936
《ニュース・レコード　第 11 回国際オリムピック大会水上競技実況放送（八百米リレー決勝）》（河西三省）、ポリドール 8517、1936
《ニュース・レコード　第 11 回国際オリムピック大会水上競技実況放送（千五百米自由形決勝）》（河西三省）、ポリドール 8518、1936
《ニュース・レコード　第 11 回国際オリムピック大会マラソン優勝実況》（山本照）、ポリドール 15313、1936
《ニュース　伯林オリムピック競技場　男子平泳二百米決勝実況・水上百米決勝実況》（アサヒニュース班）、アサヒ 158、1936
《第 18 回オリンピック東京大会／ 1964：NHK 放送より》、キング KR(H)72、1965
《記録レコード　東京オリンピック：NHK ラジオ放送》、ビクター LE-1016/8、1965
《TOKYO 1964　東京オリンピック：NHK 放送より》、コロムビア ADM-1/5、1965
《熱戦甲子園　全国中等学校・高等学校野球大会史：NHK 録音集より》、キング SKK(H)689/690、1971
《東京六大学野球　神宮の青春／東京六大学野球リーグ戦録音記録：NHK 録音集より》、キング SKK(H)735/6、1971
《大正・昭和　土俵の風景　大相撲五十年：NHK 録音集より》、ポリドール MB9026/7、1971
《オリンピック栄光の記録：NHK 録音集》、NHK サービスセンター NEL1401/5、1976

第2章

■文　献（単行本・論文）

オリンピック東京大会組織委員会編 1966、『第 18 回オリンピック競技大会公式報告書 東京 1964』（全 2 冊）
「特別寄稿 東京オリンピック記録映画脚本」、『キネマ旬報』第 1184 号、1964.7、176-193
『完全保存版！ 1964 年東京オリンピック全記録』（TJMook）、宝島社、2014
厚木たか 1956.5、「記録性と劇性の統一」、『キネマ旬報』第 146 号 特集「記録映画 表現と技術」、38-39
阿部嘉昭・日向寺太郎編 1997、『映画作家黒木和雄の全貌』、アテネ・フランセ文化センター／映画同人社
石井彰 2010、「ラジオドキュメンタリー」、佐藤忠男編著『シリーズ日本のドキュメンタリー 4 産業・科学編』、岩波書店、229-239
市川崑 1958.10、「《炎上》精算書：又は、映画が出来るまで」、記録芸術の会編『季刊現代芸術』第 1 号、みすず書房、213-218
市川崑 1965.8、「東京オリンピック映画始末記」、『中央公論』第 80 巻 8 号、254-265
市川崑 2004.9、「インタビュー、市川崑監督が語る、映画《東京オリンピック》撮影秘話」、『東京人』第 206 号、56-59
市川崑・森遊机 1994、『市川崑の映画たち』、ワイズ出版
今村太平 1957、『現代映画論：記録性と芸術性』（へいぼんブックス）、平凡社
今村太平 1965.4、「偏奇の精神で貫いた"記録映画"」、『キネマ旬報』第 1204 号「東京オリンピック特集批評」、18-19
今村太平 1965.6、「記録映画時評『東京オリンピック』」、『映像文化』第 12 号、40-45
岩崎昶 1956.12、「記録映画論」、『映画評論』第 13 巻 12 号、16-60
北原弘行 1964.10、「記録映画についての迷妄：シナリオ『東京オリンピック』の序を駁す」、『映像文化』第 10 号、5-9
京極高英 1956.5、「記録映画のテーマと表現」、『キネマ旬報』第 146 号 特集「記録映画 表現と技術」、36-37
桑野茂 1956.5、「記録映画の本質とは何か」、『キネマ旬報』第 146 号 特集「記録映画 表現と技術」、34-36
佐藤忠男 1977、『日本記録映像史』、評論社
清水晶 1965.6、「素人っぽい目・たわいない笑い：東京オリンピックはこれでいいのか」、『映画評論』1965 年 6 月号、58-63
鳥羽耕史 2010、『1950 年代：「記録」の時代』（河出ブックス）、河出書房新社
沼尾俊幸 1963.5、「PR 映画『ある機関助士』」、『運転協会誌』1963 年 5 月号（抜粋再録：椎橋俊之『「SL 甲組」の肖像 3』、ネコ・パブリッシング、2008、236-237）
堀場伸世・原敬之助・津川溶々・今村太平 1966.11、「オリンピックの記録をめぐって：一つの決算として（座談会）」、『映像文化』第 20 号、2-17
堀場伸世・原敬之助・津川溶々・今村太平 1967.1、「続・オリンピックの記録をめぐって：一つの決算として（座談会）」、『映像文化』第 21 号、22-28

堀場伸世・原敬之助・津川溶々・今村太平 1967.11、「映画とテレビ：メキシコ・オリンピックを目前に（座談会）」、『映像文化』第 26 号、2-17
山本浩 2015『スポーツアナウンサー：実況の真髄』（岩波新書）、岩波書店
吉田直哉 1973『テレビ、その余白の思想』、文泉

［新聞・週刊誌記事］
『朝日新聞』1965.3.9、「河野氏、五輪映画にプンプン」（「記者席」欄）
『読売新聞』1965.3.10、「五輪映画作り直し 河野国務相談“記録を重点に”」
『朝日新聞』1965.3.16、「『文部省推薦』にできぬ 愛知文相が語る」
『毎日新聞』1965.3.24「オリンピック映画『決定版』再編集きめる 市川作品は『予告版』」
『週刊朝日』1965.3.19「誌上試写会 オリンピック映画は記録か芸術か：市川崑演出をめぐって賛否さまざま」、16-23

■インターネット・サイト

渋谷昶子「わたしのカンヌ」、Pangaea 映画学校 Web サイト （http://homepage2.nifty.com/pangaea_film/pangaeaeiga/shibuya/shibuya_interview/shibuya_interview2.html）

■音　源

《第 18 回オリンピック東京大会／ 1964：NHK 放送より》、キング・レコード KR(H)72、1965
《記録レコード　東京オリンピック NHK ラジオ放送》、ビクター LE-1006/8、1965
《TOKYO1964 東京オリンピック：NHK 放送より》、コロムビア ADM1/5、1965
《東京オリンピック（オリジナル・サウンドトラック）》（CD）、東宝ミュージック TMSA-0003、2008
東京オリンピック・開会式 ラジオ実況中継音声（ニコニコ動画、http://www.nicovideo.jp/watch/sm24657490、2016 年 3 月 29 日確認）

■映　像

《長篇記録映画 東京オリンピック》、監督：市川崑、東宝、1965.3.20（DVD：1965 年劇場公開オリジナル版＋ 40 周年記念市川崑ディレクターズ・カット版、東宝、2004）
《長篇記録映画 オリンピック東京大会 世紀の感動》、プロデューサー：田口助太郎、東宝、1966.5.15（CS 放送：衛星劇場にて放映、2012.7.6）
東京オリンピック・開会式 テレビ実況放送映像（NHK・BS プレミアム放送番組「プレミアム・アーカイブス」にて 14 分ほどの抜粋映像の形で放映、2014.1.28）

第Ⅱ部

■文　献（単行本・論文）

赤瀬川原平・藤森照信・南伸坊編 1986、『路上観察学入門』、筑摩書房（ちくま文庫版、

1993）
太田博太郎・小寺武久 1984、『妻籠宿：保存・再生のあゆみ』、南木曾町
小笠原克 1986、『小樽運河戦争始末』、朝日新聞社
柴田南雄 1976、『楽のない話：柴田南雄自選著作集』、全音楽譜出版社
東京建築探偵団 1986、『スーパーガイド 建築探偵術入門』、文春文庫ビジュアル版
日本建築学会・明治建築小委員会編 1970.1、「全国明治洋風建築リスト［1969 年改訂版（第 3 回）］」、『建築雑誌』、47-95
日本建築学会編 1980、『日本近代建築総覧』、技法堂出版
日本建築学会編 1986 〜、『総覧日本の建築』（全 10 巻［一部未刊］）
丹羽美之・吉見俊哉編 2014、『記録映画アーカイブ 2 戦後復興から高度成長へ：民主教育・東京オリンピック・原子力発電』、東京大学出版会
野村典彦 2011、『鉄道と旅する身体の近代：民謡・伝説からディスカバー・ジャパンへ（越境する近代 10）』、青土社
藤森照信 1975.10、「看板建築の概念について」、『日本建築学会大会学術講演梗概集（関東）』日本建築学会、1573-74
藤森照信 1986、『建築探偵の冒険　東京編』、筑摩書房（ちくま文庫版、1989）
藤森照信・荒俣宏 1987、『東京路上博物誌』、鹿島出版会
藤森照信 1988、『看板建築（シリーズ・都市のジャーナリズム）』、三省堂（増補版、1999）
渡辺裕 2012、「映像による都市イメージの生成と変容」、西村清和編著、『日常性の環境美学』、勁草書房、252-280
「小樽運河問題を考える会」編 1986、『小樽運河保存の運動（歴史編、資料編）』、「小樽運河保存の運動」刊行会
『旧東のくるわ：伝統的建造物群保存地区保存対策事業報告書』1975、金沢市教育委員会
『近代建築ガイドブック』（全 5 巻）、鹿島出版会、1982 〜
「現存する明治建築一覧表」、『建築雑誌』1963 年 1 月号（特集「明治建築」）、55-65
『石川県：新風土記（岩波写真文庫 179）』1956、岩波書店
『ブルーガイドパック 3 札幌・洞爺・函館』1973、実業之日本社

■インターネット・サイト

「アーカイブス・カフェ」No.2（特集「新日本紀行（2）：日本の風土と人を旅した 18 年半」）、NHK ライツ・アーカイブスセンター、2006.11（http://www.nhk.or.jp/archives/cafe/2006/no2/index.html）

■音　源

《若い仲間の歌：第一集》（LP レコード）、東芝レコード JPO1094、1961
《いっしょに歌える歌声喫茶：“ともしび”ライヴ録音》（CD）、キング・レコード KICS772、1999

■映　像

・『新日本紀行』（NHK、1963 ～ 1982）
「金沢」（1963.10.7）
「浅草」（1968.12.23）
「木曾妻籠宿」（1969.11.3）
「城下町の歳月・金沢」（1973.10.1）
「運河のある街」（1975.3.3）
・『新日本紀行ふたたび』（NHK、2005 ～ 12）
「木曾妻籠宿」（2006.10.7）
「運河の街小樽」（2007.4.7）
「浅草」（2007.1.20）
・『日本発見』（岩波映画製作所、NET テレビ［現テレビ朝日］、1961 ～ 62）
「石川県」（1961.9.17）

第３章

■文　献（単行本・論文）

生明俊雄 2004、『ポピュラー音楽は誰が作るのか：音楽産業の政治学』、勁草書房
東孝光・田中一昭 1967.3、「地下空間の発見」、『建築』、62-67
大木晴子・鈴木一誌編著 2014、『1969 新宿西口地下広場』（＋大内田圭弥〈'69 春～秋　地下広場〉、DVD）、新宿書房
小熊英二 2009、『1968（上・下）』、新曜社
小田実編 1968、『市民運動とは何か：ベ平連の思想』、徳間書店
小田実編 1969、『ベ平連とは何か：人間の原理に立って反戦の行動を』、徳間書店
門谷憲二＋エレックレコード編著 2006、『エレックレコードの時代：かつて音楽を動かした若者たちの物語［幻のエレックレコード編］』（＋《幻の放送禁止楽曲》（CD）、『エレックレコード総目録』1976 年版［復刻］）、アクセス・パブリッシング
黒沢進編 1986、『資料 日本ポピュラー史研究　初期フォーク・レーベル編 URC・ベルウッド・エレック』SFC 音楽出版
佐藤八寿子 2003、「レトロスペクティブな革命―70 年代フォークソング」、佐藤卓己編『戦後世論のメディア社会学』、柏書房、167-192
竹中労 1973、『無頼と荊冠：竹中労行動論集』、第七章「流砂の音楽革命」、三笠書房、179-218（初出：『フォーク・リポート』1969.8 ～ 1970.5）
フォーク・キャンプ監修、高石友也・岡林信康・中川五郎共著 1969、『フォークは未来をひらく：民衆がつくる民衆のうた』、社会新報
フライ、ノルベルト 2012、『1968 年：抵抗のグローバリズム』、下村由一訳、みすず書房（原書：Norbert Frei, *1968: Jugendrevolte und globaler Protest*, München: Deutscher Taschenbuch Verlag, 2008）

羽仁五郎 1968、『都市の論理：歴史的条件：現代の闘争』勁草書房
三橋一夫 1971、『フォーク・ソングの世界：〈都市の論理〉と人間の歌と』、第一部「『都市の論理』とフォーク・ソング」、音楽之友社、7-54（初出：『ポップス』1969.7 〜 11）
室謙二編 1969、『時代はかわる：フォークとゲリラの思想』、社会新報
山本コータロー 2009、『誰も知らなかった吉田拓郎』、文庫ぎんが堂（初出：『誰も知らなかったよしだ拓郎』、八曜社、1974）
吉岡忍編著 1970、『フォークゲリラとは何者か』、自由国民社
渡辺裕 2013、『サウンドとメディアの文化資源学：境界線上の音楽』、春秋社、第七章「『ソノシート』のひらいた文化：文字メディアと音声メディアのはざまで」、369-410
Mitsui, Toru 2013, "Music and protest in Japan: the rise of underground folk song in '1968'", in: Beate Kutschke and Barley Norton (eds.), *Music and Protest in 1968 (Music since 1900)*, Cambridge: Cambridge University Press, pp.81-96.
『べ平連ニュース縮刷版』1974、べ平連：〈ベトナムに平和を！〉市民連合
『うたうたうた　フォーク・リポート』（雑誌）1969.1 〜、アート音楽出版

［新聞記事］
『読売新聞』1969.3.11、「ゲバルトよりは」
『朝日新聞』1969.5.14、「演説・カンパ活動一掃　今夜実力行使して　新宿西口広場から」
『朝日新聞』1969.5.15、「消えそうな“新宿名物”都会の気楽なつどい　西口地下広場　カンパ・フォーク・詩集売り」
『読売新聞』1969.5.18、「歌ごえゲリラ騒動　新宿駅の地下広場　機動隊も手を焼く」
『毎日新聞』1969.5.25、「新宿西口“土曜ショー”ついに 5000 人」
『朝日新聞』1969.5.28、宮内康「広場はだれのもの　ふさがる機動隊・ガス　抵抗的市民の場、どこに」
『読売新聞』1969.6.16、芳賀徹「広場とは……　風と水がある息の通い合う空間」
『読売新聞』1969.7.2、加賀乙彦「新宿西口広場　あるヤジ馬の感想　何かを求める人々襲いかかる機動隊」
『毎日新聞』1969.6.29、「新宿の“土曜ショー”学生が群衆巻込み機動隊に投石　ついに催涙ガス」
『読売新聞』1969.7.19、「新宿西口“広場”が消された　案内標識書きかえ　警視庁要請で「通路」に
『朝日新聞』1969.7.20、「“広場”から歌も人も締出し　表示板を“通路”に　機動隊 2500 人が規制」
『朝日新聞』1969.7.26、「『広場』がほしい　本社への投書から」
『毎日新聞』1969.8.17、「土曜ショー、ハチ公広場へ　警官に乱暴の 5 人検挙」
『朝日新聞』1969.8.24、「新宿追われ日比谷へ　舞台にあがったフォークゲリラ　歌より討論会に熱気」
『朝日新聞』1969.8.26、「日本の広場から思想は生れるか
（生れる）堀米庸三　孤独な群衆が連帯“実感”の上に自由を築け
（生れない）平林たい子　一般市民とは遊離“西欧模倣”の喧噪な集会」
『朝日新聞』1969.11.2、「追われても追われても　新宿のフォークゲリラ　ギターに集う若

者たち　西口広場から中央公園へ」

■音　源

[『朝日ソノラマ』の主な特集など]

・「ルポルタージュ」のテーマ

「片瀬のハイティーン」(1961年9月号)
「自衛隊」(1961年11月号)
「酔っぱらい天国」(1961年12月号)
「英会話ブーム」(1962年1月号)
「国電ラッシュ」(1962年2月号)
「第二の声」(1962年3月号)
「グレン中佐の宇宙飛行」(1962年4月号)
「麻薬」(1962年5月号)
「南極」(1962年6月号)
「タクシー稼業」(1962年7月号)
「悲劇の岬ノサップ」(1962年8月号)
「老人に光を」「若き血に燃えて」(1962年9月号)
「創価学会」(1962年10月号)
「ゲイバー」(1962年11月号)
「川に生きる家族」(1962年12月号)

・ベトナム戦争関連

「ベトナムの戦乱」(1965年5月号)
「ベトナム戦線を行く (1965年6月号)
「ルポ　ベトコンの生活」(1966年5月号)
「血ぬられたサイゴン　暁の銃殺」(1966年7月号)
「特集ルポ　見てきた北ベトナム」(1967年11月号)
「激化するベトナム情勢」(1968年3月号)
「ベトナム戦争　音の記録」(1968年4月号)

・学生運動、市民運動関連

「実音特報　激動する学生運動」(1968年12月号)
「録音　激動の東大」(1969年2月号)
「'70年への革新戦列」(1969年3月号)
「'70年への市民運動」(1969年4月号)
「山本義隆東大全共闘代表　大学を告発する」(1969年7月号)
「新宿広場'69」(特別号、1969年8月)
「生きているゲバラの演説」(1969年9月号)
「五月のパリ　バリケードの歌声!」(1969年10月号)
「学生裁判を語る」(1969年11月号)
「ホー・チ・ミン大統領の演説」(1969年12月号)
「疎外の構造　討論=羽仁五郎」(単行本、1969年12月)
「激動と変革の声 (第1集)」(1970年1月号)

「激動と変革の声（第2集）」（1970年2月号）
・吉田拓郎関連
「真夏の青春　若者のイメージ　歌：吉田拓郎」（1970年7月号）
「真夏の青春　第2弾　ニュー・フォークの旗手　吉田拓郎」（1970年8月号）
「真夏の青春　第3弾　ニュー・フォークの旗手　よしだたくろう」（1970年9月号）
「メモリアルヒット曲集」（レコードアルバム、1970年11月）

［「新宿西口」関連のソノシート、レコード］

《実音ソノシート　しんじゅく西口広場　斗うフォークゲリラ》（音のドキュメント2号）、現代社、1969.7
《新宿1969年6月》（ドキュメント69～70シリーズNo.1）、URD-2001、URCレコード、1969.8
《山谷の夏》（ドキュメント69～70シリーズNo.2）、URD-2002-3、URCレコード、1969.10
《ベ平連のうた：その発展の足跡》、芸術出版、1969.11
《闘争の詩》、LP-1004、エレック・レコード、1973.6
・URCから発売された岡林信康の《友よ》の録音
あんぐら音楽祭、共立講堂（2回）（1969.3.29録音）、URL-1003
第4回フォーク・キャンプ・コンサート、京都円山公園野外音楽堂（1969.8.17録音）、URL-1005-6
アルバム「わたしを断罪せよ」、（1969.7.4録音）、URL-1007
自作自演コンサート、日比谷野外音楽堂（「狂い咲き」、1971.7.28録音）、URL-1019-21

第4章

■文　献（単行本・論文）

赤瀬川原平・藤森照信・南伸坊編1986、『路上観察学入門』、筑摩書房（ちくま文庫版、1993
五十嵐太郎2006、『美しい都市・醜い都市――現代景観論』、中公新書ラクレ
石井哲（写真）・大山顕（文）2007、『工場萌え』、東京書籍
石黒敬章編・解説2001、『明治・大正・昭和　東京写真大集成』、新潮社
石坂善久2002、『東京水路をゆく――艪付きボートから見上げるTOKYO風景』、東洋経済新報社
美しい景観を創る会編著2006、『美しい日本を創る』、彰国社
大山顕2007、『ジャンクション』、メディアファクトリー
大山顕2009、『高架下建築』、洋泉社
『ALWAYS続・三丁目の夕日オフィシャル・フォト・ブック』、日本テレビ、2007
久住昌之・滝本淳助1989、『タモリ倶楽部　東京トワイライトゾーン』、日之出出版
佐藤洋一、武揚堂編集部2007、『あの日の日本橋――昭和二五年から三〇年代の思い出と

出会う（地図物語）』、武揚堂
清水草一 2011、『首都高速の謎』、扶桑社新書
『首都高速道路公団三〇年史（本編、資料・年表編）』1989、首都高速道路公団
陣内秀信 1985、『東京の空間人類学』、筑摩書房（ちくま学芸文庫版、1992）
陣内秀信、法政大学東京のまち研究会 1989、『江戸東京のみかた調べ方』、鹿島出版会
陣内秀信、法政大学東京のまち研究会 1989、『水辺都市――江戸東京のウォーターフロント探検』、朝日選書
陣内秀信編 1993、『水の東京』（ビジュアルブック江戸東京　5）、岩波書店
タモリ 2004、『タモリの東京坂道美学入門』、講談社（新訂版、2011）
『地べたで再発見！　東京の凸凹地図』2006、技術評論社
「つくる、えらぶ、のこす、こわす――高度経済成長期の東京景観考　記録集」（第八回文化資源学フォーラム報告書）2009、東京大学大学院人文社会系研究科文化資源学研究室
『東京案内』1952、岩波書店（岩波写真文庫　68）（復刻版、2007）
東京建築探偵団 1982、『近代建築ガイドブック［関東編］』、鹿島出版会
東京建築探偵団 1986、『スーパーガイド　建築探偵術入門』、文春文庫ビジュアル版
「都市の景観形成と首都高速道路」（都市の景観形成と首都高速道路に関する調査研究委員会報告書）1984、財団法人日本文化会議
「都市の景観形成と首都高速道路（二）」（都市の景観形成と首都高速道路に関する調査研究委員会報告書）1985、財団法人日本文化会議
中野純（文）・中里和人（写真）2008、『東京サイハテ観光』、交通新聞社
中野正貴 2000、『TOKYO NOBODY』、リトルモア
中野正貴 2008、『TOKYO FLOAT』、河出書房新社
成相肇、清水広子編 2014、『ディスカバー、ディスカバー・ジャパン：遠くへ行きたい』、東京ステーションギャラリー（展覧会カタログ）
『日本橋（記念誌）』1977、名橋「日本橋」保存会
『日本橋――架橋八〇周年記念誌』1992、名橋「日本橋」保存会
日本橋トポグラフィ事典編集委員会編 2007、『日本橋トポグラフィ事典（本編、地誌編）』、たる出版
『美と力――1964 TOKYO OLYMPICS』1964、読売新聞社
藤岡和賀夫 2006、『残したいね日本の風景』、宣伝会議
藤岡和賀夫 2008、『忘れがたき東京』、角川学芸出版
藤岡和賀夫・百年に一度のプロジェクト委員会 2009、『私には夢がある』、PHP 研究所
藤森照信 1986、『建築探偵の冒険　東京篇』、筑摩書房（ちくま文庫版、1989）
藤森照信・荒俣宏 1987、『東京路上博物誌』、鹿島出版会
藤森照信 1988、『看板建築（シリーズ・都市のジャーナリズム）』、三省堂（増補版、1999）
本田創編著 2012、『東京「暗渠」散歩』、洋泉社
松本泰生 2007、『東京の階段――都市の「異空間」階段の楽しみ方』、日本文芸社
皆川典久 2012、『東京「スリバチ」地形散歩』、洋泉社
「明治百年記念行事等記録」1969、内閣総理大臣官房
渡部一二 2008、『江戸の川の復活　日本橋川・神田川・隅田川――絵図から学ぶ“体感型

博物館構想”』、東海大学出版会
渡辺裕 2013、『サウンドとメディアの文化資源学：境界線上の音楽』、春秋社、第八章「『鉄ちゃん』のサウンドスケープ：『懐しいSLの音』と『音鉄』のはざまで」、413-503

[雑誌特集・MOOK]

『学鐙』1963.11、「特集　日本橋」、学鐙社
『国際写真情報』1963.11、「特集　生れかわる大東京——オリンピックまであと一二ヶ月完成急ぐ高速道路と競技場」
『国際写真情報』1964.10、「特集　高速道路東京を縫う」
“PROCESS:Architecture” 72号（1987.4）、「東京——エスニック伝説」（陣内秀信編）、プロセスアーキテクチュア
『東京人』1990.7、「特集　東京の川を体験する」、都市出版
『東京人』1997.2、「特集　聞き書き「日本橋界隈」」、都市出版
『東京人』2004.12、「小特集　日本橋が変わる！」、都市出版
『週刊東洋経済』2006.3.25、「第二特集　首都高速撤去？で注目——日本橋ルネッサンス」、東洋経済新報社
『荷風！』14号（2007.12）、「特集　日本橋・人形町“浪漫”」、日本文芸社
『月刊宝島』2007.12、「ニッポンの黄金時代の幕開け——昭和30年代の教え」、宝島社
イカロスMOOK『首都高をゆく—橋を架ける！　地面を掘る！　埋め立てる！』2009、イカロス出版
『東京人』2010.11増刊、「特集　祝！　架橋100年　日本橋を楽しむ本」、都市出版
イカロスMOOK『水路をゆく—東京の川・運河を巡りつくす!!』（付録：東京都心クルーズ映像DVD）2011、イカロス出版
『ランドスケープデザイン』80号（2011.10）、「特集　東京と大阪に見る水辺都市の復活」、マルモ出版

[雑誌記事]

『日本及日本人』1911.4.1、「日本橋に就て考へよ」
『新日本』1915.12、「日本橋研究」（山口孤剣）
『丸』1950.11、「日本橋」（大塚啓介）
『小説公園』1955.8、「新東京地図　1　日本橋」（写真：天野光章）
『サングラフ』1956.1、「東京三〇年　空から見た日本の貌　日本橋」
『サンデー毎日』1960.1.24、「日本を貫く夢の高速道路——東京オリンピック年の青写真」
『週刊新潮』1962.1.15、「交通地獄「東京」の緩和策——地上地下技術の総動員」
『週刊朝日』1963.10.4、「空も水も詩もない日本橋——高層ビルと高速道路に情緒を失いつつある老舗街」（ずばり東京　一、開高健）
『週刊言論』1967.3.8、「江戸から東京へ　近代日本史の回り舞台—東京・歴史の激動を象徴する日本橋」（宇良島多浪）
『建築』1973.9、「日本の中世主義—あるいは〈都市〉における建築の光景　9」（長谷川堯、『都市廻廊—あるいは建築の中世主義』（相模書房、1975）に再録）
『サンデー毎日』1975.4.20、「東京新五十景　日本橋」

『歴史と旅』1976.9、「東海道五十三次独歩　日本橋、品川」（佐藤幸信）
『暮らしの手帖』1977.12、「日本橋川のほとりで」（増田れい子）
『週刊朝日』1978.5.5、「日本橋川（三週シリーズ　百年をたどる）」
『週刊文春』1982.1.21、「明治四四年の渡りぞめ式　日本橋」（人物風土記　ちょっといい話　三、戸板康二）
『週刊新潮』1983.11.10、「お江戸日本橋はまだあったの？」（スナップ）
『季刊銀花』19873.3、「道楽散歩　春めきて膝をくり出す日本橋」
『サントリー・クォータリー』1987.4、「失われたモダン都市を求めて　三　日本橋界隈」（海野弘）
『週刊時事』1987.10.3、「日本橋―コミュニケーション事始め」（明治・東京ウォッチング 7）
『Voice』1990 年 7 月号、「都市の顔　七　日本橋～兜町」（築地仁）
『SPA!』1991.7.17 ～ 31、「短期集中連載　首都高」（第 1 ～ 3 回、武田徹）
『週刊読売』1992.8.30、「日本橋道路元標」（出入口考　一九、海野弘）
『週刊新潮』1995.8.10、「涼味　日本橋を洗おう」
『自由時間』1995.9.21、「日本橋の上に高速道路　どういう感性してんだ！」（「このヤッローッ！」オレは怒った）
『読売ウィークリー』2004.1.25、「甦るか「水の都」と日本橋」（シリーズ都市の遺伝子第二弾、山下柚美）
『Forbes』2004.8、「首都高速道路の地下化で「日本橋」は再生できるか？」（深川保典）
『世界週報』2006.2.21、「日本橋の上にある首都高移設は必要か」（綱渡り日本経済、吉田春樹）
『日経マガジン』2006.3、「首都高のある風景」（初田聡）
『週刊プレイボーイ』2006.3.28、「日本橋の再興計画があるんです！」（爆笑問題の、「そんなことまで聞いてない！」）
『論座』2006.4、「日本橋の首都高は醜いのか―移設プロジェクトを疑う」（五十嵐太郎、『美しい都市・醜い都市――現代景観論』（中公新書ラクレ、2006）に加筆のうえ再録）
『週刊文春』2006.4.13、「日本橋に青空をとり戻すための費用対便益なき一兆円」（ニュースの考古学、猪瀬直樹）
『旬なテーマ』2006.5、「日本橋　首都高移設なんてホントにできるの？（旬なキーワード二〇連発）」
『散歩の達人』2006.6、「高架下の寝床―首都高の下は、灰色のパラダイス」（中野純）
『ベストブック』135 号（2006.7）、「日本橋　たとえ三〇年かかっても景観を阻害する全ての首都高をやり直せ」
『国士文化研究所年次報告』4 号（2006.11）、「お江戸日本橋研究」（今西由美、伊藤一正）
『週刊朝日』2006.11.3、「首都高トップが政府構想に異議（ニュース・スピリッツ）」
『エコノミスト』2007.1.16、「美しい景観を取り戻す？　日本橋の首都高速移設計画は新たな「箱モノ事業」だ」（五十嵐太郎）
『都政研究』2007.2、「都心環状線の全廃を―首都高速道路　日本橋付近だけですか！」（佐藤一夫）
『にほんのかわ』（日本河川開発調査会）115 号（2007.4）、「日本橋・首都高速道路、そし

て日本橋川の再生」（岸井隆幸）
『社会学ジャーナル』、35号（2010.3）、「形の中の街—表象の日本橋の時空表現」（楠田恵美）

■映　像

《惑星ソラリス》、監督：アンドレイ・タルコフスキー、ソ連、1972（DVD：株式会社アイ・ヴィー・シー、1998）
《東京画》、監督：ヴィム・ヴェンダース、西ドイツ、1985（DVD：株式会社イマジカ＋カルチュア・パブリッシャーズ株式会社、1998）
《東京静脈》、企画：森ビル株式会社、監督：野田真外、監修：押井守、2003（DVD：有限会社グラテーナ、2010）
《攻殻機動隊 S. A. C. 2nd GIG》（TVアニメ）、原作：士郎正宗、監督：神山健治、ストーリーコンセプト：押井守、2004-2005（DVD：バンダイビジュアル、2004-2005）
《プロジェクトX 挑戦者たち 首都高速 東京五輪への空中作戦》（NHKテレビ番組）、2005.4.5放映（DVD：NHKエンタープライズ、2006）
《東京静脈R》、監督：野田真外、2006（DVD：有限会社グラテーナ、2010）
《首都高速道路》（DVD）、エイベックス＋首都高速道路株式会社、2008
《ブラタモリ　日本橋》（NHKテレビ番組）、2009.11.26放映

著者紹介

渡辺　裕（わたなべ　ひろし）

1953（昭和28年）年、千葉県生まれ。83年、東京大学大学院人文科学研究科博士課程（美学芸術学）単位取得退学。玉川大学助教授、大阪大学助教授などを経て、現在、東京大学大学院人文社会系研究科教授（美学芸術学、文化資源学）。

著書『聴衆の誕生――ポストモダン時代の音楽文化』（春秋社、サントリー学芸賞、のち中公文庫）

『文化史のなかのマーラー』（筑摩書房、岩波現代文庫〔『マーラーと世紀末ウィーン』と改題〕）

『音楽機械劇場』（新書館）

『宝塚歌劇の変容と日本近代』（新書館）

『西洋音楽演奏史論序説――ベートーヴェン　ピアノ・ソナタの演奏史研究』（春秋社）

『日本文化　モダン・ラプソディ』（春秋社、芸術選奨文部科学大臣新人賞）

『考える耳――記憶の場、批評の眼』（春秋社）

『考える耳［再論］――音楽は社会を映す』（春秋社）

『歌う国民――唱歌・校歌・うたごえ』（中公新書、芸術選奨文部科学大臣賞）

『サウンドとメディアの文化資源学――境界線上の音楽』（春秋社）

感性文化論

〈終わり〉と〈はじまり〉の戦後昭和史

2017年４月20日　第１刷発行

著　　者：渡辺　裕

発 行 者：澤畑吉和

発 行 所：株式会社 春秋社

東京都千代田区外神田2-18-6

電話　営業部　03-3255-9611

　　　編集部　03-3255-9614

〒101-0021　振替　00180-6-24861

http://www.shunjusha.co.jp/

印刷製本：萩原印刷株式会社

装　　丁：芦澤泰偉

定価はカバーに表示

ISBN978-4-393-33352-5